Eva Maria Waibel

Erziehung zum Selbstwert

Persönlichkeitsförderung als zentrales pädagogisches Anliegen

Reihe Innovation und Konzeption

Herausgegeben von Jörg Petersen und Gerd-Bodo Reinert

Verlag Ludwig Auer Donauwörth

Gedruckt auf umweltbewußt gefertigtem, chlorfrei gebleichtem und alterungsbeständigem Papier.

1. Auflage. 1994

Gesamtherstellung: Ludwig Auer GmbH, Donauwörth
ISBN 3-403-0**2476**-8

INHALTSVERZEICHNIS

Einleitung 9

A. Präambel: Von der Suchtprävention zur Gesundheitsförderung in der Schule

I. Einführende Überlegungen 12
II. Phänomen Sucht 14
III. Ursachen für ausweichendes Verhalten 15
IV. Arten der Prävention 17
1. Vorbemerkungen 17
2. Primäre Prävention 21
3. Sekundäre Prävention 22
4. Tertiäre Prävention 23
V. Von der Suchtprävention zur Gesundheitsförderung 24
VI. Ansatzpunkte für Suchtprävention und Gesundheitsförderung in der Schule 27
1. Grundsätzliches 27
2. Suchtmittelunspezifische Ansatzpunkte 28
3. Suchtmittelspezifische Ansatzpunkte 33
VII. Zusammenfassung der Arbeitsfelder der Schule im Bereich Suchtprävention und Gesundheitsförderung 34
VIII. Umsetzung in der Lehrerfortbildung 35
IX. Das Fortbildungskonzept für Lehrer für Suchtprävention und Gesundheitsförderung in Vorarlberg 39
1. Entwicklung des Konzepts 39
2. Die Curricula 42
X. Der Übergang: Suchtprävention als integraler Bestandteil einer sinnorientierten Gesundheitsförderung in der Schule. Ein Thesenpapier 46

B. Der Hintergrund: Versuch einer Systematisierung von Existenzanalyse und Logotherapie

I. Vorbemerkung 48
II. Der Begründer der Existenzanalyse und Logotherapie Viktor E. Frankl – Eine biographische Skizze 50

III. Was ist Existenzanalyse? Was ist Logotherapie? 56
1. Allgemeine Existenzanalyse 56
2. Personale Existenzanalyse 58
3. Logotherapie 59
IV. Das methodische Vorgehen in Existenzanalyse und Logotherapie: Die Phänomenologie 60
V. Der Mensch als geistiges Wesen 61
1. Was heißt geistiges Wesen? 61
2. Frankls Menschenbild 62
3. Was heißt Person? 64
4. Person – Charakter – Persönlichkeit (Authentizität) 83
VI. Die existentielle Dynamik 87
1. Die Freiheit des Willens 87
2. Der Wille zum Wert 88
3. Der Wille zum Sinn 93
4. Sinn 97
5. Sinn und Übersinn 103
VII. Wege zum Sinn (Werte) 105
1. Werte 105
2. Einteilung der Werte nach der gesellschaftlichen Bedeutung 111
3. Die drei „Wertstraßen" nach Frankl 113
4. Wert versus Lusterleben 119
VIII. Zusammenfassung: Aufriß der Existenzanalyse und Logotherapie 123
IX. Das Gewissen 125
1. Das Gewissen als Wert-Organ 125
2. Unterschiede zwischen Über-Ich und Gewissen 128
X. Die personale Existenz als zusammenfassender Begriff 129

C. Der Selbstwert als zentraler Begriff der Persönlichkeitsstärke
I. Verschiedene Definitionen 133
1. Selbstbewußtsein 133
2. Selbstvertrauen 134
3. Selbstachtung 134
4. Selbstsicherheit 135
5. Selbstwert 135
II. Selbstwert aus psychoanalytischer Sicht 136
III. Selbstwert aus systemischer Sicht 138

IV. Die Entwicklung des Selbstwertes aus existenzanalytischer Sicht ... 141
1. Leben als Raum nehmen ("Ja zur Welt") ... 142
2. Leben als Wert ("Ja zum Leben") ... 144
3. Leben als Recht, so zu sein, wie ich bin ("Ja zu mir als Person") ... 146
V. Selbstwert aus existenzanalytischer Sicht ... 150
1. Was versteht die Existenzanalyse unter Selbstwert? ... 150
2. Erlangung und Verbreiterung des Grundwertes ... 150
3. Der Selbstwert im Zusammenhang ... 151
4. Förderung des Selbstwertes ... 156
5. Zusammenfassung ... 162

D. Pädagogische Umsetzung der Existenzanalyse: Erziehung zum Selbstwert
I. Vorbemerkung ... 164
II. Erziehung als Wagnis ... 166
III. Die Person des Kindes ... 171
IV. Die Selbstgestaltung der Person ... 175
V. Die Person des Erziehers ... 178
1. Die Wertklarheit des Erziehers ... 178
2. Die Offenheit für das, was jetzt ist ... 179
3. Die Fähigkeit zur personalen Begegnung ... 180
4. Das Aufarbeiten der eigenen Verwobenheit in bestimmten Situationen ... 181
5. Der Respekt vor der Personalität des anderen ... 182
6. Der Anspruch des Vorbilds ... 184
VI. Was für eine Rolle spielt die Liebe im Erziehungsgeschehen? ... 187
VII. Verwahrlosung und Verwöhnung ... 191
VIII. Erziehung zur Anpassung ... 196
IX. Erziehung des Laissez-faire ... 200
X. Grenzen in der Erziehung ... 202
XI. Verschiedene ausweichende Verhaltensweisen aus der Sicht der Existenzanalyse ... 209
1. Sucht ... 210
2. Angst ... 213
3. Depression ... 214

4. Aggression ... 215
5. Ideologien ... 217
XII. Psychohygiene aus der Sicht der Existenzanalyse ... 218
1. Die Lebenshaltung ... 219
2. Wahrnehmung des Entfaltungsraumes für das Lebendige ... 220
3. Selbstdistanzierung ... 220
4. Selbsttranszendenz ... 220
5. Spannung zwischen Sein und Sollen (Noodynamik) ... 221
XIII. Erzieherische Anliegen aus existenzanalytischer Sicht ... 222
1. Haltung der Offenheit ... 222
2. Zuwendung zur Welt ... 223
3. Sich selbst gerecht werden ... 224
XIV. Der eigene Wille ... 226
1. Grundsätzliches ... 226
2. Wie kann der Wille gestärkt werden? ... 231
XV. Gewissensbildung ... 235
1. Grundsätzliches ... 235
2. Gewissensbildung am Märchen „Der Froschkönig" ... 237
3. Welche erzieherischen Konsequenzen lassen sich daraus ziehen? ... 238
4. Punkte zur Gewissensentfaltung ... 240
XVI. Von der Wertwahrnehmung zur Wertverwirklichung ... 246
1. Grundsätzliches ... 246
2. Konsequenzen für die Schule ... 252
3. Möglichkeiten praktischen Vorgehens ... 255
XVII. Weitere Konsequenzen für die Schule ... 258
1. Grundsätzliches ... 258
2. Gemeinschaft und Masse ... 259
3. Welchen Stellenwert hat die Leistung? ... 261

E. Konsequenzen für die Lehrerbildung
1. Warum könnte gerade die Existenzanalyse in der Lehrerbildung eine wichtige Rolle spielen? ... 265
2. In welcher Form könnten die Inhalte der Existenzanalyse in der Lehrerbildung vermittelt werden? ... 267

Einleitung

Erziehung zum Selbstwert hängt mit der Erziehung zu seelisch-existentieller Gesundheit zusammen. Ohne die seelisch-existentielle Gesundheit überbewerten zu wollen, stellt sie doch eine Schlüsselfunktion dar. Geht es dem Menschen seelisch-existentiell gut, werden für ihn die körperliche, die psychische und auch die soziale Gesundheit zum Anliegen. Trotzdem darf weder körperliche noch psychische noch soziale Gesundheit zum „primären Wert“ werden. Dann besteht nämlich die Gefahr, daß der eigene Selbstwert an die Gesundheit gekoppelt wird. Krankheit, Alter oder Gebrechen können dann schnell zu einer psychischen Krise führen. Wenn psychische Gesundheit zum „primären Wert“ wird, kann es ebenfalls leicht passieren, daß Konflikten aus dem Weg gegangen, Unangenehmes vom Tisch gewischt bzw. aus dem Leben ausgeblendet wird, so daß zum Beispiel Trauer nicht mehr gründlich aufgearbeitet werden kann.
Dasselbe läßt sich sinngemäß auf den Bereich der sozialen Gesundheit übertragen. Wem es nur darum zu tun ist, sozial abgesichert zu leben, wird Schiffbruch erleiden. Wenn wir Gesundheit zum absoluten Wert werden lassen, kann uns dies daran hindern, mit ihr frei umzugehen, weil sofort die Angst auftaucht, was im Krankheitsfall passieren würde. Gesundheit darf nicht zum Konsumartikel werden. Es geht nicht um Vermeiden von Dingen, um ja nicht krank zu werden. Im Gegenteil: Es kann durchaus Situationen geben, in denen Kranksein sinnvoll ist. Es ist ein Zeichen von Gesundheit, auch krank werden zu können.
Auch wenn es gelingen sollte, in allen drei Bereichen eine zufriedenstellende Gesundheit zu erlangen, würde dies genügen? Gesundheit wird erst dann zum Wert, wenn an ihr entlang Lebensperspektiven entwickelt werden (können). Mit anderen Worten: Wenn es ein Wozu für sie gibt.
Erst wenn man weiß, *worauf* man sein Leben ausrichten will, wird Gesundheit wichtig, weil sie beispielsweise zur Erreichung eines bestimmten Ziels eine grundlegende Voraussetzung ist, speziell, wenn man für andere dasein oder eine Aufgabe verwirklichen will.
Die Definition der Weltgesundheitsorganisation (WHO), nach der Gesundheit ein Zustand körperlichen, seelischen (hier im Sinne von psychischen) und sozialen Wohlbefindens ist, greift daher zu kurz.
Es kann einem Menschen körperlich, seelisch und sozial gutgehen, aber wenn er nicht zu dem vordringt, was ihn wirklich und letztlich angeht, ist vieles umsonst. Menschsein ist demnach viel mehr als Gesundheit und Gesundsein, beinhaltet nicht nur die Abwesenheit von Krankheit.

Was heißt nun, existentiell gesund zu sein?
Existentiell gesund ist ein Mensch, der dem Leben gegenüber offen bleiben kann, und der sein Leben auf etwas ihm wertvoll Erscheinendes ausrichtet. Existentiell gesund ist ein Mensch, der gemeinschaftsfähig und beziehungsfähig ist. Existentiell gesund ist ein Mensch, der in Freiheit und Verantwortung und daher wertbezogen handelt. Existentiell gesund ist ein Mensch, der sich auseinandersetzen kann, ist also folglich nicht der, der sich anpaßt.
Dies hat große Konsequenzen für die Erziehung, die in den vorliegenden Ausführungen aufgegriffen sind.
Wenn also ein Wozu gegeben ist, ist Gesundheitsvorsorge der Niederschlag und nicht das Ziel. Gesundheit in all ihren Ausprägungen stellt sich somit als Effekt ein, wenn Sinn gegeben ist.

Warum könnte der Ansatz von Frankl gerade in der Pädagogik so wichtig sein?

Frankl kennzeichnet unsere heutige Zeit durch folgende Symptome, die zu dem führen, was er mit einer „kollektiven Neurose" bezeichnet hat:

1. **Provisorische Daseinshaltung**, die dadurch gekennzeichnet ist, daß der Mensch sich nicht wirklich aufs Leben einläßt.
2. **Fatalistische Lebenseinstellung**, die dazu führt, daß der Mensch gar nicht daran glaubt, sein eigenes Leben gestalten zu können.
3. **Kollektivistisches Denken**, das durch Orientierung an gesellschaftlichen Normen die eigene Person aus dem Blickfeld verliert.
4. **Fanatismus**, der die Gefahr in sich birgt, daß man die Person des anderen ignoriert (vgl. Frankl 1987, S. 115).

Alle vier Bereiche lassen sich auf Flucht vor der Verantwortung und Scheu vor der Freiheit zurückführen. „Freiheit und Verantwortung aber machen die Geistigkeit des Menschen aus. Der heutige Mensch aber ist geistesüberdrüssig, und dieser Geistesüberdruß ist das Wesen des zeitgenössischen Nihilismus" (Frankl 1987, S. 116). Das führt zu innerer Leere, zum Gefühl verlorenen Daseinsinns.
Heute sind weniger denn je Sinnantworten vorgegeben, denn im „Gegensatz zum Tier sagen dem Menschen keine Instinkte, was er muß; und dem Menschen von heute sagen keine Traditionen mehr, was er soll; und oft

scheint er nicht mehr zu wissen, was er eigentlich will. Nur umso mehr ist er darauf aus, entweder nur das zu wollen, was die anderen tun, oder nur das zu tun, was die anderen wollen. In ersterem Falle haben wir es mit Konformismus zu tun, im letzteren mit Totalitarismus - der eine verbreitet in der westlichen Hemisphäre, der andere in der östlichen.“ (Frankl 1990, S. 16). Mit diesem Hintergrund in einer wertpluralistischen Zeit ist Persönlichkeitsstärkung ganz wichtig.
Und hier meine ich, ist die Pädagogik aufgerufen zu handeln, indem sie entsprechende Konzepte entwickelt und anbietet.

A. Präambel: Von der Suchtprävention zur Gesundheitsförderung in der Schule

> Sucht, auch in ihren harmlosen Formen, muß ernst genommen werden,
> weil das Suchtverhalten in den betroffenen Menschen die Kräfte lahmlegt,
> die sie brauchen würden, um etwas zu verändern.
>
> *Suchtpräventionsstelle der Stadt Zürich*

I. Einführende Überlegungen

An dieser Stelle soll kurz der Ausgangspunkt meiner Forschungsarbeit dargelegt werden. 1985 trat ich in die Lehrerfortbildung ein und war gleich von Beginn an zuständig für die Suchtprävention. Als Neuling auf diesem Gebiet mußte ich mich autodidaktisch einarbeiten. Alle gesammelten Überlegungen, Erfahrungen und Aktivitäten flossen in meine Diplomarbeit „Von der Suchtprävention zur Gesundheitsförderung in der Schule" ein. Mit ziemlich großen Veränderungen brachte ich diese 1992 erstmals als Buch heraus (1993 folgte die zweite Auflage, 1994 die dritte Auflage.)
Es ist heute mit Sicherheit anzunehmen, daß keine Schule vom illegalen Suchtmittelproblem verschont wird (vom legalen sowieso nicht).
Die Überlegungen, wie ausweichendes Verhalten, z. B. Flucht in die Droge im weitesten Sinn in der Schule abgeschwächt oder gar verhindert werden könnte, läßt den Suchenden bis in die „Theorie der Schule" und die „Theorie der Erziehung" vordringen.
Was muß die Schule tun, um nicht selbst zum möglicherweise suchtauslösenden Faktor zu werden, bzw. was kann die Schule leisten, um Kinder und Jugendliche zu befähigen, nicht in ausweichendes Verhalten zu flüchten?
Die Schule ist nur eine von mehreren Institutionen, die sich mit dem Thema „Drogen und Sucht" zu befassen haben.
„Ganz sicher kann sich die Schule an dem Gesamt der an sich notwendigen Maßnahmen nur *beteiligen*. Sie darf nicht als die Institution angesehen werden, die vor allem aufgerufen ist, den Rauschmittelkonsum zu stoppen, wie es leider immer wieder gefordert wird" (Bärsch u. a. 1982, S. 152).

Vor allem aus folgenden Gründen sollte sich die Schule engagieren:

- Sie ist nicht nur eine Einrichtung der Wissensvermittlung, sondern auch der Erziehung. Das oberste Erziehungsziel ist der lebenstüchtige, engagierte, demokratische Bürger. Dieses Ziel kann nicht erreicht werden, wenn große Problembereiche ausgespart bleiben.

- Sie ist als eine Institution der Gesellschaft und als zentraler Ort der Sozialisation von Heranwachsenden verpflichtet, mit ihren Mitteln und Möglichkeiten zur Lösung gesellschaftsrelevanter Probleme beizutragen. Das Phänomen Sucht ist ein erhebliches, gesellschaftliches Problem.

- Sie ist die einzige Institution der Gesellschaft, durch die *alle* Jugendlichen angesprochen werden.

- Die Schule sollte auch als ein Anwalt jedes einzelnen Kindes mögliche Gefahren von den Jugendlichen abzuwenden versuchen (Bärsch u. a. 1982, S. 152 f.).

Realistischerweise kann die Schule aber hauptsächlich nur im Bereich der *Vorbeugung* schwerpunktmäßig tätig werden. Sie hat nur ausnahmsweise mit fortgeschrittenen Formen des Drogenkonsums zu tun, weil Dauerkonsumenten oft vorzeitig aussteigen.
Trotzdem gibt es keine Theorie der Schule zur Bewältigung des Suchtproblems. Im Gegenteil: Dieses Problem wird vielerorts weitgehend verdrängt, sowohl von der Basis als auch von der Schulaufsicht. Wenn dieses wirklich von der Wurzel her angegangen werden soll, genügen vordergründige Lösungsansätze nicht.
Außerdem ist die Suchtthematik grundsätzlich von keiner Altersstufe auszuschließen, da sich in ihr alle möglichen menschlichen Probleme widerspiegeln. Sie ist auch keine Sache eines bestimmten Unterrichtsfaches, einer bestimmten Schulstufe oder Schulart.
Sie kann und soll nicht zu einer neuen Spezialpädagogik führen. Das Phänomen Sucht muß tiefgehend in Zusammenhang mit der Persönlichkeitsbildung, der Sozialisation und dem gesellschaftlichen und kulturellen Umfeld gesehen werden.
Suchtprävention sollte somit als gesamtgesellschaftliches Anliegen gewertet werden. Jede Gesellschaft muß daran gemessen werden, wie sie mit ihren schwächeren Mitgliedern umgeht.

II. Phänomen Sucht

Jedes exzessiv betriebene ausweichende Verhalten kann zur *Sucht* führen, denn Sucht ist eine gesamthafte Ausrichtung des Denkens, Fühlens und Wollens, kurz des gesamten Lebens, auf ein oder mehrere Suchtmittel oder auf ein süchtiges Verhalten.
Unter diesem weiten Suchtbegriff sind alle denkbaren Abhängigkeiten von stofflichen (substanzbezogene Sucht) und nicht-stofflichen Suchtmitteln (handlungsbezogene Sucht) subsumiert (z. B.: Sport-, Spiel-, Fernseh-, Nikotin-, Kauf-, Eß-, Arbeits-, Profit-, Geltungs-, Herrschsucht u. a.).
Der breite Suchtbegriff macht es schwer, Abgrenzungen zwischen den einzelnen Suchtmitteln und -formen zu definieren. Suchtstrukturen finden sich bei sehr vielen Menschen, und erst durch ein multikausales Geschehen kann sich dies beim einzelnen zu einer Sucht verdichten. Allerdings ist der gelegentliche Konsum von Suchtmitteln, die gelegentliche Verhaltensausweichung noch keine Sucht.
Sucht kann sich je nach Suchtmittel und persönlicher Disposition verschieden schnell vom *Konsum* über den *Mißbrauch* zur *Abhängigkeit* entwikkeln. Die Übergänge sind verschwommen und schleichend.
Diese Abhängigkeit kann eine *körperliche* Abhängigkeit sein, *seelische* und *soziale* Abhängigkeit sind *immer* im Spiel und von größerer Bedeutung. Abhängigkeit wird damit zu *einer* Möglichkeit des Ausweichens aus dem breiten Spektrum verschiedener Verhaltensausweichungen.

Verhaltensausweichung formuliert relativ neutraler als Verhaltensabweichung oder gar Verhaltensschädigung alle vorstellbaren Verhaltensweisen, mit denen Probleme umschifft werden.
Ausweichendes Verhalten kann sozial auffällig oder unauffällig sein. Es kann aus einer Vielzahl von soziologischen, mikrosoziologischen, psychologischen, tiefenpsychologischen, pädagogischen und persönlichkeitsspezifischen Gründen einerseits entstehen, andererseits aber auch gerade *nicht* entstehen.
Ausweichendes Verhalten zeigt *jeder* Mensch in stärkerem oder geringerem Ausmaß. Ausgewichen wird vor einer unbefriedigenden, belastenden, konfliktreichen und/oder sinnentleerten Lebenssituation. Da aus der Sicht der ursachenbezogenen Prävention die Art des Ausweichens nicht vorausgesagt werden kann, muß Prävention *alle* ausweichenden Verhaltensmöglichkeiten miteinbeziehen.

III. Ursachen für ausweichendes Verhalten

In Erweiterung des Kielholz'schen Dreiecks können die Ursachen von Sucht und anderen ausweichenden Verhaltensformen in einem Viereck dargestellt werden:

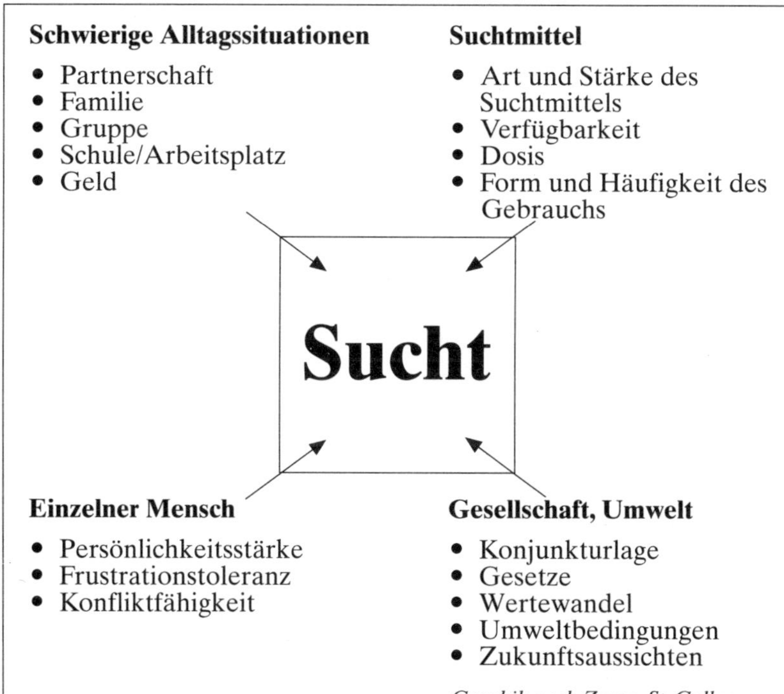

Graphik nach Zepra. St. Gallen

Die Art und Stärke des angebotenen Suchtmittels, dessen Verfügbarkeit, Form und Häufigkeit des Gebrauchs stellen ein erstes Ursachenbündel dar. Das große Problem der allgemeinen Griffnähe von Drogen ist, daß bereits Jugendliche, die ihre erste Identitätsfindung, den ersten Lebensentwurf noch nicht gestaltet haben und die – erschwerend – vielleicht gerade inmitten einer so schwierigen Lebensphase wie der Pubertät stehen, mit Suchtmitteln konfrontiert werden.

Daneben gibt es gesellschaftliche Ursachen wie die zunehmende Unverbindlichkeit, das In-Frage-Stellen von Werten, die allgemeine Orientie-

rungslosigkeit, die Konsumzentriertheit der Gesellschaft, die vielen Zwänge, Einengungen und Reglementierungen, das Gefühl der Ohnmacht gegenüber den Problemen der Welt (Hunger, Krieg, Naturzerstörung ...) und vieles andere mehr.
Schließlich stellen schwierige Alltagssituationen eine weitere Belastung dar, die in Partnerschaft und Familie, in Gruppe, Schule und Arbeitsplatz auftreten können.
Diese Faktorenbündel treffen nun auf einen einzelnen Menschen, der mit Schwierigkeiten und Problemen um so eher umgehen kann, je persönlichkeitsstärker, frustrationstoleranter und konfliktfähiger er ist.
Speziell in Konfliktsituationen ist die Abhängigkeitsgefährdung besonders groß, da Suchtmittel häufig zunächst als scheinbare Problemlöser erlebt werden.
Auch wenn alle vier Ursachenbündel hier der Systematik wegen getrennt aufgelistet werden, muß doch klar sein, daß es keine Monokausalität gibt und einzelne Faktoren nur in Interaktion mit anderen abgeschwächt oder wirksam werden. Sucht ist somit ein multikausales Geschehen. Es gibt niemals eine einzelne Ursache dafür und daher auch nicht einen einzelnen Ansatzpunkt für Prävention oder Therapie.
Individuelle, drogenspezifische und gesellschaftliche Faktoren sowie schwierige Alltagssituationen ergeben zunächst nur eine Verhaltensbereitschaft. Welches konkrete Verhalten folgt, hängt von den Umständen der besonderen Situation ab. Grundsätzlich können Probleme auf zwei Arten gelöst werden:

- entweder durch *Ausschöpfung eigener Ressourcen* wie Wissen, Fertigkeiten, Intelligenz, Werthaltungen, Bindungen, Emotionalität etc.,
- oder durch *personfremde Mittel* wie Werkzeuge, Apparate, chemische Stoffe etc.

Folgende vorsichtige Verallgemeinerung kann angeschlossen werden:

- „Je mehr eigene Möglichkeiten ausgeschöpft werden müssen, desto produktiver (...) wird das Verhalten sein.
- Je mehr Hilfsmittel eingesetzt werden müssen, desto unproduktiver ist der Mensch, desto stärker werden der Genuß oder auch die Stimulierung der eigenen Befindlichkeit im Vordergrund stehen“ (Bärsch u. a. 1982, S. 130 f.).

IV. Arten der Prävention

1. Vorbemerkungen

Prävention als Vorbeugung ausweichenden Verhaltens rückt aus verschiedenen Gründen immer mehr in den Mittelpunkt der Überlegungen. Sie schwankt zwischen schroffer Ablehnung mit dem Hinweis auf Ineffizienz und der Euphorie, den Stein der Weisen gefunden zu haben, denn Präventionsprogramme können nur sehr schwer auf ihre Wirksamkeit hin kontrolliert werden.
Eine Prävention, die genau auf Drogen oder auch Sucht zielt, ist wegen der äußerst unscharfen Ursachenkausalität nicht möglich. Es sei denn, man verstünde darunter hauptsächlich weiterhin Drogenprävention, die über Drogen „aufklärt", also den Gesichtspunkt der Gefährlichkeit der Droge in den Vordergrund stellt. Wenn Information in diesem Bereich weiterhelfen würde, müßte die massive Medienberichterstattung erste Früchte tragen. Wenn es so einfach wäre, müßten wir nur einige Experten durch alle Schulen und Kindergärten schicken oder dorthin, wo es uns sonst noch notwendig erscheint - und das Problem wäre gelöst! Wäre es das?
Aber wer ist überhaupt Experte in dem Bereich? Jemand, der in der sehr schwierigen Arbeit mit Drogenabhängigen steckt?
Jemand, der über alle Wirkungen und Nebenwirkungen der Suchtmittel genau Bescheid weiß?
Jemand, der sich mit den Ursachen für den Suchtmittelmißbrauch beschäftigt hat?
Jemand, der weiß, was Jugendliche brauchen?
Da wäre zunächst die Frage: *Wie – in welcher Form –* geben wir unsere Information weiter?

- *Abschreckend*: d. h. *vergrößern* wir vielleicht *die Angst* derjenigen, die nicht gefährdet sind (und Angst halte ich für einen schlechten Lehrmeister), *fordern wir vielleicht manche zur Mutprobe* heraus, sich in eine solche Situation zu begeben?
  (Auf die Art haben zum Beispiel Buch und Film von Christiane F. ‚Wir Kinder vom Bahnhof Zoo', nach allen Untersuchungen *nicht* suchtvorbeugend gewirkt.)
- *Mit erhobenem Zeigefinger:* Wenn man Kindern und Jugendlichen einen roten Ball zeigt und erklärt wie er ausschaut und womöglich noch, wie gefährlich er ist (immerhin kann man sich damit einen

Nasenbeinbruch, einen Fingerbruch o. ä. zuziehen oder beim Nachrennen in ein Auto laufen ...), und dann vielleicht noch seine schönen Seiten erwähnt und ihnen daraufhin sagt, daß sie auf keinen Fall mehr an ihn denken sollten und unter keinen Umständen mit ihm spielen, ... Wie leicht bzw. schwer fällt es ihnen dann, davon zu lassen?
Die Politik der Verbote hat den Nachteil, den verbotenen Gegenstand in den Mittelpunkt des Interesses zu stellen.
Wer hat nicht schon versucht, mit dem Rauchen aufzuhören (oder auf etwas anderes zu verzichten) und denkt dann fast ausschließlich an die Zigarette?

- *Sensationsheischend* und *aufbauschend*: damit vergrößern wir unter Umständen *Aufmerksamkeit* und *Interesse.*
  Das Nachrichtenmagazin „Der Spiegel" spricht in diesem Zusammenhang von einer *„unheilvollen Stoffkunde mit hohem Werbecharakter"*.

Zusammengefaßt können wir sagen:

- Bereits kurze Informationsprogramme heben den Wissensstand.

- Auf der Verhaltensebene zeigen sich kaum die erwarteten Effekte, zuweilen eher Bumerangeffekte.

- Information ist besonders problematisch für solche Jugendliche, die Abenteuer, Wagnis und Auslotung von Grenzsituationen als Statussymbol betrachten.

(Schweizerische Fachstelle für Alkoholprobleme 1990, S. 211 f.)

Wenn wir die *Informationsweitergabe ganz grundsätzlich* betrachten:Überschätzen wir sie nicht? In einer Zeit, die man auch als Informationszeitalter bezeichnen könnte, werden wir von Informationen beinahe erdrückt:
Wenn wir eine viertelstündige Nachrichtensendung mit 15 - 20 Beiträgen hören: Was ist uns 10 Minuten danach noch im Gedächtnis?
Aber auch das, was länger im Gedächtnis haften bleibt: Erreicht es uns wirklich in unserer Person?
Das heißt: Information muß zur *Erkenntnis* werden, wenn sie etwas bewirken soll. Erst dann kommt es zu einer *Verhaltensänderung.*

Konrad Lorenz wird folgende *Stufenleiter zur Erkenntnis* zugeschrieben:

- Gesagt ist nicht gehört.
- Gehört ist nicht verstanden.
- Verstanden ist nicht einverstanden.
- Einverstanden ist nicht durchgeführt.
- Durchgeführt ist nicht beibehalten.

Daß Information nicht alles sein kann, spüren wir spätestens dann, wenn wir uns vor Augen halten, was alles durch Information allein nicht gelöst werden kann:

- Warum gibt es immer noch Raucher, obwohl diese meist nur zu genau wissen, wie schädlich diese Gewohnheit ist?
- Warum gibt es noch soviele Menschen, die übermäßig Alkohol trinken, auch wenn ihnen bewußt ist, daß sie damit sich und andere gefährden?
- Warum gibt es immer noch Menschen, die Gesetze übertreten im großen, aber auch im kleinen, etwa beim Steuerzahlen und im Straßenverkehr?
- Warum gibt es keinen Frieden auf der Welt, obwohl wir wissen, was Kriege anrichten können – und sogar im Bewußtsein, daß der Frieden viel schöner ist?

Wenn wir versuchen, dies auf den Punkt zu bringen, so könnten wir vielleicht folgendermaßen formulieren:

Was nützt uns jegliche Information, wenn wir nicht wissen, wozu wir wirklich leben sollen, wenn wir uns in einem existentiellen Vakuum befinden, das durch Sinnlosigkeitsgefühle gekennzeichnet ist?
Das heißt nun nicht, daß keine Information notwendig ist. An dieser Stelle möchte ich anmerken, daß Information über die Herrichtung, Aufbereitung und Einnahme von Suchtmitteln in meinen Augen wirklich weggelassen werden könnte – ebenso wie entsprechende Bilder in den Medien!
Es heißt aber, daß wir uns intensiv mit den Themen der Jugendlichen auseinandersetzen müssen, wenn wir eine Verhaltensänderung bewirken wollen.
Und diese Auseinandersetzung muß sich über einen langen Zeitraum erstrecken und kann nicht einmalig erfolgen. Bevor Lösungswege aufgezeigt werden können, müssen die Ursachen ergründet werden.

Bei der Drogeninformation darf es sich nicht um eine Alibi- und Füllfunktion handeln, sondern es sollte ein in einen größeren Zusammenhang eingebettetes Geschehen sein, das vor allem auch Betroffenheit erzeugt. Die derzeitige Drogenarbeit läßt sich durch einen Vergleich charakterisieren, den der amerikanische Soziologe Stanley Cohen angeboten hat. Danach müßte man sich vorstellen, daß eine auf diesem Gebiet tätige Person „am Ufer eines Flusses entlang geht und nach Menschen Ausschau hält, die in der Mitte des Flusses hilflos treibend, von der Strömung fortgespült werden und vergeblich versuchen, über Wasser zu bleiben und ans Ufer zu gelangen. Der Helfer am Ufer ist eifrig bemüht, die Vorbeitreibenden aus dem Wasser zu ziehen, ihnen Rettungsleinen zuzuwerfen oder ihnen durch lautes Rufen und Gestikulieren die Stellen zu zeigen, an denen sie vorläufig Halt finden können. Doch immer, wenn es gelungen ist, eine Person aus dem Wasser zu ziehen oder vorübergehend zu sichern, treibt schon ein nächstes Opfer heran, einige in Reichweite, andere nahezu unerreichbar. Während so eine Vielzahl von Helfern am Ufer mit der Rettung der Vorbeitreibenden beschäftigt ist, wird eine kleine Gruppe für eine Spezialaufgabe zusammengestellt und den Fluß hinaufgeschickt, um die Stellen ausfindig zu machen, an denen die Menschen ins Wasser fallen oder hineingestoßen werden. Dort sollen sie Warn- und Hinweisschilder aufstellen, gegebenenfalls das nähere Terrain abriegeln oder andere geeignete Maßnahmen ergreifen, um weitere Unglücksfälle zu verhüten. Da es keine Landkarte für das Gebiet flußaufwärts gibt, muß diese Gruppe am Flußufer entlang das Gelände nach und nach erkunden und dabei Wege gehen, die mitunter nicht sehr weit führen“ (Ministerium für Arbeit, Gesundheit und Soziales des Landes Nordrhein-Westfalen 1990, S. 1).
Prävention bedeutet Vorbeugen, Zuvorkommen, und zwar dem ausweichenden Verhalten. So gesehen ist es eine kulturelle, soziale und pädagogische Aufgabe.
Nach der Definition der Weltgesundheitsorganisation (WHO) können drei Arten von Prävention unterschieden werden (Einteilung nach dem Zeitpunkt des Eingriffs):
Die *primäre Prävention* setzt vor dem experimentellen bzw. vor dem regelmäßigen Gebrauch an.
Die *sekundäre Prävention* hat ebenfalls zwei Ansatzpunkte, vor dem regelmäßigen bzw. vor dem übermäßigen Gebrauch.
Die *tertiäre Prävention* setzt vor dem übermäßigen Konsum bzw. als dessen Begleitmaßnahme an.

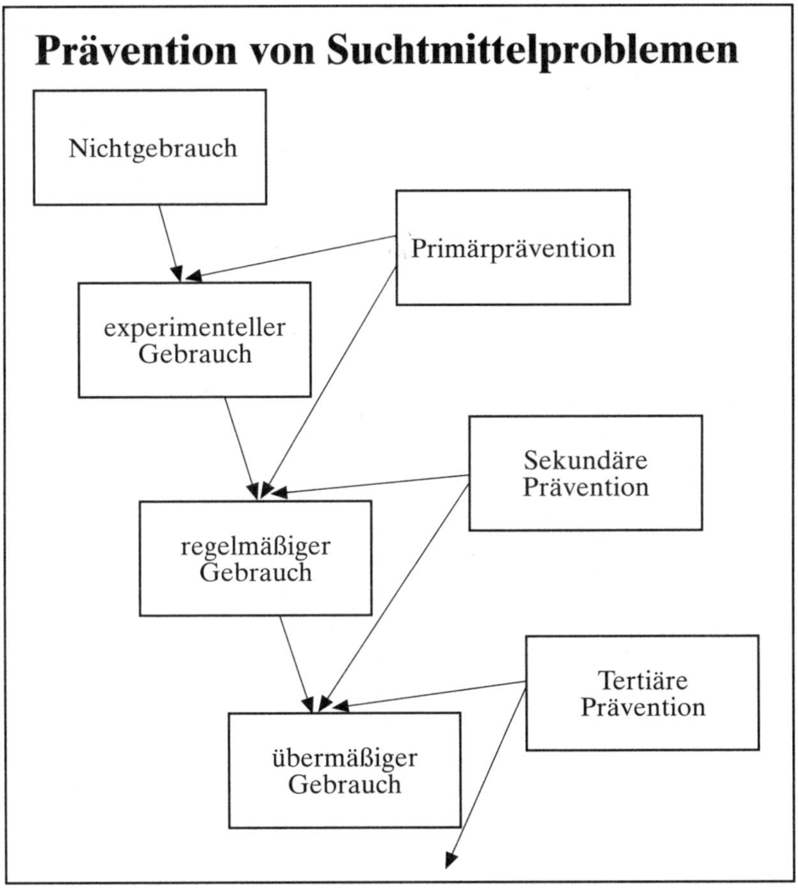

modifiziert nach Schweizerische Fachstelle für Alkoholprobleme 1990, S. 173

2. Primäre Prävention

Die primäre Prävention ist die anspruchsvollste Art und setzt schon **vor** dem Auftreten ausweichenden Verhaltens im unwegsamen Gelände der Quellen des Flusses an, dort, wo das Gelände zunächst noch erkundet werden muß. Daher muß sie möglichst breit angelegt und auf alle Menschen ausgerichtet sein, vorrangig auf der affektiven und nicht auf der kognitiven Ebene.

Das Auftreten neuer Störungen soll durch Kompetenztrainings- oder Aufklärungskampagnen verringert werden (Stark 1988, S. 564).
Die primäre Prävention möchte die umfassende Fähigkeit vermitteln, Lebensbedingungen selbst und aktiv zu ändern und zu verbessern.
Dabei ist es wesentlich, daß vor allem solche Verhaltensweisen *vermittelt* und *eingeübt* werden, die vielfältig auf Entfaltung der Persönlichkeit und des Selbstwertgefühls, auf Gesundheitsbewußtsein, Sinnfindung und Bewältigung der Lebensaufgaben ausgerichtet sind.
Diese Art der Prävention hat den Jugendlichen zum Mittelpunkt und setzt bei *seinen* Problemen an, ist also person- und nicht suchtmittelzentriert. Damit muß sie sich durch alle Lebens*bereiche* und Lebens*phasen* ziehen, d. h. vertikal und horizontal wirken.
Sie ist gekennzeichnet durch Ursachenorientierung, frühzeitiges Einsetzen und Kontinuität und kann daher *nicht* zu einer *einmaligen* Aktion werden. Sie stellt den eigentlichen Ansatzpunkt für *schulische* Prävention dar.
Ihr Nachteil liegt in der geringen rezeptmäßigen Konkretheit. Dafür bietet sie einen sehr großen Freiraum für erzieherisches Handeln.
„Wir sollten uns bemühen, gute Erziehungsarbeit zu leisten, uns aber vor der Selbstüberschätzung hüten, alles kontrollieren zu können. Nicht zuletzt im eigenen Interesse: Denn, wenn wir tatsächlich alles steuern könnten, wären wir auch für alles verantwortlich.
So gesehen mag es besser sein, Prävention oder Erziehung allgemein nicht als etwas zu verstehen, das dazu beiträgt, bestimmte unerwünschte Ereignisse, wie zum Beispiel Drogengebrauch, zu verhindern, sondern als etwas, das Kraft gibt, Schwierigkeiten zu bewältigen. In jedem einzelnen positiv bewältigten Erziehungskonflikt, ganz gleich in welchem Alter er auftritt, liegt eine Chance für das Kind, später selbst gut mit Konflikten klarzukommen“ (Kindermann 1991, S. 108).

3. Sekundäre Prävention

Sie setzt an den noch nicht so breiten und nicht so reißenden Stellen des Flusses an, an denen es noch relativ leicht gelingt, die Hineingefallenen ans Ufer zu ziehen. Sie erfaßt auffällig eingestufte Verhaltensweisen und soll die *Ausweitung* einer bereits eingetretenen Krise verhindern.
Dies könnte beispielsweise die besonders intensive Auseinandersetzung und Betreuung von Kindern und Jugendlichen mit Verhaltensauswei-

chungen sein, wobei hier im einen oder anderen Fall die schulischen Möglichkeiten bereits überschritten werden und die Zusammenarbeit mit anderen Institutionen gesucht werden muß.
Störungen in der Persönlichkeitsentwicklung werden sehr oft vordergründig mit Schlimmsein, Faulheit, fehlender Motivation etc. abgetan und mit einem „schulischen" Verhaltensrepertoire „behandelt", wie Strafen, Disziplinierung durch Noten, mechanistische Lernanregungen u. a.
Dabei liegen im einen oder anderen Fall die Gründe viel tiefer, und echte, grundlegende Hilfe kommt oft erst sehr spät oder nie. Gerade hier müßte die „pädagogische Dimension" von Schule ansetzen, um betroffenen Kindern nicht weitere Benachteiligungen aufzuhalsen, sondern sie in und mit ihren Problemen aufzufangen.
Das bedeutet in weiterer Folge, daß die Spannungen zwischen den Lernzielen (Ansprüchen der Schule) und den individuellen Möglichkeiten und Bedürfnissen der Kinder vermindert werden müßten, damit die Diskrepanz zwischen Schule und „Leben" nicht noch größer wird.
Im Bereich substanzgebundener Süchte betrifft dies Menschen, die illegale Drogen konsumieren bzw. mißbräuchlich mit legalen Suchtmitteln und Medikamenten umgehen.
Erstkonsumenten sollen auf alle Fälle möglichst frühzeitig erfaßt und schnell professioneller Hilfe zugeführt werden, sofern dies möglich ist.

4. Tertiäre Prävention

Der Fluß ist angeschwollen, mächtig und reißend geworden. Hier kann geholfen werden, indem Rettungsringe und Rettungsboote zu den Ertrinkenden geworfen bzw. geschickt werden. Einige der Ertrinkenden können damit nach oft längerem Bemühen an Land gezogen bzw. deren Ertrinken damit verhindert werden.
Die tertiäre Prävention soll zuerst die Folgen von manifesten psychischen und physischen Leiden mildern. Schließlich wird man versuchen, diese Leiden zu verringern helfen.
Hier ist die Schule in ihren aktiven Möglichkeiten in den meisten Fällen bereits klar überfordert. Sie hat fast ausschließlich nur mehr die Funktion, das richtige Hilfsangebot zu finden und die Betroffenen schulisch möglichst lange zu tragen.

V. Von der Suchtprävention zur Gesundheitsförderung

Präventionsmodelle für ausweichendes Verhalten geraten schnell unter die Dominanz medizinischer Gesichtspunkte, was sehr leicht zu einer naturwissenschaftlich-technokratischen Verengung führen kann. Dabei wird es in Zukunft ein Prüfstein sein, inwieweit wir von einer rein mechanistischen und funktionalistischen zu einer ganzheitlichen Beschreibung, Erklärung und Ausrichtung der Wirklichkeit zu kommen vermögen.

Wenn es im Feld von Nicht-Gesundheit zu einer durchgehenden, verpflichtenden Therapeutisierung und Medizinisierung weiter Lebensbereiche kommt, würde dies erstens sehr einschränkend wirken und zweitens eine Ausgrenzung der Nicht-Gesunden bedeuten. Drittens besteht bei dieser Art von Betreuung die Gefahr, daß sie – wie der ganze Medizinsektor – stark entmündigend geprägt ist.

Dabei kommt es im Gegenteil darauf an, die Eigenverantwortlichkeit zu ermöglichen, zu stärken und zu fördern, die Perspektiven und Mittel zur Gesundheitsförderung des einzelnen auszubauen und Einstellungs- und Verhaltensänderungen zu entwickeln. Dazu gehört auch, „Gesundheitspartei" zu ergreifen und Gesundheitsinteressen zu vertreten.

„Politische, ökonomische, soziale, kulturelle sowie ökologische und biologische Faktoren können alle für Gesundheit zuträglich oder schädlich sein. Gesundheitsförderndes Handeln zielt darauf ab, durch eindeutige Interessenvertretung und aktive Parteiergreifung diese Faktoren positiv zu beeinflussen und der Gesundheit zuträglich zu machen" (Hildebrandt 1987, S. 113).

Sehr wichtig scheint es auch zu sein, die Menschen zu motivieren und zu befähigen, mit ihrer Gesundheit bzw. Krankheit lebensadäquat umzugehen.

Prävention sollte daher nicht als „Verhinderung" gesehen werden, die zu Entmündigung führen kann, sondern als ein Akt von Emanzipation. Damit wird sie zur Gesundheitsförderung.

Dies ist ein im Gegensatz zu „Gesundheitsvorsorge" und „Gesundheitserziehung" positiv besetzter Begriff. Eine Gesundheitsförderung, die nach Helmut Hildebrandt versucht, „Lust am Leben" zu vermitteln, sollte das Ziel aller Bemühungen sein, da Moralisieren und Zeigefingerpädagogik von vielen Jugendlichen nicht angenommen werden. Gesundheitsförderung scheint auch stärker die partnerschaftlichen und aktivierenden (im Sinne von ermöglichen und befähigen) und weniger die belehrenden Aspekte zu

betonen. Dieser Begriff zielt nicht so vordergründig wie beispielsweise der Begriff „Gesundheitserziehung“ auf Änderung von äußeren Verhaltensweisen ab, sondern setzt tiefer und breiter an. Innere Bereiche der Person sollen angesprochen werden mit dem Ziel der Bestimmungsfähigkeit und Verantwortung sich selbst gegenüber. Außerdem berücksichtigt „Gesundheitsförderung“ im Sinne eines vernetzten Denkens eine sehr umfassende Perspektive von Gesundheit. Sie ist nicht wie „Gesundheitserziehung“ direktiv auf einen einzelnen Menschen ausgerichtet, sondern auf einen Menschen, der in Wechselwirkung steht zu seinem „Ich“, zu seinen Mitmenschen, zu seiner sozialen Mitwelt und Umwelt.
Dies bedeutet, daß bei „Gesundheitsförderung“ nicht in erster Linie das Verhindern von Krankheiten, sondern der Begriff von Gesundheit im Mittelpunkt steht.
Die Ottawa-Charta vom 21.11.1986 als das neue Konzept der Weltgesundheitsorganisation benennt Gesundheitsförderung als einen Prozeß, allen Menschen ein höheres Maß an Selbstbestimmung über ihre Lebensumstände und Umwelt zu ermöglichen und sie damit zur Stärkung ihrer Gesundheit zu befähigen. Gesundheitsförderung fällt deshalb nicht nur in die Verantwortlichkeit spezieller Gesundheitsdienste, sondern zielt über gesunde Lebensweisen hinaus auf die Förderung von umfassendem Wohlbefinden ab.

Notwendige Voraussetzungen für Gesundheit:
Frieden, angemessene Wohnbedingungen, Bildung, Ernährung, Einkommen, ein stabiles Öko-System, eine sorgfältige Behandlung der vorhandenen Energiequellen, soziale Gerechtigkeit und Chancengleichheit.

Ein guter Gesundheitszustand ist eine wesentliche Bedingung für soziales, ökonomisches und persönliches Wachstum und ein entscheidender Bestandteil der Lebensqualität. Gesundheitsförderndes Handeln zielt darauf ab, durch eindeutige Interessenvertretung und aktive Parteiergreifung diese Faktoren der Gesundheit zuträglich zu machen.
Ebenso will die Gesundheitsförderung gleiche Gesundheitschancen für alle erreichen. Ein Mensch kann sein Gesundheitspotential nur dann weitestgehend entfalten, wenn er auf die Faktoren, die seine Gesundheit beeinflussen, auch Einfluß nehmen kann. Daher läßt sich Gesundheit nicht alleine durch den Gesundheitssektor fördern und bewahren, sondern verlangt ein koordiniertes Zusammenwirken unter Beteiligung aller Verantwortlichen. Es ist eine politische Aufgabe. Gesundheit läßt sich nicht

getrennt von anderen Zielen verfolgen (Hildebrandt 1987, S. 112 - 118). Gesundheitsförderung muß auf die aktive Beteiligung der Menschen an der eigenen Gesundheitssicherung und -förderung hinauslaufen. Die Anforderungen und Probleme haben sich im Laufe der Zeit geändert. Sie haben sich vermehrt und sind komplizierter geworden. Notwendigerweise müssen daher auch die Inhalte der „Gesundheitserziehung“ diesen veränderten Bedingungen angepaßt werden. „Sie verstellt sich den Blick durch ungenügende Wahrnehmung der Gefühls-, Gedanken- und Handlungswelten von Jugendlichen und die fehlende Nähe zu ihnen“ (Hildebrandt 1987, S. 11).

„Öffentliche Gesundheit, das Herstellen und Erhalten von Gesundheit ist kein vorrangig medizinisches, sondern vor allem ein soziales Projekt (...). Gesundheit ist nur in einem ökologischen, multidimensionalen Verständnis zu verstehen. Sie ist kein Produkt (z. B. einer gesunden Lebensweise), sondern spiegelt das Ausmaß gelungener Interaktion von Menschen mit sich selbst und anderen auf dem Hintergrund ihrer Lebenswirklichkeit ab“ (Hildebrandt 1987, S. 9).

Diese Definition läßt Platz für Alter, Tod, Behinderung. Außerdem wird hierbei Gesundheit nicht negativ, als Nicht-Krankheit beschrieben, sondern positiv definiert.

Die Vernetztheit von Gesundheit mit Umweltbedingungen im weitesten Sinn tritt immer schärfer hervor. Aber auch Krankheit wird zunehmend ganzheitlich gesehen. Ebenso wird von Gesundheit und Krankheit als statischen Zustandsschilderungen abgegangen. Dynamische Beschreibungen erweisen sich als die treffenderen; Leben, Gesundheit und Krankheit sind menschliche Entwicklungsprozesse.

Unumgänglich ist es, in Zukunft nicht hauptsächlich Gründe zu suchen, z. B. keine Drogen zu konsumieren oder ähnlichen Zielsetzungen nachzuhängen, sondern von vorneherein die lebensadäquateren Alternativen aufzuzeigen, also Gründe zu vermitteln, um Erwachsensein, Freiheit, Gesundheit, Belastungsfähigkeit, soziale Einstellung, Kreativität etc. als attraktiv darzustellen, damit Lebensfreude, Lebensfähigkeit und Lebenstüchtigkeit als erstrebenswerte Ziele erscheinen. Zu Einstellungsänderungen, die sich in zunehmender Handlungsbereitschaft und verstärkter Handlungsfähigkeit zeigen, kommen wir nur,

- wenn wir wert- und damit sinnvolle Ziele aufzeigen.
- wenn wir dem anderen das Gefühl vermitteln, bei dieser Lebenseinstellung etwas zu gewinnen; d. h. wenn wir über seine Vernunft hinaus

auch seine Gefühle und seine Befindlichkeit positiv ansprechen können;

Zu oft wird aus der Defensive heraus formuliert und argumentiert, z. B.: „Du darfst *nicht* ...“, „Rauchen ist *nicht* ...“, ...
Jemand kann nur für ein Anliegen gewonnen werden, wenn ihm dieses – wie es jede Minute in Werbung und Marketing erfolgt – als besonders empfehlens- und erstrebenswert, als notwendig und hilfreich dargelegt werden kann.
Ich ziehe hier bewußt provokant den Vergleich mit Werbepsychologie und Marketing. Dort wird ausschließlich mit positiven Parolen für ein Produkt geworben, indem es in Bild und Text als wichtig für das Image der Zielgruppe(n) hingestellt wird. Statt den Raucher/Trinker als wahrhaften Mann darzustellen, wie es die Werbung so erfolgreich versucht, müßte es gelingen, den Nichttrinker bzw. Nichtraucher mit attraktiven Vorstellungen zu verbinden. *Er* ist nämlich derjenige, der die „große Freiheit“ und Unabhängigkeit genießen kann. Gewöhnlich aber sind diese Bilder vertauscht, und der Nichtraucher erscheint als ein langweiliger, konformer Spießer, womöglich noch unmännlich und weich, und/oder als Asket, der nichts vom Leben versteht.
Wie armselig und daher wenig wirkungsvoll im Vergleich dazu sind viele Gebote und Verbote der alltäglichen Erziehungspraxis.
In der Erziehung kommt es also vornehmlich darauf an, positiv prägnant zu formulieren, konstruktiv zu argumentieren, zukunfts- und sinnbezogen zu begründen und Alternativen aufzuzeigen.

VI. Ansatzpunkte für Suchtprävention und Gesundheitsförderung in der Schule

1. Grundsätzliches

Die Arbeit des Lehrers auf dem Gebiet der Suchtprävention und Gesundheitsförderung erfolgt auf zwei Ebenen:

- der Beziehungsebene;
  Sie bildet die Voraussetzung und Grundlage jeder Erziehungs- und Unterrichtsarbeit.

- der Ebene der Unterrichtsarbeit;
  Hier ist zu unterscheiden zwischen suchtspezifischer Prävention bzw. eindeutigen „Gesundheitsthemen" und der unspezifischen Gesundheitsförderung.

Bezüglich der Inhalte können ebenfalls zwei Bereiche unterschieden werden, nämlich suchtmittelspezifisches und suchtmittelunspezifisches Vorgehen.

2. Suchtmittelunspezifische Ansatzpunkte

Dieses Vorgehen ist darauf ausgerichtet, ausweichendem Verhalten zuvorzukommen. Für die Schule realisierbare Aufgabenfelder liegen einerseits im Bereich der Persönlichkeitsstärkung, andererseits in der systemischen Verbesserung des Umfelds Schule.

a) Persönlichkeitsstärkung

Vorweg: Eine starke Persönlichkeit mit hohem Selbstwert und realistischen Lebensperspektiven ist kaum gefährdet für ausweichende Verhaltensweisen und daher auch kaum suchtgefährdet. Gesundheitsförderung muß – wenn sie ganzheitlich und ursachenorientiert vorgeht –, bei der *Stärkung der psychischen und geistigen Kräfte* des Menschen beginnen. Wie kann dies geschehen?
Dazu sind zwei Voraussetzungen nötig:

- Den Menschen als Person annehmen.
  Ein ganz wesentlicher Punkt für Erzieher ist nicht nur, die Personalität des anderen zu erkennen, sondern diese auch zu respektieren. Dies zeigt sich vor allem durch die Tatsache, daß die *Freiheit* des anderen respektiert wird. Diese Freiheit besteht darin, daß sich der andere gegenüber Wünschen und Forderungen distanzieren und einen eigenen Weg gehen kann und darf, mit anderen Worten: daß er SO SEIN darf, wie es ihm entspricht. Auf den Punkt gebracht bedeutet dies: sich auch anders entscheiden zu können, als es die Umgebung fordert. Das bedeutet ebenfalls, daß Erziehung ihre Grenzen hat. Grenzen, die durch die beteiligten Personen bedingt sind. Wenn wir Kinder immer anders haben wollen als sie sind, erreichen wir sie nicht mehr, weil sie sich

nicht verstanden und akzeptiert fühlen. Es kann nicht zur personalen Begegnung kommen, die wesentlichste Voraussetzung für jedes weitere Erziehungsgeschehen ist.
Junge Menschen wünschen sich nicht Erzieher, die sie manipulieren, sondern Menschen, die als Personen auf sie zugehen und sie selbst als Personen wahrnehmen. Und sie wünschen sich keine Menschen, die sie schematisieren, sondern die sich ganz konkret auf sie einlassen. Wer einen anderen in seiner Person wahrnehmen will, muß folgendes beachten:

Es wird wichtig sein,

- den anderen in seiner Eigenheit, in seiner Einmaligkeit und Einzigartigkeit zu belassen, d. h. ihn nicht festzuschreiben oder festzulegen auf bestimmte Lebensformen und Lebensinhalte;
- den anderen zu verstehen, indem wir in Erfahrung zu bringen versuchen, was ihn in Bewegung bringt;
- den anderen in seinen Möglichkeiten zu erkennen, nicht nur so, wie er ist, sondern so, wie er sein könnte, was also alles an unverwirklichten Möglichkeiten noch in ihm steckt.

Denn ein Kind, das verstanden wird, kann sich selbst in seinem Wertsein erleben. Nur wer sich selbst in seinem Wertsein erleben kann, kann sich äußeren Werten zuwenden.

- Die eigene Person zeigen.
  Den anderen als Person wahrnehmen kann nur, wer selbst für seine eigene Persönlichkeit, sein eigenes Personsein ein Gefühl entwickeln konnte. Personsein heißt nun nichts anderes, als sich in Freiheit zu entscheiden und zu handeln und sich nicht von den Gegebenheiten treiben zu lassen. Es geht daher über Rollen(erwartungen) und Normen hinaus. Personsein sprengt diese geradezu.

  Was gehört dazu?

  - Die Wertklarheit des Erziehers,
    d. h. zu wissen, nach welchen Werten das eigene Leben ausgerichtet ist.
  - Die Offenheit für das, was jetzt ist.
    Das Ansteuern eines Ziels mag wichtig und richtig sein. Wer es jedoch gleichsam mit Scheuklappen zu erreichen versucht, nimmt

die Gegenwart nicht mehr wahr und damit auch nicht ihren Sinn. Er spürt die Forderung der Stunde nicht mehr. Der Weg ist also genauso wichtig wie das Ziel, weil es dem Weg die Richtung gibt. Die Frage müßte daher lauten: Welche Auffassung steckt in einer ganz konkreten Situation, aufgeblendet auf die Zukunft?

- Die Fähigkeit zur personalen Begegnung,
  die fast einem schöpferischen Akt gleichkommt. Dies ist eine zweifache Balance.
  Eine Balance zwischen dem Eingehen auf die andere Person und dem Dennoch-Man-Selbst-Bleiben. Und eine Balance zwischen dem eher passiven Einlassen und dem eher aktiven Eingehen auf den anderen.

Welches könnten konkrete persönlichkeitsstärkende Maßnahmen in der Schule sein?

- Wenn Schüler erfahren, daß ihre individuelle Problematik über weite Strecken Ausdruck einer *übergreifenden* (alterstypischen und kulturellen) Problematik ist.
- Wenn Schüler erleben, daß sich die Probleme ihrer Entwicklungsstufe auch als *Freiräume* und *Chancen* betrachten lassen.
- Wenn von anderen *klare Standpunkte* (bei flexibler Ausgestaltung) eingebracht werden.
  Diese sind Reibebäume und erhöhen die Frustrationstoleranz.
- Wenn *Bewährungsproben* ermöglicht werden, die das Selbstwertgefühl wesentlich zu heben vermögen.
- Wenn der *Gefühlsbereich* und der *handwerkliche Bereich* gefördert werden, nicht nur eine einseitige Intellektualisierung stattfindet (Chancengleichheit für Kopf, Herz und Hand).
  Das bedeutet: Eingehen auf Freude, Trauer, Ängste, Probleme, Enttäuschungen verstehen und sie als Bestandteil des Lebens verstehen lernen.
- Wenn *Angst abgebaut* wird, da Angst die Entwicklung der Person beeinträchtigt.
- Wenn *Offenheit* und *Vertrauen* gefördert werden.
- Wenn *Umgangsmöglichkeiten* mit *aggressiven Impulsen* gefunden werden (keine Verdrängung oder Unterdrückung).
- Wenn das *Verstehen des anderen* gefördert wird und damit das Umgehen mit anderen.

- Wenn *persönliche Beziehungen* von Schülern untereinander gefördert werden (Stichwort: Integration).
- Wenn *Verhaltensmöglichkeiten* und *Verhaltensweisen*, die als „soziales“ Lernen zusammengefaßt werden können, gefördert werden.
- Wenn das *Eigene* gefördert wird.
  „In der Schule wird man im allgemeinen gut sein, wenn man es schafft, sich selbst herauszuhalten, das Eigene zurückzustellen, wenn man sich an die Regeln hält, daran, wie z. B. ein Gedicht zu analysieren ist, womit schon vorgegeben ist, wie es zu fühlen bzw. zu sehen ist. Warum eigentlich bewirken die tiefen Texte der Dichtung so wenig - und wir haben doch eine große Fülle davon? Darf man Texte noch spüren, fühlen, selber schauen, oder ist auch da alles vorgegeben und vorgebaut?“ (Günter Funke)
- Wenn *Konfliktfähigkeit* und *Konfliktlösefähigkeit* gefördert werden.
- Wenn Jugendliche in ihren Wertvorstellungen *verstanden* und *unterstützt* werden.
- Wenn ihre *Freiheit* und ihre *Verantwortung* gestärkt, gleichzeitig aber auch Freude vermittelt wird gegenüber der Gestaltung und Aufrollung des eigenen Lebens (d. h.: Kinder erfahren lassen, daß ihre verwirklichten Werte ihnen als unwiederbringliche Vergangenheit **vor**liegen).
- Wenn *Toleranz* vorgelebt und geübt wird.
- Wenn man sich mit *verschiedenen gesellschaftlichen Strömungen, Werten und Normen und mit der Vielfalt der Lebenshaltungen* auseinandersetzt, um daraus Mut für den eigenen Weg zu gewinnen.
- Wenn *Wertfragen* in möglichst vielen Unterrichtsgegenständen (ohne erhobenen Zeigefinger!) *diskutiert* werden (Oser, Althoff).
- Wenn *Lebenspläne entworfen* werden, dabei aber auch erfahren wird, daß erst die Umsetzung in die Tat einer Wertverwirklichung gleichkommt.
- Wenn Jugendliche lernen, *eine sich selbst gestellte Aufgabe auch durchzutragen.*
- Wenn man sich mit *Endlichkeit* und *Tod* auseinandersetzt und dabei das Leben an Bedeutung gewinnt.
- Wenn man bislang *„unentdeckte“ Eigenschaften* an sich selbst entdeckt und Möglichkeiten sucht, sie einzusetzen.
- Wenn *Kreativität, Kultur, Sport, soziales Engagement usw.* in der Schule gefördert werden, also das Herausgehen des Menschen aus sich und das sich ganz Zuwenden zu einer Person oder einer Sache, wodurch man sich selbst erfüllt. Dabei sind wir bei der Sinnfrage: Sinnvoll leben

wir, wenn wir Werte verwirklichen, die uns persönlich ein Anliegen sind. Da es somit weder eine Wert- noch eine Sinnverschreibung gibt, ist auch die Auseinandersetzung mit Wert- und Sinnfragen eine immer wiederkehrende Aufgabe der Schule.

- Wenn pauschale *Leistungsanforderungen* hinterfragt werden.
- Wenn *Geschlechtsrollen* aufgearbeitet werden.
- Wenn ein „natürlicher" Umgang mit *Sexualität* gelernt wird.
- Wenn eine emanzipierende *Medien*erziehung erfolgt.
- Wenn SchülerInnen bei Schwierigkeiten Hilfe erfahren.

Alle diese genannten Inhalte bedingen zweierlei:

- Verstärkte Anwendung von *offenen* und *sozialen* Lernformen mit verstärkter Individualisierung des Unterrichts; damit sind Möglichkeiten für individuelle Schwerpunktbildungen gegeben.

- *Auswahl der Unterrichtsinhalte* nicht nur nach ihren kognitiven, sondern verstärkt auch nach ihren affektiven Inhalten, nach dem Motto: „Es ist wichtiger, daß sich jemand über eine blühende Blume freut, als daß er ihre Wurzel unter das Mikroskop bringt" (Oscar Wilde).

b) Strukturveränderung

Dabei geht es darum, bei den Strukturen und Vorgaben der Schule anzusetzen und diese zunächst im Rahmen des pädagogischen Freiraums voll auszuschöpfen, sich also in einem ersten Schritt an die realistischen Veränderungsmöglichkeiten zu halten, aber in weiterer Folge auch zu überlegen, welche Strukturen aus dem Blickwinkel einer modernen Pädagogik überholt sind und daher einer Veränderung bedürfen.
Struktur kann unter den derzeitigen Bedingungen „belebt" werden durch:

- *Gestaltung von Klassenräumen und Schulräumen.*
  (Blumen, Bilder, Licht, Farbe,...; entsprechende Schulbänke; Rückzugsmöglichkeiten, Bewegungs- und Spielmöglichkeiten,...)
- *Flexiblere* Stundengestaltung.
- Förderung von *klassen- und jahrgangsübergreifenden Aktivitäten,* um aus der Ghettosituation herauszukommen.

- Gestaltung der Schule und des Unterrichts als *Lebens-* und *Erlebnisraum* durch gemeinsame Aktivitäten, Projekte, Feste, Feiern, ...
- Förderung der *Selbsttätigkeit* durch schülerorientierte, soziale Lernprozesse, wie offenes, selbstgesteuertes Lernen, Projektunterricht, evtl. Epochenunterricht.
- Versuche mit *neuen Lehrformen* (Teamteaching, Begleit- und Stützlehrersystem).
- *Aktive Mitgestaltungsmöglichkeiten* für SchülerInnen (was im Sinne einer Werterziehung ganz wesentlich ist).
- Einrichtung von *regelmäßigen Arbeitskreisen* zu verschiedenen pädagogischen Themenbereichen, *schulintern* und *schulübergreifend.*
- Bei Bedarf *Möglichkeiten zu einer ganztägigen Betreuung* der SchülerInnen mit Mittagstisch und **kreativer** Freizeitgestaltung.
- *Intensivierung der Elternarbeit.*

Alle diese Vorschläge laufen darauf hinaus, Schule zu einem Erfahrungsraum für Kinder und Jugendliche zu machen, in dem sie sich nützlich fühlen, gestalten, aktionsorientiert arbeiten, Verantwortung tragen und konkrete Ziele erreichen können. Diesbezüglich sind keine Suchtmittelspezialisten nötig, sondern „Pädagogen“. Eine solche Gesundheitsförderung/Suchtprävention lebt von der engagierten, persönlichen, unspektakulären, langfristigen Arbeit der Lehrer mit Schülern.
Hierzu werden jedoch zusätzliche Hilfestellungen für Lehrer benötigt. Diese könnten in einer *verstärkten fachkundigen Hilfestellung* durch kompetente Ansprechpartner bestehen, evtl. eingebettet in ein Projektservice- und Kommunikationszentrum. Dabei sollte auch die Möglichkeit zu Supervision, Fallanalyse und Selbstreflexion der Lehrer bestehen.

3. Suchtmittelspezifische Ansatzpunkte

Suchtmittelspezifisches Unterrichten kann nicht Ersatz für all die Dinge sein, die ich vorher genannt habe. Wirksam aufgehen kann der Samen suchtmittelspezifischen Unterrichts ohnehin nur auf dem Nährboden der vorher genannten Ansätze.
Unter suchtmittelspezifischem Unterricht wird hauptsächlich *Information* verstanden:
Mit Information allein ist es – wie schon dargelegt – leider nicht abgetan.

Daher müßte die suchtmittelspezifische Arbeit in der Schule vergleichsweise nur einen kleinen Raum einnehmen.
Die Information sollte jedoch *alle* (legale und illegale) Suchtmittel umfassen und zu einer kritischen Haltung gegenüber Mißbrauch, Sucht, Konsum, Werbung, Verführungssituationen und Abhängigkeit führen. Das könnten zum Beispiel Informationen sein über

- das Phänomen Sucht,
- Alternativen zum „Ja sagen" (Suchtmittelkonsum),
- die Rolle von Neugier, Gruppendruck und Image,
- die Ursachen des Suchtmittelkonsums,
- Rechtfertigungsgründe von Suchtmittelkonsumenten

VII. Zusammenfassung der Arbeitsfelder der Schule im Bereich Suchtprävention und Gesundheitsförderung

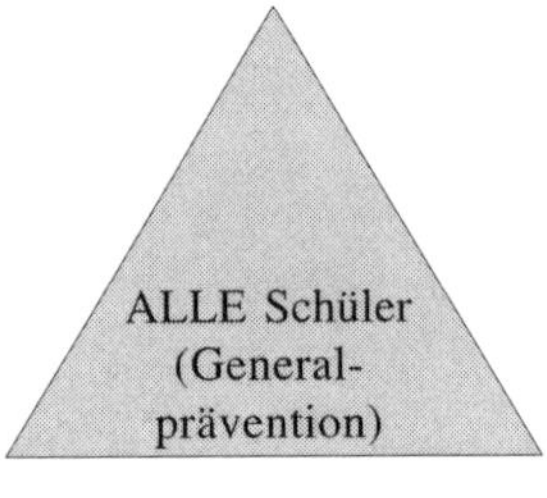

Ursachenorientierte (primäre) Prävention:

- Förderung der Persönlichkeit der Schüler bei gleichzeitigem Aufbau der Beziehungs- und Kommunikationsfähigkeit, der Konfliktbewältigung, der Kreativität, der Freizeitinteressen, der Eigenverantwortung und Selbständigkeit.
- Mitgestaltung an einer „Schule zum Wohlfühlen"
- Sachadäquate Unterrichtsgestaltung (Projekte, Informationen, ...) gemeinsam mit Kollegen, Schülern und Eltern.

Frühzeitiges Erkennen von ausweichendem Verhalten und erste Kontakt- und Beratungsstelle für Lehrer, Schüler und Eltern (sekundäre Prävention).

Weitervermittlung an geeignete professionelle Berater und Therapeuten bei verfestigten aus-ausweichenden Verhaltensformen
(tertiäre Prävention)

Die primäre Prävention stellt hier als den größten Bereich der schulischen Arbeit dar, zum einen, weil davon *alle* Schüler betroffen sind, zum anderen, weil dies als eigentliches Hauptarbeitsfeld der Schule gesehen werden kann. Hier geht es im wesentlichen um eine Schwerpunktsetzung im erziehlichen Bereich um das Thema Gesundheitsförderung herum, zu Ungunsten des kognitiven Bereichs.
Daneben kommt die Schule jedoch nicht darum herum, möglichst frühzeitig bei *einigen* Schülern auftretendes, ausweichendes Verhalten zu erkennen. Dies kann über zu entwickelnde „Krisenpläne“ geschehen, die auf die Möglichkeiten von Schülern und Lehrern abgestimmt werden. Diese dienen zunächst der Konsensbildung an der Schule, nämlich der Frage, was im Krisenfall zu tun ist, dann der Sensibilisierung aller Lehrer für die Probleme von Schülern und schließlich der Regelung der Kompetenzen jedes einzelnen im Großkonzern Schule, so daß hilfsbedürftige Schüler nicht aufgrund von Unzuständigkeiten und Hilflosigkeit durch den Rost des Helfens fallen.
Die Weiterbetreuung dieser Schüler sprengt in der Folge jedoch die Aufgabe der Schule, und die Berater-/Betreuerrolle läßt sich zudem erfahrungsgemäß nur schlecht mit der Lehrerrolle vereinbaren, ganz davon abgesehen, daß Zeit- und Kostenaufwand zumindest derzeit nicht von der Schule getragen werden können.
Von manifestem ausweichendem Verhalten sind in der Regel nur *wenige* Schüler betroffen. Hier ist die Schule in ihrer Möglichkeit klar überfordert, und es kann ihr nur mehr darum gehen, diese Schüler an geeignete professionelle Berater und Betreuer weiterzuvermitteln und sie gleichzeitig – soweit als möglich – in der Schule aufzufangen.

VIII. Umsetzung in der Lehrerfortbildung

Probleme ergeben sich oft dadurch, daß Angebote zur Suchtprävention und Gesundheitsförderung, weil sie sofort auf (illegale) Drogen bezogen werden, von vorneherein mit dem Hinweis abgelehnt werden, dies käme

an der eigenen Schule nicht vor und eine Fortbildung auf diesem Bereich sei daher nicht notwendig.
„Vor diesem Hintergrund ist die vorrangige Aufgabe (der Lehrerfortbildung, Anm. E. W.) darin zu sehen, Betroffenheit der Lehrkräfte einer Schule zu erreichen. Optimal wäre, wenn erkannt werden würde, daß das Suchtproblem alle angeht. Unter dieser Voraussetzung könnten viele Lehrkräfte Suchtprävention als erzieherische Aufgabe betrachten und ihren Beitrag leisten“ (Niedersächsisches Landesinstitut für Lehrerfortbildung, Lehrerweiterbildung und Unterrichtsforschung 1990, S. 5).
Betroffenheit der Lehrer kann aber nur zu einem Teil über Nachmittagsvorträge bzw. -seminare erreicht werden. Deswegen sind längerdauernde Fortbildungsveranstaltungen mit Möglichkeit zur eigenen Reflexion sehr wesentlich.
Wer wie der Lehrer hauptsächlich mittels seines ureigensten Mediums, nämlich seiner Person, wirkt, darf nicht aufhören, an der Pflege und Entwicklung seiner Person zu arbeiten. Die Persönlichkeit des Lehrers (Erziehers) ist der Angelpunkt all seiner Bemühungen. Diese ist aber nicht eine Sache des „Habens“ bzw. „Machens“, sondern des „Seins“.

Wesentliche Ziele in der Lehrerfortbildung im Bereich Suchtprävention/Gesundheitsförderung:

- gegenseitiger Meinungs- und Erfahrungsaustausch
- Meinungsbildung
- Reflexion der eigenen pädagogischen Tätigkeit,
- Motivation für suchtpräventive/gesundheitsfördernde Tätigkeit
- Erwerb von Grundlagenwissen (siehe Curriculum) und Handlungskompetenz (z. B. in Gesprächsführung, Konfliktbewältigungsstrategien, Kommunikationsfähigkeit, ...).

Da die Lehrerfortbildung – wie bereits erwähnt – im wesentlichen freiwillig ist, müssen alle Angebote so gestaltet werden, daß sie den Bedürfnissen der Lehrer entgegenkommen und von ihnen als sinnvoll für ihre Tätigkeit akzeptiert werden können.
Eine curriculare Fortbildung ist unumgänglich, wenn eine gemeinsame Basisinformation gewährleistet sein soll. Ebenfalls wichtig sind weitgehend „geschlossene“ Lerngruppen von maximal 20 Personen, in denen ansatzweise Selbsterfahrung möglich ist.
Von Vorteil ist auch die Gliederung des Seminars in kleinere Intervalle, die

auf einen bestimmten Zeitraum verteilt sind. Eine Aufteilung auf ein Jahr macht die Ausbildung leicht überblickbar. Die einzelnen Intervallseminare regen zu Anwendung in der Praxis an. Geglücktes und Mißglücktes, für die Praxis Umsetzbares bzw. nicht Umsetzbares kann beim nächsten Seminar aufgearbeitet werden und führt zu einem ständigen Theorie-Praxis-Austausch. So können die Inhalte in einer rollenden Planung gemeinsam mit den betroffenen Lehrern deren Bedürfnissen und den Notwendigkeiten der Situation angepaßt werden.
Dies kann der Lehrerfortbildung zu einer neuen Qualität verhelfen. Die Qualität besteht vor allem darin, daß neben der Vermittlung von neuen Erkenntnissen Lehrer ihre Berufserfahrungen und Alltagstheorien einbringen und überdenken können.
Informationen übermitteln darf nicht zu einem Warenverkauf oder gar Warenausverkauf werden. Dies steht im Gegensatz zu einer personalen Pädagogik.
Aktive Mitentscheidung, Mitplanung und Mitarbeit wirken der Verschulung in der Lehrerfortbildung entgegen und ermöglichen eine weitergehende Individualisierung.
Von einer curricularen Ausbildung nicht erfaßt werden jene Lehrer, die sich - aus welchen Gründen auch immer - mit Suchtprävention und Gesundheitsförderung nicht so zeitaufwendig und/oder persönlich auseinandersetzen wollen. Für diese Lehrer müssen nun einzelne punktuelle Fortbildungsangebote erstellt werden, wie z. B.: Sucht in der Kinder- und Jugendliteratur (um die Deutschlehrer anzusprechen), Fernsehen als Droge (um die an Medienerziehung Interessierten zu gewinnen), Sucht-Suizid-Depression (um das Thema zu erweitern), ...
Aber auch Angebote, die in verkürzter Form wesentliche Gedanken von Suchtprävention/Gesundheitsförderung aufbereiten, sind wichtig, z. B. suchtpräventive Unterrichts- und Erziehungsarbeit.
Des weiteren könnten Projektmessen, Podiumsdiskussionen, Theater/ Kunst, Besichtigung von Therapiestationen und Kongresse in das Programm der Lehrerfortbildung aufgenommen werden.
Begleitend zu allen Fortbildungsangeboten zur Suchtprävention/Gesundheitsförderung müssen Möglichkeiten für Fallanalysegespräche, Erfahrungsaustausch und Supervision angeboten werden, welche in Form einer Praxisbegleitung helfen sollen, eine Standortbestimmung der eigenen Tätigkeit zu erhalten, die soziale, kommunikative und kooperative Kompetenz zu verbessern, mit Konflikten und Disziplinschwierigkeiten besser umgehen zu lernen, die eigenen Grenzen wahrzunehmen, die eigenen

Handlungskompetenzen zu erweitern und an der Arbeit und den Projekten anderer zu lernen.
Der eigenen Auseinandersetzung mit sich selbst und der Welt, also der Psychohygiene, muß gerade im Lehrberuf viel Augenmerk geschenkt werden, denn die eigene Person stellt für den Lehrer sein wichtigstes Medium dar. Viele seelische Erkrankungen entstehen aus einem Lebensstil, der nicht ehrlich, echt, authentisch ist. Psychohygiene heißt, sich selbst wieder einmal in Frage zu stellen (lassen) um herauszufinden, ob man nicht gegen sich selber lebt.
Wenn man anders lebt als es seinem innersten Bedürfnis entspricht, entsteht eine Kluft zwischen Schein und Sein, aus der bisweilen sogar eine Krankheit emtstehen kann.
Ob die Angebote zur Fortbildung in Suchtprävention/Gesundheitsförderung besser abteilungsübergreifend oder auf Lehrer bestimmter Schularten ausgerichtet sein sollten, läßt sich nicht pauschal beantworten.
Die Zusammenarbeit von Lehrern verschiedener Schultypen vermag sich einerseits als gegenseitig befruchtend auszuwirken, andererseits sind die Probleme und die Möglichkeiten des Umgangs mit ihnen oft so verschieden, daß die gemeinsame Basis sehr schmal ist.
Gerade im Bereich Suchtprävention/Gesundheitsförderung bietet sich daher die schulinterne Lehrerfortbildung in idealer Weise an, da sie

- die Eigenverantwortung für die eigene Fortbildung hebt;
- die Wünsche und Bedürfnisse der Teilnehmer bereits im Vorfeld klärt und in der Folge darauf aufbauen kann;
- die eigene berufliche Praxis im konkreten Umfeld thematisiert;
- daher zu einer hohen Lernmotivation der Teilnehmer führt;
- ganzheitliches, personorientiertes Lernen erleichtert;
- die Kollegen selbst in den Prozeß der Problemlösung einbezieht;
- eine wichtige Basis für Gemeinschaft darstellen kann;
- bei den erzielten Lernfortschritten die Umsetzung an der Schule erleichtert, weil viele Kollegen eingebunden sind;
- die Ergebnisse nicht so leicht unter den Tisch fallen läßt, weil sie beim gegenseitigen Gespräch immer wieder aufgefrischt werden können (vgl. auch Miller 1990, S. 37).

„Wenn Lehrerinnen und Lehrer

- merken, daß sie Hilfe und Anregung brauchen,
- zur Beratung und Fortbildung kommen,

- erkennen, daß Suchtprophylaxe ein mühsamer Prozeß ist, der sehr viel mit ihnen selbst zu tun hat,
- ihre eigene Kreativität wiederentdecken,
- Zusammenarbeit mit Kollegen suchen,
- den zeitlichen und inhaltlichen Abstand von ihrer Arbeit während der Fortbildungsseminare auch genießen können,
- ermutigt in ihre Schule zurückgehen,

wären unsere Bemühungen hinsichtlich einer Sensibilisierung für suchtpräventive Maßnahmen in der Schule erfolgreich" (Bartsch/Knigge-Illner 1987, S. 271).
Hinzuzufügen bliebe: Die Lehrer sollten Selbstvertrauen und Selbstwertgefühl in den Fortbildungsseminaren getankt haben.
Sehr wichtig wäre auch, Sensibilisierung und Weichenstellung für Suchtprävention bereits in der Lehrerausbildung auf Akademie- und Universitätsebene zu verankern, wie dies an der Pädagogischen Akademie des Bundes in Feldkirch bereits erfolgreich geschieht.

IX. Das Fortbildungskonzept für Lehrer für Suchtprävention und Gesundheitsförderung in Vorarlberg

1. Entwicklung des Konzepts

Das Drogenberatungslehrer-(DBL-)Konzept, das 1985 von Tirol übernommen und in Vorarlberg eingeführt wurde, sieht vor, daß an allen Schulen Vorarlbergs möglichst viele Lehrer, mindestens jedoch ein Schulteam, suchtpräventiv tätig werden bzw. wird. Ihre Ausbildung erfolgt an den Pädagogischen Instituten des Landes und des Bundes in Vorarlberg. Ihre Arbeit ist vor allem ursachenorientiert (primärpräventiv) auf die schulische Wirklichkeit ausgerichtet.
Die Einrichtung des DBL-Konzepts steht in Einklang mit dem Drogenkonzept des Landes Vorarlberg, das ausdrücklich Lehrer in der Suchtprävention vorsieht (Vorarlberger Landesregierung 1991, S. 15 f.).

Das Vorarlberger Konzept zur Suchtprävention/Gesundheitsförderung entwickelte sich über mehrere Stufen:

Da dieses Konzept – wie erwähnt – von Tirol übernommen wurde, wo es 1980 zur Einführung von „Drogenvertrauenslehrern" kam, lehnten wir uns sowohl inhaltlich als auch von der Namensgebung her an die dort entwikkelten Vorstellungen an.
Zuerst gingen wir davon aus, daß mindestens ein, wünschenswerterweise jedoch zwei bzw. mehr Lehrer pro Schule zu sogenannten „Drogenberatungslehrern" ausgebildet werden sollten. Von der Bezeichnung „Drogenvertrauenslehrer" hatten uns unsere Tiroler Nachbarn abgeraten. Bei ihnen wurde dieser Name vor allem deshalb kritisiert, weil nicht nur dem Drogenvertrauenslehrer Vertrauen zustünde, sondern jedem Lehrer. So entstand in sprachlicher Annäherung der „Drogenberatungslehrer". Dieser Name war auch deshalb konsequent, weil wir in unserem Konzept - in Anlehnung an die Tiroler - zunächst stärker an illegalen Drogen orientiert waren.
Da dieses Konzept in Vorarlberg wie in Tirol vom Österreichischen Jugendrotkreuz (ÖJRK) getragen wurde, folgten zuerst lange Debatten darüber, ob die in den Schulen tätigen JRK-Referenten dieses Amt übernehmen oder ob andere Lehrer angesprochen werden sollten. Man einigte sich schließlich darauf, JRK-Referenten nur dann mit dieser zusätzlichen Aufgabe zu betrauen, wenn sie dies selber wünschten. Im einen oder anderen Fall kam es aber doch dazu, daß die JRK-Referenten zu diesem neuen Arbeitsfeld mehr oder weniger überredet wurden.
Die Ausbildung der „Drogenberatungslehrer" (DBL) erfolgte in Vorarlberg von Anfang an über die Pädagogischen Institute. Im Laufe des Schuljahres wurden zuerst zwischen vier und sechs Fortbildungsveranstaltungen zur Suchtprävention bzw. Gesundheitsförderung pro Bezirk durch beide Pädagogischen Institute angeboten. Diese wurden entweder *regional* oder *zentral* organisiert und betrafen Lehrer *aller* Schultypen.
Der Besuch der Veranstaltungen war für die DBL nicht verpflichtend und ist es bis heute noch nicht. Freiwilligkeit ist ja ein wesentliches Merkmal der Lehrerfortbildung in Österreich.
Die Lehrer wählten aus dem vorhandenen Angebot die ihnen zusagenden Seminare aus. Daher trachteten die Pädagogischen Institute danach, möglichst den Bedürfnissen der Lehrer entgegenkommende Veranstaltungen anzubieten.
Dazu gehörte neben einem didaktisch und methodisch relativ breit gefächerten und auf die verschiedensten Interessen zielenden Angebot die Einbindung und gute Zusammenarbeit möglichst aller mit Sucht und Gesundheitsförderung befaßten Personen und Stellen in Vorarlberg.

Da im Vorarlberger DBL-Konzept von Anfang an Lehrer aller Schularten eingebunden waren, mußten die entsprechenden Ausschreibungen und Anmeldungen über beide Pädagogischen Institute administriert werden. Trotz dieser Erschwernisse, die auch in der örtlichen Distanz der beiden Institute begründet liegen, klappte die Kommunikation und Kooperation sehr gut.
Gerade für die DBL erwies sich teilweise das Zusammenspannen von Pflichtschullehrern und AHS/B(M)HS-Lehrern als gegenseitig befruchtend, weil vorwiegend nicht das Fachinteresse, sondern der pädagogische Auftrag der Schule im Vordergrund stand. Von Anfang an wurde eine Lehrerin mit der administrativen und schließlich inhaltlichen Betreuung dieses Konzepts betraut, im ersten Jahr ehrenamtlich und in den folgenden vier Jahren im Rahmen einer halben Planstelle am Pädagogischen Institut. Seit dem Schuljahr 1990/91, also nach fünf Jahren Aufbauarbeit, ist diese Stelle hauptamtlich besetzt. Bis zum Schuljahr 1988/89 gab es zusätzlich „Regionalleiter“ in den vier Bezirken des Landes, Bregenz, Dornbirn, Feldkirch und Bludenz. Zunächst wurde die Jahresplanung zusammen mit den Regionalleitern erstellt. Jetzt werden Veränderungswünsche und Anregungen im direkten Kontakt durch die Rückmeldung mit den in Ausbildung stehenden Lehrern vorgenommen. Statt der regelmäßigen Regionalleitertreffen gibt es Arbeitsgruppen mit ganz bestimmten Aufgabenstellungen, z. B. mit der Erstellung eines Plakats, mit der Konzeption eines Films zur Suchtprävention u.ä., befassen.
Die Mitarbeiterin des Pädagogischen Instituts stand neben der Organisation und Durchführung von Veranstaltungen allen DBL und Interessierten als Kontaktperson für Anfragen, Wünsche und Beschwerden zur Verfügung.
Nach einigen Jahren wurde festgestellt, daß der Wissensstand der Lehrer bei den verschiedensten Veranstaltungen der Pädagogischen Institute durch eine große Fluktuation sehr unterschiedlich war. So begannen wir schließlich im Schuljahr 1988/89 mit einer curricularen Ausbildung *aller interessierten* Lehrer ab der 5. Schulstufe. In diesem zuerst dreieinhalbtägigen Curriculum ging es uns vorrangig darum, eine gemeinsame *Basisinformation aller interessierter* Lehrer sicherzustellen, nicht nur bei den offiziell ernannten. Diese Veranstaltungen wurden so gut angenommen, daß wir ein Jahr später, im Schuljahr 1989/90, eine curriculare Ausbildung für Volksschullehrer anboten.

2. Die Curricula

Die Inhalte der beiden Curricula zur Suchtprävention/Gesundheitsförderung kurz zusammengefaßt:

a) Curriculum für Volksschulen

Seminar I:	Bereich primäre Prävention
1 Einheit	• Was ist ausweichendes Verhalten? • Theorien zur Entstehung von ausweichendem Verhalten • Hilfsmittel zur Verhaltensausweichung • Ursachen für ausweichendes Verhalten • Arten der Prävention • Hauptstrategien und Konzepte der Gesundheitsförderung
1 Einheit	• Formen des ausweichenden Verhaltens • Mit ausweichendem Verhalten befaßte Institutionen in Vorarlberg
1 Einheit	• Gesundheitsförderung in der Schule

Seminar II:	Bereich sekundäre Prävention
1 Einheit	• Möglichkeiten und Probleme der Früherkennung von ausweichenden Verhaltensformen
1 Einheit	• Ausweichende Verhaltensweisen und pädagogische Ansatzpunkte • Ausweichende Verhaltensweisen: Elterninformation und Elternberatung
1 Einheit	• Elternberatung • Durchführung von Elternabenden zu diesem Themenkreis
1 Einheit	• Kommunikationsstrukturen in der Schule (Schulklima, Unterrichtsstil, Erziehungsstil, u.ä.)

Seminar III:	Bereich tertiäre Prävention
1 Einheit	• Besuch einer Einrichtung zur Beratung bzw. Therapie ausweichenden Verhaltens (Heilpädagogisches Zentrum Carina, Schulpsychologie, Institut für Sozialdienste, u.ä.)
1 Einheit	• Therapieansätze
1 Einheit	• Projekte, Medien und andere Unterrichtshilfen zur Gesundheitsförderung
1 Einheit	• Was tun bei ausweichendem Verhalten?

Dieses Curriculum wird in zwei bis drei Semestern absolviert.

b) Curriculum für Lehrer ab der 5. Schulstufe

Seminar I:	Bereich primäre Prävention
1 Einheit	• Was ist Sucht? • Theorien zur Suchtentstehung. • Suchtmittel (erweiterter Suchtbegriff). • Ursachen für ausweichendes Verhalten. • Arten der Prävention. • Zielgruppenorientierung, Hauptstrategien und Konzepte der Prävention.
1 Einheit	• Motivation für Jugendliche zum illegalen Drogenkonsum. • Drogensituation in Vorarlberg/Österreich/benachbartem Ausland und prognostizierte Entwicklung. • Legale und illegale Drogen: Wirkweise, Arten des Konsums, Formen des Vertriebs, Preisentwicklung. • Mit Sucht befaßte Institutionen in Vorarlberg
1 Einheit	• Suchtprävention in der Schule.
1 Einheit	• Medieneinsatz zur Suchtprävention.

Seminar II:		Bereich sekundäre Prävention
1 Einheit	{	• Ausweichende Verhaltensweisen und pädagogische Ansatzpunkte. • Möglichkeiten und Probleme der Früherkennung von Suchtverhalten.
1 Einheit	{	• Gesprächsführung. • Sucht aus der Sicht der Eltern.
1 Einheit		• Durchführung von Elternabenden zu diesem Themenkreis.
1 Einheit		• Kommunikationsstrukturen in der Schule (Schulklima, Unterrichtsstil, Erziehungsstil, u.ä.).

Seminar III:		Bereich tertiäre Prävention
1 Einheit	{	• Besuch einer Einrichtung für Suchtkranke/Suchtgefährdete (Drogenberatungsstelle Treff, Drogenstation Carina, Suchtkrankenhaus Maria Ebene, u.ä.). • Persönlichkeitsstrukturen von Suchtkranken. • Therapieansätze.
1 Einheit		• Verlauf von „Suchtkarrieren“.
1 Einheit		• Projekte, Medien und andere Unterrichtshilfen zur Bewältigung des Drogenproblems.
1 Einheit		• Drogenfreigabe, Methadon.

Dieses Curriculum wird in zwei bis drei Semestern absolviert.

c) Erweitertes Curriculum für Lehrer ab der 5. Schulstufe

Ab dem Schuljahr 1991/92 wurde das Curriculum auf Wunsch der betroffenen Lehrer auf sechseinhalb Tage verlängert, die zu je zwei Tagen auf ein Schuljahr aufgeteilt sind, um eine intensivere Aufarbeitung der einzelnen Themenbereiche zu gewährleisten. Es wurden dabei nicht wesentlich neue Inhalte aufgenommen, sondern die Möglichkeit geboten, sich mit den vorhandenen Inhalten umfassender auseinanderzusetzen. Dieses Curriculum gilt momentan allerdings nur für Lehrer ab der 5. Schulstufe. AHS-Lehrer und Pflichtschullehrer werden versuchsweise bei dem sechseinhalb Tage dauernden Kurs getrennt, um besser auf die unterschiedlichen Voraussetzungen und Interessen eingehen zu können.

Inhalte

Bereich primäre Prävention: 2 Tage

- Formen der Gefährdung bzw. von ausweichendem Verhalten.
- Ursachen für ausweichendes Verhalten und pädagogische Ansatzpunkte.
- Gefährdeter Personenkreis.
- Arten, Zielgruppenorientierung, Hauptstrategien und Konzepte der Prävention.
- Aufgaben der Schule im Bereich Suchtprävention und Gesundheitsförderung.
- Aufgabengebiete der Lehrerinnen für Suchtprävention und Gesundheitsförderung.
- Projekte, Medien und andere Unterrichtshilfen zur Bewältigung des Suchtproblems, Medieneinsatz.
- Elternarbeit.
- Konflikt- und Kommunikationstraining.

Bereich sekundäre Prävention: 2 Tage

- Gesprächsführung in schwierigen Situationen.
- Fallanalysen, Supervision und Erfahrungsaustausch jeweils im Hinblick auf die Schulpraxis.

Bereich tertiäre Prävention: 2 Tage

- Was ist Sucht?
- Theorien zur Suchtentstehung.
- Suchtmittel.
- Drogensituation in Vorarlberg/Österreich/Ausland und prognostizierte Entwicklung.
- Illegale Drogen: Gebrauch, Formen des Vertriebs, Preisentwicklung, Entkriminalisierung, Liberalisierung.
- Mit Sucht befaßte Beratungs- und Behandlungsstellen in Vorarlberg.
- Sucht aus der Sicht der Eltern (Einblick in die Arbeit des Elternkreises für drogengefährdete und drogenabhängige Kinder und Jugendliche).
- Beratung in der Schule.

Daneben werden weiterhin vereinzelte Veranstaltungen mit aktuellen Themen angeboten. Solche Zusatzangebote bestehen z. B. in „Erweiterter Gesprächsführung in Beratungssituationen“, „Möglichkeit zur Selbstreflexion“, „Konfliktlösung“ und „Kommunikationsförderung“.

Die Dauer des Curriculums beträgt auf ein Jahr verteilt 3 x 2 Tage plus einem Halbtag mit einer Exkursion.

Nach Absolvierung des Curriculums besteht die Möglichkeit zu Fallanalysen, Supervision und Erfahrungsaustausch.

X. Der Übergang: Suchtprävention als integraler Bestandteil einer sinnorientierten Gesundheitsförderung in der Schule. Ein Thesenpapier

Gesundheitsförderung stellt - dem heutigen Verständnis nach - ein prozeß- und systemorientiertes, kontinuierliches und ursachenbezogenes Maßnahmenbündel dar. Sie setzt *vor* dem Auftreten ausweichenden Verhaltens an.

Innerhalb dieser Ansatzpunkte soll hier ein Schwerpunkt bei der (anthropologisch-phänomenologischen) *Orientierung am Menschen* gesetzt werden. Und dies aus der Sicht der Existenzanalyse.

Demzufolge setzt Gesundheitsförderung an der *existentiellen Frustration* (Sinnlosigkeitsgefühle, Leeregefühle) des Menschen an.

Suchtprävention läßt sich daher *nicht* hauptsächlich über Verbote, Informationen oder verhaltensorientierte Techniken erreichen.

Sie muß, wenn sie *ganzheitlich* und *ursachenorientiert* vorgeht, bei der *Stärkung der psychischen* und *geistigen Kräfte des Menschen beginnen.*

Dies bedeutet, die *Person zu stärken* und sie zu befähigen, sich an den *Werten in der Welt zu orientieren.*

Unter Werten werden in der Existenzanalyse *persönlich erlebbare Werte* verstanden.

Damit sich der *Wille zum Wert* überhaupt entfalten kann, ist es notwendig, die *eigene Existenz in dieser Welt grundsätzlich bejahen* zu können, *dieses eigene Leben als Wert spüren zu können* und das Gefühl zu bekommen, daß man *so sein darf, wie man ist.*

Ein wesentlicher Schwerpunkt liegt in der *Stärkung des Willens* zwischen den beiden Eckpunkten Freiheit und Verantwortung.

So wird *gewissenorientiertes* und in der Folge *wertorientiertes* Leben möglich.

Wertorientiertes Leben führt zur *Sinnerfüllung*. Und wer weiß, woraufhin er sein Leben ausrichten möchte, ist kaum suchtgefährdet.

Suchtprävention geschieht also dort, wo der *freie, selbstbestimmte* (und nicht fremdbestimmte), *verantwortungsbewußte* Mensch gefördert wird.

B. Der Hintergrund: Versuch einer Systematisierung von Existenanalyse und Logotherapie

I. Vorbemerkung

> ... und ich möchte Sie, so gut ich es kann, bitten, lieber Herr, Geduld zu haben gegen alles Ungelöste in Ihrem Herzen und zu versuchen, DIE FRAGEN SELBST liebzuhaben wie verschlossene Stuben und wie Bücher, die in einer sehr fremden Sprache geschrieben sind. Forschen Sie jetzt nicht nach den Antworten, die Ihnen nicht gegeben werden können, weil Sie sie nicht leben könnten. Und es handelt sich darum, alles zu leben. LEBEN Sie jetzt die Fragen. Vielleicht leben Sie dann allmählich, ohne es zu merken, eines fernen Tages in die Antwort hinein.
>
> *R.M. Rilke, Briefe an einen jungen Dichter*

Die allgemeine Existenzanalyse als eine anthropologische Forschungsrichtung und die Logotherapie als die ihr entsprechende Psychotherapie wurden von Viktor E. Frankl in seiner Auseinandersetzung mit Sigmund Freud, Alfred Adler und den Philosophen Edmund Husserl, Max Scheler, Carl Jaspers, Martin Heidegger und Nicolai Hartmann konzipiert.
Aus diesem Gedankengut entwickelte in neuester Zeit Alfried Längle, ein Schüler Frankls, die *personale* Existenzanalyse, eine eigenständige Psychotherapieform.

Existenzanalyse und Logotherapie drehen sich vor allem um folgende Fragen:

- Was ist Personsein?
- Was ist Existenz?
- Was ist sinnvolles Leben?

Dies läuft zusammen in der Frage: Um was geht es dem Menschen letztlich?

An diese Fragen wird mittels der *Phänomenologie*, der Methode der vorurteilslosen Beschreibung von Tatsachen, herangegangen. Die Auseinandersetzung mit dem Gedankengut Frankls scheint gerade in der heutigen Zeit, die durch Wertpluralismus und Sinnlosigkeitsgefühle geprägt ist, besonders wichtig zu sein.
Deshalb wird hier der Versuch gemacht, ausgehend von einer kurzen, strukturierten Zusammenfassung der Vorstellungen Frankls, aus existenzanalytischer Sicht konkrete pädagogische Handlungsfelder zu eröffnen. Welche stützenden Maßnahmen sind möglich und nötig, um die seelisch-existentielle Gesundheit von Kindern, Jugendlichen und Erwachsenen zu unterstützen und zu fördern?

II. Der Begründer der Existenzanalyse und Logotherapie Viktor E. Frankl – Eine biographische Skizze

(vgl. Frankl 1988, S. 143 - 172, Gruber o. J.)

> Wer ein Warum zu leben hat, erträgt fast jedes Wie.
> *Friedrich Nietzsche*

Viktor Emil Frankl wurde 1905 als mittleres von 3 Kindern geboren. Er hatte einen älteren Bruder und eine jüngere Schwester und erlebte seine Kindheit einerseits glücklich und geborgen in der Familie, andererseits getrübt durch den Ersten Weltkrieg, durch den er den Hunger am eigenen Leib kennenlernte. Der Vater war Direktor im Ministerium für soziale Verwaltung. Staatsbeamten ging es damals – besonders während und nach dem Krieg – eher schlecht, was u.a. bedeutete, daß sich die Kinder nachts um 3 Uhr um Kartoffeln in der Markthalle anstellen mußten, wo sie dann am Morgen von der Mutter abgelöst wurden, um zur Schule gehen zu können.

Frankl beschäftigte sich schon sehr früh mit schweren Themen wie Leid, Schuld und Tod, mit Freiheit und Verantwortung, mit der Frage nach dem Sinn des Lebens, also mit philosophisch-psychologischen Fragen. Was lag für ihn näher, als sich schon während der Gymnasialzeit mit dem sich entwickelnden Gedankengut der Psychoanalyse zu beschäftigen? In Redeübungen und Schulaufsätzen ließ er dieses Wissen einfließen. Bereits mit 15 Jahren verfaßte er seine erste wissenschaftliche Arbeit „Zur mimischen Bejahung und Verneinung", die von Freud an die „Internationale Zeitschrift für Psychoanalyse" weitergeleitet und dort wenige Jahre später, 1924, veröffentlicht wurde. Ab diesem Zeitpunkt stand er in ständigem Briefkontakt mit Freud. Er sandte ihm Material, das ihm in seiner Lektüre auffiel. Ebenfalls mit 15 Jahren beherrschte er die Hypnose. Das Interesse für Philosophie blieb aber dennoch bestehen.

Mit 16 Jahren hielt er seinen ersten Vortrag in der Philosophischen Gesellschaft unter Edgar Ziesel über nicht mehr oder weniger als den Sinn des Lebens.

Sein großer Wunsch war es, Arzt zu werden, nachdem dies seinem Vater versagt geblieben war. Er interessierte sich für Gynäkologie, Dermatologie und Psychiatrie. Letztere vor allem unter dem Eindruck der Psychoanalyse. Lange schwankte er, welchem Gebiet er sich tatsächlich zuwenden sollte. Ein Mitstudent machte ihn auf den von Kierkegaard geprägten Ausdruck aufmerksam: verzweifelt nicht man selbst sein wollen. Er sei für die Psychiatrie begabt und habe zu dieser Begabung zu stehen. Schließlich wählte er die Psychiatrie und erhielt noch während des Studiums die besondere Erlaubnis, an einer Klinik selbständig psychotherapeutisch zu arbeiten.

Frankl hielt immer mehr Vorträge und engagierte sich sozial. Er war als Mittelschüler durch Jahre hindurch Funktionär der Sozialistischen Arbeiterjugend und 1924 eine Zeitlang geschäftsführender Obmann der Sozialistischen Mittelschüler von ganz Österreich. 1926 richtete er Jugendberatungsstellen ein, die Lebenshilfe leisten sollten. 1930 organisierte er erstmals eine Sonderaktion zu Schulschluß, um Suizide nach der Zeugnisverteilung zu verhindern. Erstmals nach vielen Jahren gab es tatsächlich keinen einzigen Schülersuizid.

Freud und Adler hatten ihre wissenschaftlichen Interessen hauptsächlich am kranken Menschen orientiert. Frankl ging den umgekehrten Weg. Ihn interessierte nicht nur der Kranke, sondern der gesamte Mensch und der Kern seines Wesens. Daher orientierte er sich vor allem an dessen „Geistigkeit“ und sah ihn nicht nur bedingt durch Triebe, Erbe und Umwelt. Er versuchte zu vergessen, was er von Psychoanalyse und Individualpsychologie gelernt hatte. Er wollte von den Patienten lernen. Nach seiner Promotion arbeitete er unter anderem vier Jahre lang am Psychiatrischen Krankenhaus „Am Steinhof“, wo er den sogenannten „Selbstmörderinnenpavillon“ leitete. Pro Jahr behandelte er dort ca. 3000 Patientinnen.

1937 etablierte er sich in einer Privatpraxis, die er aber aufgrund von Hitlers Einmarsch nicht lange ausüben konnte.

Frankl war nie persönlich mit Freud zusammengetroffen, mit Ausnahme einer späteren, zufälligen Begegnung. Da war er bereits Medizinstudent. Zu diesem Zeitpunkt war er aber schon in die Einflußsphäre von Alfred Adler gekommen und Mitglied der Gesellschaft für Individualpsychologie, in deren „Internationaler Zeitschrift für Individualpsychologie“ er bereits 1925 erstmals seine Ansichten veröffentlichte. Als Frankl jedoch seine Vorstellungen von der Psyche des Menschen immer klarer zu formulieren begann, legte ihm Adler 1927 seinen Austritt aus der Gesellschaft für Individualpsychologie nahe, was Frankl von sich aus jedoch nicht vollzog. In der Folge wurde er von Adler ausgeschlossen. Ab diesem Zeitpunkt arbeitete er seinen Standpunkt noch klarer heraus.

1926 sprach er in der Öffentlichkeit erstmals von Logotherapie, das Wort Existenzanalyse gebrauchte er erst ab 1933.
1929 erfolgte die Unterscheidung in die drei Wertgruppen, aber erst 1938 bezeichnete er seine Lehre als Logotherapie und Existenzanalyse.
Am Tag des Einmarsches der deutschen Truppen hielt Frankl - für einen Kollegen einspringend – einen Vortrag mit dem Titel „Nervosität als Zeiterscheinung". Ein SA-Mann stürzte herein, wohl mit der Absicht, die Versammlung aufzulösen oder ihn zum Abbruch des Vortrages zu bewegen. Frankl nahm seine ganze Kraft zusammen und setzte seinen gesamten Ehrgeiz daran, auch diesen SA-Mann in den Bann seines Vortrages zu ziehen, was ihm tatsächlich gelang: Der SA-Mann blieb an der Tür wie angewurzelt stehen, bis der Vortrag zu Ende war.
Ursprünglich hatte Frankl intensiv nach einer Möglichkeit zur Emigration gesucht, erhielt aber zunächst kein Visum. Dafür wurde er Leiter der Neurologischen Station am Rothschild-Spital, eine Position, die ihm und seiner Familie einen gewissen Schutz bot.
Als er später dennoch ein Ausreisevisum erhielt, konnte er sich nicht entschließen, seine Eltern zu verlassen und sie einem ungewissen Schicksal zu überlassen.
Zusammen mit einem anderen Arzt gelang es ihm, die von den nationalsozialistischen Behörden organisierte Euthanasie von Geisteskranken weitgehend zu sabotieren, indem er statt der Diagnose von Geisteskrankheiten hirnorganische oder somatische Diagnosen ausstellte. „Und so kam es, daß die Angehörigen von Nationalsozialisten der Euthanasie zum Opfer fielen, während gleichzeitig die jüdischen Patienten in vielen Fällen ihr entgehen konnten" (Frankl 1988, S.159).
Im Dezember 1941 heiratete er. Bis September 1942 konnte er sich als ärztlicher Leiter der neurologischen Abteilung des Rothschild-Spitals halten. Als sich die politische Situation zuspitzte und er damit rechnen mußte, deportiert zu werden, schrieb er die erste Fassung seiner „Ärztlichen Seelsorge" nieder und nähte das Manuskript ins Futter seines Mantels ein.

Schließlich schützte es ihn nicht mehr, der Leiter der neurologischen Abteilung des Rothschildspitals zu sein. Zusammen mit seiner Frau und seinen Eltern wurde Frankl zunächst nach Theresienstadt deportiert. Zuerst konnte die Familie zusammenbleiben. Dort starb sein Vater. Schließlich wurde er von seiner Familie getrennt, deren Mitglieder alle umkamen.

Frankl hatte versucht, das Manuskript seines ersten großen Buches „Ärztliche Seelsorge“ zu retten. Dies gelang ihm jedoch nicht, da sämtliche Kleider im Lager als erstes abgegeben werden mußten.
Frankl, eher schmächtig und ständig in der Gefahr der Selektion (hier: Auswahl, um ins Gas geschickt zu werden), versuchte verzweifelt, sich nicht fallen zu lassen.
Er konnte sich teilweise durch den Gedanken aufrichten, daß er nun das leben müsse, was er aufgeschrieben hätte. Dies sei schließlich auch viel schwieriger, als es nur aufzuschreiben.
Und so versuchte er, nach einer seiner Zentralthesen zu leben, nämlich den Sinn auch im unabänderlichen Leiden zu verwirklichen, wenn es nur mehr darum geht, die eigene Existenz durchzutragen.
Im nachhinein konnte Frankl festhalten, daß noch am ehesten jene Menschen die Konzentrationslager überlebt hatten, die auf einen zukünftigen Sinn ausgerichtet waren. Was ihn selbst anlangte, so glaubte er, daß zu seinem eigenen Überleben hauptsächlich seine Entschlossenheit beigetragen haben mag, das verlorene Manuskript zu rekonstruieren.
Dabei berichtete er von seinen wiederholten Versuchen der Selbstdistanzierung im Konzentrationslager. Wenn er Hunger, Kälte und die Schmerzen der durch das Hungerödem angeschwollenen und aus diesem Grunde in offenen Schuhen steckenden, erfrorenen und eiternden Füße kaum mehr ertragen konnte und ihm die Situation trost- und hoffnungslos erschien, stellte er sich vor, er stünde an einem Rednerpult in einem großen, schönen, warmen und hellen Vortragssaal und sei im Begriff, einen Vortrag zu halten, unter dem Titel „Psychotherapeutische Erfahrungen im Konzentrationslager“. Diesen Vortrag hielt er übrigens später tatsächlich (vgl. Frankl 1988, S. 161).
Er baute zusammen mit anderen Häftlingen eine vielfach getarnte Organisation zur psychischen Betreuung der Lagerinsassen auf.
Freud hatte von solchen extremen Lagerbedingungen die totale Einebnung aller Unterschiede auch bei den differenziertesten Menschen erwartet. Das Gegenteil davon stellte Frankl fest. Außerdem wurde er in seiner Ansicht bestätigt, daß sich der menschliche Geist über die Umstände erheben kann.
Im Oktober 1944 meldete er sich freiwillig in das Fleckfieberlager Türkheim, denn es wurden Ärzte gesucht. Dort erkrankte er selbst schwer an Fleckfieber. Im Fieberdelirium rekonstruierte er auf winzigen Zetteln mit einem Bleistiftstummel, die er anläßlich seines 40. Geburtstages im Lager geschenkt bekommen hatte, in Stichworten die „Ärztliche Seelsor-

ge", damit er sich wach halten konnte, um dem drohenden Gefäßkollaps zu entkommen – und gesundete.
Insgesamt drei Jahre verbrachte er in vier Konzentrationslagern. Nach der Befreiung durch die Amerikaner im April 1945 ging es ihm sehr schlecht. Er hatte seine ganze Familie verloren, ebenso wie Wohnung und Arbeit. Dazu gesellten sich Schuldgefühle des Überlebenden den Toten gegenüber.
Was ihn zunächst am Leben zu erhalten vermochte, war die Aufgabe, die „Ärztliche Seelsorge" ein zweites Mal zu schreiben, als eine Art Testament. Freunde versorgten ihn mit dem Notwendigsten: Papier, Schreibmaschine, Lebensmittel.
Zunächst jedoch schrieb er in neun Tagen seine Erinnerungen an die verschiedenen Konzentrationslager nieder mit dem Titel „Und trotzdem ja zum Leben sagen". Es wurde ein Buch, das mittlerweile in 43 Auflagen und 2 Millionen Exemplaren erschienen und in viele Sprachen übersetzt worden ist, obwohl Frankl gerade bei diesem Buch überhaupt nicht an einen Erfolg geglaubt hatte, ebenso die Verleger nicht.
Zunächst hatte er sich sogar überlegt, dieses Buch anonym herauszugeben. Das Buch befand sich schon in der Druckerei, als Freunde ihn überredeten, für seinen Inhalt mit dem eigenen Namen einzustehen.
Aus dem Testament, der „Ärztlichen Seelsorge", wurde ein neuer Beginn. Er habilitierte und wurde Leiter der neurologischen Abteilung der Poliklinik, nachdem ihn Dr. Bruno Pittermann gezwungen hatte, ein Blankoformular zu unterschreiben, das dieser nachträglich in ein Gesuch um ein Primariat verwandelte.
1947 heiratete er zum zweiten Mal und wird Vater einer Tochter.
Durch die Veröffentlichung der „Ärztlichen Seelsorge" wurde Frankl im geistigen Leben Wiens präsent und bald nicht nur in Wien, sondern über eine Gastprofessur an der Harvard-Universität, vor allem in den USA.
Er stellte sich gegen den Begriff „Kollektivschuld" und jede Pauschalverurteilung, weil sie zu generalisierend und pauschalierend sei und dem einzelnen Menschen nicht gerecht werde, was ihm zu jener Zeit nur wenige anrechneten und viele ihm vorwarfen.
1955 wurde er Professor für Neurologie und Psychiatrie an der Wiener Universität. Er erhielt zahlreiche Ehrendoktorate und Lehraufträge, vor allem in den USA.
Besonders stolz ist er jedoch über eine Auszeichnung des österreichischen Alpenvereins, dessen eifriges Mitglied er schon früh geworden war. Dem Klettern war er bereits 1924 verfallen und hörte damit erst mit beinahe 80

Jahren mit dem dritten Schwierigkeitsgrad auf. „Vorhin war vom Klettern die Rede. Was mag mich dazu bewogen haben? Offen gesagt, die Angst davor; aber wie oft frage ich meine Patienten, wenn sie sich mit ihren Angstneurosen an mich wenden: Muß man sich denn auch alles von sich gefallen lassen? Kann man nicht stärker sein als die Angst? [...] Und so habe ich denn auch mich, als ich mich vor dem Klettern fürchtete, gefragt: Wer ist stärker, ich oder der Schweinehund in mir? [...] Der Kampfsport kennt Konkurrenten und Rivalen; aber der Alpinist konkurriert und rivalisiert nur mit einem, und das ist er selbst. Er verlangt etwas von sich, eine Leistung – womöglich, aber auch eine Verzicht-Leistung – wenn nötig“ (Frankl 1987-4, S. 12 f.).

Das Leitmotiv seiner Arbeit war und ist die Aufhellung des Grenzgebietes zwischen Psychotherapie und Philosophie, im besonderen der Sinn- und Wertthematik. Damit wollte er den Psychologismus auf dem Gebiet der Psychotherapie überwinden und zu deren Rehumanisierung beitragen. Dieser Psychologismus orientiert sich seiner Meinung nach hauptsächlich an der Pathologie und ist durch Reduktionismus (zu dem er auch Soziologismus und Biologismus zählt) und Determinismus gekennzeichnet, was für ihn einen Subhumanismus darstellt. Damit begründete er die dritte Wiener Schule der Psychotherapie.

III. Was ist Existenzanalyse? Was ist Logotherapie?

> Die Weisheit hat mich allmählich im Laufe des Lebens gelehrt, daß die Vorbereitung der Zukunft nur im Begründen der Gegenwart besteht. Und daß sich alle in Utopien und Bestrebungen verzehren, die fernen Bildern nachjagen, den Früchten ihrer eigenen Erfindung. Die einzige wahrhafte Erfindung besteht in einer Entzifferung der Gegenwart, ihrer unzusammenhängenden Seiten und ihrer widerspruchsvollen Sprache. Die Zukunft bauen heißt die Gegenwart leben.
>
> *Antoine de Saint-Exupéry*

Existenzanalyse und Logotherapie rücken radikal den einmaligen und einzigartigen Menschen in den Mittelpunkt aller Überlegungen und kumulieren in dem Satz: Menschsein heißt In-Frage-Stellen, Leben heißt, darauf zu antworten (vgl. Längle 1988-1, S. 10).

1. Allgemeine Existenzanalyse

Als *Allgemeine Existenzanalyse* wird die anthropologische Forschungsrichtung bezeichnet, die von Frankl vor allem aus dem Ideengut von Max Scheler und in seiner Auseinandersetzung mit der Existenzphilosophie begründet wurde. Laut seiner eigenen Aussagen trug Frankl in seinen frühen Jahren den „Formalismus in der Ethik" von Max Scheler „wie eine Bibel" mit sich herum und wurde in der Beschäftigung damit endgültig aus dem „Schlaf des Psychologismus" wachgerüttelt (Frankl 1988, S. 154). Womit er vor allen Dingen den Determinismus und den Reduktionismus meint, der seiner Ansicht nach damals die Auffassung vom Menschen bestimmte.

So entwickelte er in den dreißiger Jahren die Existenzanalyse als anthropologisches Grundkonzept für eine existentielle Richtung der Psychotherapie. Es ist der Versuch Frankls, den Menschen in *all* seinen Aspekten zu beschreiben und sich nicht auf den körperlich-seelischen Bereich zu beschränken.

Frankl geht davon aus, daß man die Position der Existenzanalyse dann versteht, wenn man ihre Ausgangsposition kennt. Und diese Ausgangs-

position ist die Opposition gegen den Psychologismus innerhalb der Psychotherapie. Er meint, daß sich die Psychoanalyse um die Bewußtmachung von Seelischem bemühe, währenddessen die Existenzanalyse um Bewußtmachung von Geistigem ringe (Frankl 1987-2, S. 56).
In der Existenzanalyse unternimmt Frankl also den Versuch, die Grenzen der damaligen Psychotherapieformen, nämlich die von Freud entwickelte Psychoanalyse und die von Alfred Adler erarbeitete Individualpsychologie, zu übersteigen. Er hatte sich mit beiden Forschungsrichtungen intensiv auseinandergesetzt. Die Existenzanalyse sollte eine Therapie vom Geistigen her sein, was nach Frankls Ansicht von Freud und Adler ausgeblendet wurde. (Später ersetzte er übrigens den Ausdruck des „Geistigen" durch das „Noetische").
In der Psychoanalyse geht es darum, unbewußt Verdrängtes wieder bewußt zu machen, damit es nicht Macht über den Menschen gewinnt, und Triebenergie in Lust zu verwandeln.
In der Individualpsychologie kommt es darauf an, dem Menschen seine Verantwortung wieder bewußt zu machen, die er an ein Symptom delegiert hat, um von Geltungsbedürfnis und Macht zu einem Überlegenheitsgefühl zu kommen. Frankl nahm eine Erweiterung des Neurosenkonzepts Adlers vor, die über eine kausal-deterministische Betrachtungsweise des Menschen hinausreicht (Frankl 1987-2, S. 26). Er wandte sich gegen den Psychologismus, bei dem seiner Meinung nach die Ebene des Geistigen (von mir andernorts mit seelisch-existentiell bezeichnet) mit dem Psychischen vermengt wird. Diesen Psychologismus wollte er überwinden. Zunächst faßte er beide Psychotherapierichtungen zusammen, indem er postuliert: „Mensch-sein bedeutet Bewußt-sein und Verantwortlich-sein" (Frankl 1987-2, S. 22), da für ihn erst in dieser Einheit die Ganzheitlichkeit des Menschen zum Ausdruck kommt, indem sie Menschen dazu verhilft, Dinge, die für sie von Wert sind, (wieder) zu sehen. In späteren Überlegungen widerspricht er jedoch der These, daß Bewußt-sein und Mensch-sein so eng zusammenhängen. Hauptsächlich ging es ihm jedoch in all seinen Ausführungen darum, die naturwissenschaftliche Betrachtungsweise des Menschen zu übersteigen und ihn vom Sein in ein Sollen (einen Sinn) hinüberzuführen.
Frankl zitiert dabei v. Weizsäcker „Die *natur*wissenschaftliche Erforschung des Lebewesens erhellt im tiefsten Sinne nur die Pathologie" (von Weizsäcker zit. nach Frankl 1990, S. 155). Frankl vermißte also in beiden Richtungen, in der Psychoanalyse und der Individualpsychologie das Einbeziehen des Geistigen im Menschen, die Höhenpsychologie, wie er

sie im Gegensatz zur Tiefenpsychologie benennt (Frankl 1987-2, S. 26). Was Frankl mit Geistigkeit meint, soll im nächsten Kapitel näher erläutert werden. Aber worum geht es nun in der Existenzanalyse?
Die Existenzanalyse zeigt die Bedeutung und Möglichkeiten für ein entfaltetes und erfülltes Menschsein auf. Der Ausdruck Existenzanalyse wurde von Frankl als bewußter Gegensatz zur Psychoanalyse gewählt und sollte eine Analyse auf die geistige Existenz des Menschen hin beinhalten. Nachdem sich die Psychoanalyse mit der Bewußtmachung von seelischen Vorgängen beschäftigt, versteht er demgegenüber die Existenzanalyse als einen Prozeß, in dem der Mensch sich seiner Geistigkeit und insbesondere seiner Verantwortung bewußt werden soll (Frankl 1987-2, S. 56). Er wehrt sich auch immer vehement dagegen, den Menschen schwerpunktmäßig als Produkt von Erbe und Umwelt anzusehen.
„Existenzanalyse bedeutet nicht: Analyse 'der' Existenz, sondern Analyse 'auf Existenz hin', auf eigenverantwortetes, selbstgestaltetes und menschenwürdiges Leben hin“ (Längle 1986-1, S. 86).
Während nun die *allgemeine Existenzanalyse* sich mit diesen allgemeinen Bedingungen auseinandersetzt, wird in der *personalen Existenzanalyse* das Leben *eines* Menschen auf persönliche Sinnmöglichkeiten hin durchforscht, auf ihre Möglichkeiten (Freiheit), ihre gespürten Werte (Verantwortung) und ihre im Gewissen geprüfte Entscheidung, sich einzulassen und zu handeln (Geistigkeit).
Freiheit, Verantwortung und *Geistigkeit* gehören daher nach Frankl zu den drei Existentialien des Menschseins (Frankl 1987-3. S. 72).

2. Personale Existenzanalyse

Dagegen beschäftigt sich die *Personale Existenzanalyse* mit der Anwendung der Erkenntnisse aus der Allgemeinen Existenzanalyse auf die konkrete Lebenssituation eines Menschen. Sie soll die Person inmitten ihrer Lebensbezüge erfassen und auf eine Entfaltung der eigenen Existenz zielen.
Zu den existenzanalytischen Charakteristika gehören Freiheit, Verantwortung, Selbstdistanzierung und Selbsttranszendenz. An deren Entfaltung wird vorrangig angesetzt. (Eine von Christa Orgler 1990 entwickelte Existenz-Skala kann diese Charakteristika erfassen, vgl. Orgler 1990, S. 23 f.).
Frankl zitiert Gordon W. Allport, der Neurosen als „sture Selbst-Zen-

triertheit“ beschreibt: „Kein Therapeut kann eine Phobie, Zwangsneurose, Vorurteil oder Feindseligkeit dadurch heilen, daß er etwas wegnimmt. Was er tun kann, ist, dem Patienten zu einer Wert- und Weltanschauung verhelfen, die den Störfaktor zudeckt und aufsaugt“ (Allport, zit. nach Frankl 1987-2, S. 205).

3. Logotherapie

Den Begriff Logotherapie verwendet *Frankl seit 1926*. Er leitet ihn vom griechischen“Logos“ ab. Für „Logos“ übernimmt er die Bezeichnung für das subjektiv und objektiv Geistige. Dieses könnte daher auch mit „Sinn“ bzw. „Sinn und Werte“ übersetzt werden. Dabei geht es also nicht darum, den Patienten „logisch“ zu beeinflussen, sondern ihm eine Beratung anzubieten, bei der er in seinem tiefsten inneren Streben, nämlich dem von Frankl so postulierten Willen zum Sinn, angesprochen wird. Daher kann die Logotherapie als eine sinnzentrierte Vorgehensweise angesehen werden.
Ausgangspunkt ist das Geistige. Sie will Menschen bei der persönlichen Orientierung nach Sinn behilflich sein, hilft ihm, die Dinge, die für ihn von Wert sind, (wieder) zu sehen. „Während die Existenzanalyse auf einen Bewußtmachungsprozeß abzielt, begleitet die Logotherapie den Menschen in der *Entscheidung*, in der Selbstbestimmung angesichts des Sinns und der Werte ...“ (Längle 1988-1, S. 103). Die praktische Anwendungsform liegt aber auch prophylaktisch „in der Hilfestellung für Menschen, die (noch) nicht erkrankt sind, sich aber in einer existentiellen Orientierungslosigkeit befinden, an der sie leiden“ (Gesellschaft für Logotherapie und Existenzanalyse 1991, S. 2), kann also im Sinne einer persönlichen Psychohygiene bzw. bei von Frankl sogenannten „kollektiven Neurosen“ angewandt werden. Damit erstreckt sich ihr Anwendungsbereich auf die Seelsorge, Sozialarbeit, Pädagogik, Medizin und Psychologie. Ihr Ansatzpunkt kann in der Selbsthilfe, Beratung oder in Ergänzung der Psychotherapie liegen. „Das Ziel der Logotherapie ist in all diesen Fällen eine Verdichtung der individuell gelebten Sinnfülle“ (Gesellschaft für Logotherapie und Existenzanalyse 1991, S. 2).
So gesehen, sind die Existenzanalyse und die Logotherapie „je eine Seite ein und derselben Theorie“ (Frankl).

IV. Das methodische Vorgehen in Existenzanalyse und Logotherapie: Die Phänomenologie

> Wenn wir die Menschen nehmen wie sie sind,
> so machen wir sie schlechter.
> Wenn wir sie nehmen wie sie sein sollten,
> so machen wir sie zu dem,
> was sie sein könnten.
>
> *Johann Wolfgang von Goethe*

Frankl und seine Schüler orientieren sich methodisch am Sokratischen Dialog und an der Phänomenologie. Dies bedeutet einmal mehr die radikale Abkehr von Naturalismus und Positivismus. Die Phänomenologie entstand dort, wo sich die Erkenntnisinhalte naturwissenschaftlichen Methoden entzogen. Sie geht auf Edmund Husserl zurück und wurde von Martin Heidegger, Nicolai Hartmann und Max Scheler weiterentwickelt (vgl. Titze 1988, S. 26).
Phänomenologie gilt als Bezeichnung „für eine philosophische Richtung und geisteswissenschaftliche Methode, die auf umfassende 'Wesensschau' von Erscheinungen (Phänomenen) ausgerichtet ist" (Keller, Novak 1979, S. 265). Dabei ist es wesentlich, diese verschiedenen Phänomene allgemeinmenschlichen Lebens und nicht des einzelnen „möglichst vorurteilslos, umfassend und voraussetzungslos zu sehen und zu beschreiben [...]. Das, was den Phänomenologen etwa am Menschen interessiert, ist das, was ihn zum Menschen macht: Geist, Bewußtsein, Reflexivität, Sprache usw." (a. a. O.). In der Phänomenologie gelang es damit, den Funktionalismus zu sprengen und die Dinge – hier im besonderen den Menschen – der rein naturwissenschaftlichen Betrachtungsweise zu entziehen und damit in einer zusätzlichen Bedeutung zu erfassen, d. h. jenseits von Deutungen zu spüren, was wesentlich ist.

V. Der Mensch als geistiges Wesen

> Mit nichts anderem kann der Mensch umgehen,
> wenn er nicht mit sich selbst umgehen kann.
>
> *Alfried Längle*

1. Was heißt geistiges Wesen?

Der Mensch begriff sich ab Beginn der Neuzeit – mit der Geburt der Naturwissenschaften –, nur mehr als Naturwesen, das die Welt noch als Mittel zum Zweck – entsprechend der technisch-utilitaristischen Einstellung – begreifen konnte. Erst in unserem Jahrhundert erfolgte eine Rück- und Selbstbesinnung auf das eigentliche Sein und den eigentlichen Sinn (vgl. Frankl 1951).
Frankls Auffassung vom Menschen geht - wie schon erwähnt - auf Schelers Anthropologie zurück. Auf dessen zwei Begriffen vom natursystematischen und Wesensteil des Menschen baut Frankl auf. Für Scheler ist das eigentliche menschliche Sein eine neue Seinstufe über alles Körperliche und Psychische hinaus.
Dieses neue Prinzip bezeichnet Frankl nun als Geist. Scheler trennt den Begriff Person ab, die das Zentrum allen Tuns darstellt, während sich bei ihm der Geist aus dem vollzogenen Tun konstituiert (vgl. Wicki 1991, S. 33 ff.). Da die Trennung der beiden Begriffe nach Ansicht Wickis selbst bei Scheler nicht konsequent durchgehalten wird, an sich unscharf ist (Wicki 1991, S. 38) und bei Frankl nicht aufscheint, werden die beiden Begriffe in der vorliegenden Arbeit synonym verwendet.
Als Person oder Geist kann also der „existentielle Kern des Menschen" bezeichnet werden (Wicki 1991, S. 38). Es ist das, was den Menschen in seiner Einmaligkeit und Einzigartigkeit ausmacht. Es ist das, was sich vom Leiblich-Seelischen distanzieren bzw. dazu Stellung nehmen kann. Wer dies tut, lebt als Person. Wer sich hingegen mit „seinem Leibbewußtsein total identifiziert, lebt nicht als Person" (Wicki 1991, S. 39 f.).
Was jedoch keinesfalls gleichgesetzt werden darf, sind Geist und Verstand. Ebenso ist Geist nicht gleichbedeutend mit Bewußtsein, denn auch im geistigen Bereich gibt es viele unbewußte Anteile, wie z.B. Gefühle,

Vertrauen, Glaube und Hoffnung. Deshalb kann nicht davon ausgegangen werden, daß nur bewußtes Sein menschliches Sein darstellt.
Der Mensch ist zwar nicht nur, aber im Wesen eine geistige Person, die „[zwar nicht die einzige, aber dafür] die eigentliche Dimension seiner Existenz repräsentiert, mag man nun dieses Geistige im Menschen phänomenologisch als seine Personalität oder anthropologisch als seine Existentialität umreißen" (Frankl 1987-3, S. 64).
Diese Geistigkeit des Menschen ist die wesentliche Grundlage für Frankls Menschenbild.

2. Frankls Menschenbild

Frankls Menschenbild entstand nicht aus einer (einseitigen) Beschäftigung mit der Medizin, sondern aus der interdisziplinären Zusammenarbeit von Psychologie, Medizin und Philosophie. Frankls Verdienst insgesamt ist es, Erkenntnisse aus der Philosophie vielen Menschen verständlich gemacht zu haben, indem er sie so dargestellt hat, daß man beim Lesen oder Hören unweigerlich selbst in eine persönliche Auseinandersetzung gerät. Er postulierte – von Scheler beeinflußt – drei Schichten: eine leibliche, eine psychische und eine geistige. Dabei ist der Schichtbegriff teilweise irreführend, weil er zu der Annahme verleitet, es gäbe beim Menschen einen rein leiblichen bzw. einen rein psychischen oder geistigen Bereich. Der Mensch in seiner Ganzheitlichkeit ist aber mehr als die Zusammensetzung einzelner Teile „denn *wir behaupten keineswegs, der Mensch sei 'zusammengesetzt aus' Leib, Seele und Geist. All dies ist er vielmehr in einem:* aber erst das Geistige konstituiert und nur das Geistige garantiert dieses 'Eine' [...]. Woher rührt diese menschliche Schichtstruktur? Das gestufte Gefüge des Menschen? Nicht daher, daß er sich aus Leib, Seele und Geist zusammensetzt, sondern daher, daß sich das Geistige mit dem Leiblichen und dem Seelischen auseinandersetzt: Immer nimmt der Mensch als Geist zu sich als Leib und Seele Stellung" (Frankl 1990, S. 176 f.).
Was bei dieser Aussage auch auffällt: Frankl mißt den drei postulierten Schichten nicht die gleiche Bedeutung zu. Körper und Psyche liegen bei ihm nahe beieinander, denn gefühlsorientierte Befindlichkeit und Körperlichkeit sind beinahe verschränkt. Er benennt dies an vielen Stellen als den „psychophysischen Parallelismus" (Frankl 1990, S. 120). Mit diesen psychophysischen Gegebenheiten kann sich nun der Geist auseinander-

setzen, ja sich ihnen sogar entgegenstellen. Diese Fähigkeit bezeichnet er als den „noopsychischen Antagonismus“ (Frankl 1990, S. 120), oder plastischer ausgedrückt, als die „Trotzmacht des Geistes“ (Frankl 1990, S. 174). Frankl meint, daß diese Trotzmacht erst dann wirklich in Erscheinung tritt, wenn es schwierig wird. Segeln mit dem Wind sei vergleichsweise einfach. Die Kunst fange dort an, wo es gelänge, gegen den Wind zu segeln (Frankl 1987-2, S. 129). Und immer ist der somatisch-psychische Bereich von der Person gleichsam durchtönt. Wie das Tier hat der Mensch zwar Triebe, Instinkte und psychische Befindlichkeiten. Diese entwickeln jedoch eine andere Qualität, je nachdem, in welcher Form sie von der jeweiligen geistigen Person durchtönt werden. „Der Mensch hat Triebe – ontisch gesprochen – und er soll auch Triebe haben – ethisch gesprochen. Wir verneinen keineswegs die Triebe des Menschen, was wir verneinen, ist vielmehr nur die Triebhaftigkeit des Menschen. Was wir verneinen, ist: daß der Mensch ein getriebener sei. Er ‘hat’ Triebe – aber er ‘ist’ nicht getrieben. Der Mensch hat Triebe – aber die Triebe haben nicht ihn. Er macht etwas aus den Trieben – aber die Triebe machen ihn nicht aus“ (Frankl 1990, S. 223).

Der Mensch hat auf alle Fälle die Entscheidungsgewalt über sie. Er kann sich seinen Trieben entgegenstellen, oder sich seinen Trieben überlassen und sich von ihnen treiben lassen. Aber auch dies setzt seine Entscheidung, sein Einverständnis voraus. Daher bildet die Person als geistige Existenz den entscheidenden und integrierenden Faktor dieser verschiedenen Seinsbereiche. Bedingt ist nun der Mensch vor allem in seinen körperlichen Anlagen, denn diese sind weitgehendst genetisch festgelegt. Aber bereits im seelisch-psychischen Bereich ist eine Einflußnahme von außen – durch Erziehung – möglich. „Aber dieses Anderswerden richtet sich letztlich nicht nach dem Wollen der Eltern, sondern nach einem Sollen, das vom Kind als je eigenes erlebt wird. Mit anderen Worten: diese Nacherziehung eines Menschen ist eigentlich Selbsterziehung, Selbstbestimmung“ (Frankl 1990, S. 181), d. h. wesentlich von der Person des zu Erziehenden bestimmt.

In den Augen von Frankl ist also der psychophysische Bereich formbar. Dies darf jedoch nicht so verstanden werden, daß ein Mensch einen anderen Menschen nach Gutdünken formen kann im Sinne einer äußeren Plastizität (wie dies extreme Vertreter des Behaviorismus postulierten), sondern daß diese Formung stets in Rückkoppelung mit der Person des Gegenübers geschieht, was Frankl als „innere Plastizität“ bezeichnet (vgl. Frankl 1990, S. 187).

Das heißt mit anderen Worten: Der Geist des Menschen ist frei. Diese Freiheit ist aber keine grenzenlose Freiheit von allen Bedingungen. Wie der Mensch sich jedoch zu den gegebenen Bedingungen einstellt, bleibt ihm überlassen. Faktisch - also im Hinblick auf die drei Ebenen –, so meint Frankl sehr treffend, ist der Mensch manchmal unfrei, fakultativ – also im geistigen Bereich – jedoch ist und bleibt er frei (Frankl 1990, S. 225).
Der Mensch kann also im Rahmen seiner Bedingtheiten weitgehend über sich selbst entscheiden. Nicht die Voraussetzungen allein bestimmen, sondern der Mensch hat noch ein wesentliches Wort mitzureden. Diese Selbstbestimmung drückt Pindar im „Werde, der du bist!" sehr klar aus. Je mehr der Mensch über seine Bedingungen hinauswächst, desto mehr verwirklicht er das wirklich Humane.
„Fassen wir zusammen: Das Leibliche ist bloße Möglichkeit. Als solche ist es irgendwie offen nach etwas, das diese Möglichkeit verwirklichen könnte; denn an sich ist eine leibliche Möglichkeit nicht mehr und nicht weniger als die vom Biologischen her bereitgestellte Leerform - eine Leerform, die ihrer Erfüllung harrt. In diesem Sinne ist aber nicht nur das Somatische offen nach dem Psychischen, sondern auch dieses Seelische ist seinerseits offen nach dem Geistigen" (Frankl 1990, S.175).
Aus der Sicht der Existenzanalyse und Logotherapie ist nicht der Gegensatz zwischen *bewußt* und *unbewußt* von Bedeutung, sondern die Überwindung der Grenze zwischen *Psychophysikum* (den Trieben) und *Geist* ist das Kriterium des eigentlichen Menschseins.
Erst in der Dreidimensionalität ist der Mensch ganz Mensch.

3. Was heißt Person ?

a) Begriffserklärung

Ein Vorläufer des Personbegriffs ist das griechische Wort „prosopon", das Gesicht meint, womit das Wesentliche umrissen ist.
Die Person stellt nun den aktiven und sichtbaren Ausdruck des Geistes dar. Mit dem Personbegriff steht und fällt die Menschenwürde.
Das Wort „Person" selbst stammt aus dem 13. Jahrhundert und ist ein Lehnwort aus dem Lateinischen „persona". Ursprünglich bedeutet „persona" jedoch „Maske des Schauspielers", dann Rolle, die durch diese Maske dargestellt wird und schließlich Charakterrolle, Charakter, Mensch, Person (vgl. Wissenschaftlicher Rat der Dudenredaktion 1963, S. 502).

Personare bedeutet Hindurchtönen durch die Maske. Daher kann Person als etwas Dahinterliegendes gedeutet werden, was nicht unmittelbar sichtbar ist, was erst im Handeln erscheint.
Heute wird unter Person das autonome und selbstbestimmte Individuum verstanden, welches die Einheit und Basis menschlicher Existenz darstellt (vgl. Keller, Novak 1986, S. 264).
Jede totalitäre Macht hat zum Ziel, den Menschen zum Nichts zu machen, ihn in der Masse untergehen zu lassen und dann diese Masse zu manipulieren. Dem können sich nur starke Personen entgegensetzen. Daher braucht eine fördernde und demokratische Gesellschaft solche Personen.

b) Person aus der Sicht der Existenzanalyse

Aus der Sicht der Existenzanalyse wird mit Person das Wesen des Menschen bezeichnet. Dort, wo er wesentlich ist, zeigt sich seine Person. Dieses Wesen kann auch als das Unbedingte im Menschen beschrieben werden, das, was nicht von äußeren Bedingungen herrührt.
Frankl weist auch nach, daß die Person selbst in ihrer unbewußten Tiefe verankert ist und sich selbst weder analysieren noch reflektieren kann. Er vergleicht dies mit dem Auge, das sich selbst auch nicht sehen könne.
Aber wie läßt sich dies näher eingrenzen?
Vorauszuschicken ist, daß es in der Existenzanalyse keinen Personen*begriff* gibt, sondern nur ein Personen*verständnis*. Denn Person verschließt sich der objektiven Betrachtung und kann daher nicht begriffen, sondern nur verstanden werden. Sie kann nur aufgrund ihrer Äußerungen wahrgenommen werden.
Insgesamt ist Person das, was Kraft, Dynamik und Leben ausmacht:
Nachdem sich die Person nicht nur über Körper und Psyche ausdrücken kann, sondern auch über den Verstand, soll letzterer an dieser Stelle miteinbezogen werden.

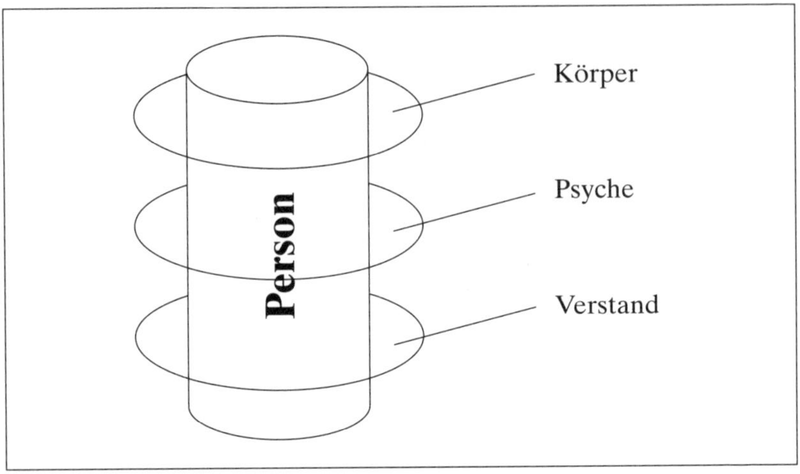

(Funke, Seminar Psychotherapieausbildung, 12.10.1990, persönliche Mitschrift)

Aus dieser Skizze geht deutlich hervor, wie die Person diese drei Schichten Körper, Psyche und Verstand durchtönt.

Der Mensch setzt sich aber *nicht nur zusammen* aus Leib, Psyche, Verstand und Geist (Person) , sondern der Geist, die Person, setzt sich mit Leib, Psyche und Verstand *auseinander*. Dazu ist ein Abstand nötig. In dieser Auseinandersetzung gewinnt der Mensch Raum für sein Handeln und drückt sich seiner Umgebung, d. h. der Welt gegenüber aus.

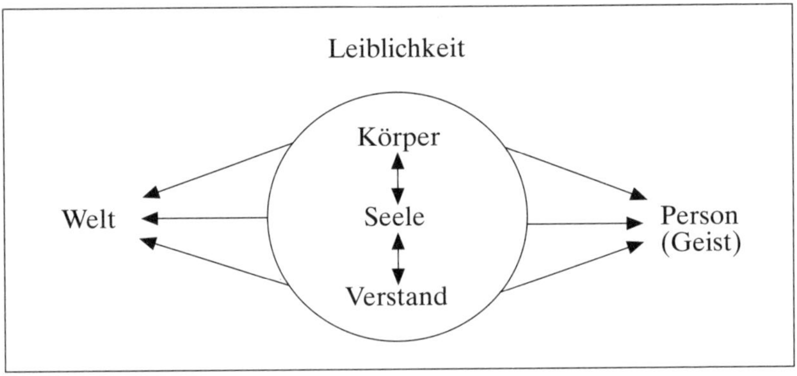

(Funke, Seminar Beraterausbildung 20.3.93, persönliche Mitschrift)

Die „Person an sich“ gibt es aber nicht. Leiblichkeit und Welt gehören dazu. Sie kann sich nur über ihre Leiblichkeit ausdrücken, diese ist geradezu Voraussetzung, um die Person zur Erscheinung zu bringen.
Wenn diese Leiblichkeit oder bestimmte Bereiche dieser Leiblichkeit gestört sind (z. B. körperliche, geistige Behinderung, Neurosen, Psychosen, u.ä.) fehlen der Person wichtige Ausdrucksmöglichkeiten. Sie bleibt eingeschlossen und kann sich gegenüber der Welt nicht ausdrücken. Ihr fehlt das Instrument bzw. das Instrument ist verstimmt, das ihr den Zugang zur Welt verschafft.
Dies kann Leiden verursachen (vgl. Seminar G. Funke 23.1.93, persönliche Mitschrift). Spannung kann es des weiteren dadurch geben, daß die Person zur Unendlichkeit neigt, die Leiblichkeit jedoch durch Endlichkeit begrenzt ist. Umgekehrt ist es heute oft so, daß die Leiblichkeit, insbesondere der Körper, überdimensionale Bedeutung erlangt; er wird gehegt und gepflegt durch Sport, Massagen, Sauna, Bäder, Kosmetik usw.
Aber auch die Psyche selbst wird reflektiert und bespiegelt, der Verstand geschärft.
Was nützt dies jedoch alles, wenn die Aktivierung der Person zurücksteht?
Niemals jedoch kann die Person selbst erkranken.
Aus diesem Postulat leitet Frankl auch die unbedingte Würde des Menschen ab.

Was kennzeichnet also Person?

Person ist das, was sich entscheiden, gegenüberstehen, distanzieren und auseinandersetzen kann. Person ist somit *frei* zu Stellungnahme und Auseinandersetzung. Ohne persönliche Stellungnahme laufen nur *Reflexe* ab, bleibt alles nur *Reaktion*.

Person ist also das, was sich auseinandersetzt. Sie setzt sich daher *nicht zusammen* aus Geist, Leib und Psyche, sondern sie setzt sich mit Leib und Psyche *auseinander*.
Psychisch gesund ist der, der sich auseinandersetzt, nicht der, der sich anpaßt.

Person ist *schöpferisch*. Sie macht etwas mit Erbe, Erziehung und Sozialisation. Sie kann aus allem noch etwas machen und gestalten.

Person kann *Beziehung* aufnehmen zu jemandem oder zu etwas.
Person erschließt sich letztlich nur in der Begegnung. Dazu gehört auch die Begegnung mit sich selbst (Selbstdistanzierung). An dieser Stelle gibt es einen direkten Bezug zu Buber.

Person ist daher *das, was Begegnung wertvoll macht.*
Wenn beispielsweise Lehrer nicht wesentliche Qualitäten aufweisen, die über den programmierten Unterricht hinausgehen, dann stellt sich die Frage, wozu zum Lernen überhaupt Lehrer notwendig sind. Je mehr solch personaler Qualitäten nun ein Lehrer ins Spiel bringen kann, desto mehr ist er Person und desto weniger ist er Funktion.
Kommunikation hingegen ist noch keine Begegnung. Im Gegenteil: Die mechanistische Anwendung von Kommunikationsstrategien kann diese geradezu verhindern.

Die Person ist also der *einzelne, unverwechselbare, unvergleichbare Mensch*, genau das, was man *nicht* messen und vergleichen kann. Sie ist daher dynamisch und in keinem Augenblick ein Automatismus. Damit wird sie zum Inbegriff von Potentialität.
Einzigartigkeit bedeutet, daß dieser Mensch, so wie er ist, einzigartig ist. Einmalig ist er, weil er jetzt lebt – und nach unserer Auffassung – nur einmal. Einmaligkeit und Einzigartigkeit begründen die Verantwortlichkeit.

Damit ist in der Person *menschliche Potentialität* angelegt, nämlich das, wozu der Mensch fähig ist, im Guten wie im Schlechten. Von der Person gehen Veränderungsmöglichkeiten aus und ebenso gehen diese auf sie zurück. Das bedeutet, daß Person das Veränderbare im Menschen kennzeichnet.

Person ist aber auch das sich *Abgrenzende*. Wer immer so sein möchte wie die anderen, kann die eigene Person nicht entfalten. Auch wenn die Angst vor dem möglichen Sich-Verfehlen, vor der eigenen Einsamkeit, vor dem Sich-Aussetzen gegenüber anderen oft da ist, muß sich von anderen abgrenzen, wer Eigenes will. Der Mensch muß lernen, das *für ihn* Wichtige und Richtige herauszufiltern und sich nicht mit Zugeständnissen an die breite Masse zu verdecken. Personsein ist letztlich *absolutes Anderssein.*

Gleichzeitig muß die Person aber *offen* sein, so daß sie sich auf den Sinngehalt jeder veränderten Situation neu einstellen kann und sich nicht zukünftigen Möglichkeiten verschließt.

Person sein heißt daher auch, in der *Spannung zwischen Sein und Sollen* zu stehen. Der Mensch braucht Spannung in seinem Leben, sonst breitet sich tödliche Langeweile aus, wie heute sehr oft in unserem gesicherten, zivilisierten Leben. Deshalb sucht er ständig nach Spannung, oder er verschafft sich Spannung, z.B. im Sport. Das Fehlen jeglicher Spannung deutet auf ein existentielles Vakuum hin. „Der Mensch braucht aber Spannung, und am meisten braucht er, am zuträglichsten ist ihm jene Spannung, die sich etabliert im polaren Kraftfeld zwischen einem Menschen auf der einen Seite und, auf der anderen Seite, einem Ziel, das er sich setzt, einer Aufgabe, die er sich wählt ..." (Frankl 1987-4, S. 13).
Dieses Spannungsfeld, das sich zwischen der menschlichen Existenz (dem Sein) und dem Sinn und den Werten (dem Sollen) auftut, wird in der Existenzanalyse Noodynamik genannt und stellt sich in den Gegensatz zur Psychodynamik.

Noodynamik versus Psychodynamik
Auf der Suche nach Sinn tut sich also ein Spannungsfeld auf zwischen dem, was jetzt ist und dem, was werden soll. Von der Psychodynamik (den Trieben) wird der Mensch getrieben, von der Noodynamik (dem Sinn und den Werten) wird er angezogen. Die Psychodynamik orientiert sich am Faktischen, am SO SEIN, die Noodynamik am Fakultativen, an dem, was SEIN KÖNNTE. Erstere ist auf Spannungsabfuhr ausgerichtet und letztere auf Spannungserhalt. In der Noodynamik spielt die Freiheit der Entscheidung eine große Rolle. Der Mensch kann ja oder nein zu den erscheinenden Werten sagen.
Diese Spannung zwischen Sein und Sollen, diese Sinnorientierung des Menschen, kann als Maßstab seelischer Gesundheit angesetzt werden. Umgekehrt gilt: Je geringer sich die Spannung aus der Noodynamik erweist, je mehr der Mensch diese Spannung flieht, desto gefährdeter ist er (vgl. Frankl 1987-2, S. 98).

In der Person eines Menschen wird dessen *Lebendigkeit* spürbar. Als Lebendigkeit wird die Bewegung auf die Minderung der erlebten Spannung gespürt. Wenn der Mensch nirgends mehr hin will, nichts mehr erreichen will, also stagniert, ist er innerlich tot.

Aus all diesen Gründen fällt Person immer aus der Rolle und läßt sich nicht mit Rollenmodellen – zumindestens nicht ihrem Wesen nach – erfassen. Person läßt sich letztlich nicht beschreiben und auch nie ganz ergründen. Es bleibt ein Rest von Mysterium, welches fasziniert.

c) *Frankls zehn Thesen zur Person*
(vgl. Frankl 1991-1, S. 108 ff.)

Zunächst ist eine Person ein *Individuum*, etwas *Unteilbares* (lat. individuum). Durch eine Zerlegung, Deutung bzw. durch Analysieren von Teilaspekten ist eben dieses Individuum niemals total erfaßbar. So wie das Ganze mehr ist als seine Teile, so lassen Teilaspekte einer Person nur äußerst bedingte Rückschlüsse auf die ganze Person zu. Eine Person ist daher nur in ihrer *Einheit* erfahrbar und naturwissenschaftlichen Methoden nur sehr begrenzt zugänglich.

Daher ist eine Person nicht nur eine Einheit, sondern auch eine eigenständige *Ganzheit*. Sie ist nicht verschmelzbar. Sie kann in höheren Ordnungen wie Masse, Klasse oder Rasse niemals ganz aufgehen. Nachdem die Teilbarkeit und Verschmelzbarkeit Voraussetzungen für die Fortpflanzung sind, folgt daraus, daß zwar der Organismus, aber nicht der Geist fortpflanzbar ist. Fortpflanzbar sind nur die Bausteine, aber nicht der Baumeister.

Jede Person ist ein *absolutes Novum*. Das, was Person ausmacht, ist daher nicht übertragbar, sondern konstituiert sich als etwas ganz Eigenes. Daher ist Person auch nicht auswechselbar.

Schließlich ist jede Person *geistig*, so wie alle humanen Phänomene geistige Phänomene sind. Dieses Geistige setzt sich mit dem Gegebenen, wie beispielsweise den Erbanlagen oder dem eigenen Schicksal in einer ganz spezifischen, unverwechselbaren Art auseinander. Person ist daher das, was sich dem Psychophysikum gegenüberstellen und – zu welchem Sachverhalt auch immer – *frei verhalten kann* (vgl. Frankl 1990, S. 226) und dieses Verhalten auch *verantwortet*.

Eine Person ist *existentiell*, d. h. nicht faktisch. Daher ist die Person frei und verantwortlich. Diese Freiheit ist, wie gesagt, keine Freiheit *von* allen

Bedingtheiten, sondern eine Freiheit *gegenüber* Vernunft, Gewissen und allen Freuden und Leiden. Macht Leiden aber nicht unfrei?
Selbstverständlich engen Leid, Schuld und Tod den Menschen in seinen Lebensmöglichkeiten gravierend ein. In seiner Stellungnahme hingegen ist und bleibt der Mensch frei, auch wenn dies nur sehr punktuell ist. Daher ist die Person niemals in sich abgeschlossen oder berechenbar. Ihr Verhalten läßt sich nicht vorhersagen, weil ihr immer mehrere Verhaltens- bzw. Einstellungsmöglichkeiten offenstehen. Deshalb ist ihr Verhalten auch in keiner Weise determiniert. Daraus resultiert, daß die Person zutiefst und zuletzt sich selbst gegenüber verantwortlich ist. Verantwortlich für den je eigenen bestmöglichen Weg. Die logische Konsequenz des vorher Dargelegten ist, daß man aus diesem Grunde eine Person nicht messen und vergleichen kann.

Eine Person ist *ichhaft* und *nicht eshaft*, d. h. sie wird nicht von ihren Trieben bestimmt. Ich möchte noch hinzufügen: Sie wird auch nicht vom Über-ich bestimmt, um die Terminologie Freuds zu verwenden. Es wäre eine unzulässige und irreführende Verkürzung, Person aus dem Es bzw. dem Über-Ich abzuleiten. Darauf wird im Kapitel „Gewissen" näher eingegangen.

Eine Person *stiftet* aber auch *Einheit* und *Ganzheit*. Die drei Seinsebenen Körper, Psyche und Verstand werden von der Person in eine leiblich-seelisch-geistige Einheit überführt. Die Person begründet und gewährleistet diese Einheit. Sie setzt sich nicht daraus zusammen. Im Gegenteil, das Geistige im Menschen setzt sich mit seinem Leiblichen, Seelischen und dem Verstand auseinander.
Mehr noch, das Geistige durchdringt und durchtönt alle Seinsschichten und bringt sie gewissermaßen zum Klingen.

Person wird zum Träger menschlicher *Dynamik*. Die Dynamik entsteht dadurch, daß die Person existieren (lat. ex-sistere), d. h. aus sich selbst heraus – und sich selbst gegenübertreten kann. An anderer Stelle benennt Frankl diese typisch menschliche Fähigkeit mit *Selbstdistanzierung*. Auf diese wichtige Fähigkeit wird auf den nächsten Seiten näher eingegangen.

Person ist aber auch das Über-sich-Hinausgreifen auf etwas oder jemanden hin, ein Phänomen das von Frankl mit *Selbsttranszendenz* bezeichnet wird. Zur Selbsttranszendenz näheres auf den folgenden Seiten.

Schließlich greift Person in eine zusätzliche Dimension des Menschseins hinein, in die Frage nach dem Über-Sinn, die aber letztlich mit den dem Menschen zur Verfügung stehenden Möglichkeiten nicht einmal annähernd aufgelöst werden kann. Frankl erhebt nicht den Anspruch, die Frage nach dem „Über-Sinn", wie er ihn nennt, zu beantworten. Er meint, daß die Beantwortung dieser Frage über unser menschliches Denkvermögen hinausreicht, ähnlich wie beim Tier, das Menschsein nicht begreifen kann und ähnlich – in Anlehnung bei Kant – mit menschlichem Denken Kategorien, die über Zeit und Raum hinausgehen, nicht mehr erfaßt werden können. Trotzdem glaubt er, daß das menschliche Ahnen um einen Über-Sinn diesen auch schon voraussetzt (vgl. Frankl 1987-2, S. 61 ff.).

Zusammengefaßt ist Person daher das, was *handelt und was entscheiden kann.* Menschsein zeichnet sich damit als „entscheidendes Sein" aus (Jaspers). Das Leben verlangt viele Entscheidungen „und diese können nicht nur verpatzt, sondern auch verpaßt werden! Wie ein Haus aus vielen Ziegeln gebaut wird, so bauen auch wir unser Leben aus vielen kleinen Entscheidungen auf, und die letzten Entscheidungen ruhen jeweils auf den vielen Stockwerken früherer Entscheidungen, die sogar der Erinnerung und dem Bewußtsein schon längst entschwunden sein können" (Längle 1989, S.21). Damit ist gemeint, daß es oft viele kleine Entscheidungen sind, die zu einem scheinbar schicksalhaften Geschehen führen. Entscheidungen sind deshalb so wichtig, weil ihr Inhalt in das geistig Unbewußte absinkt und so zur Haltung wird.
Vergegenwärtigen wir uns dies am Beispiel der Alkoholsucht. Da gibt es normalerweise tausende von Gelegenheiten, bei denen der Mensch zum Alkohol nicht nein sagt. Ganz im Gegenteil: Er entscheidet sich aus freien Stücken zum Alkohol. Im Laufe der Zeit nimmt die Freiheit der Entscheidung ab, bis sie – im Stadium der Sucht, wenn Körper und/oder Psyche danach verlangen –, kaum mehr spürbar geworden ist. Frankl meint, daß die Urentscheidung oder Vorentscheidung jeweils bewußt war, die nachfolgende Kette von Entscheidungen aus dieser Vorentscheidung resultiere, aber immer weniger bewußt gefällt werde. In diesem Sinne können wir verstehen, wenn Frankl sagt: „Die Entscheidung von heute ist der Trieb von morgen" (Frankl 1990, S.227) oder „Alle Entscheidung ist Selbstentscheidung, und Selbstentscheidung ist allemal Selbstgestaltung" (Frankl 1990, S.324).

d) Die vier existenzanalytischen Charakteristika der Person

Selbstdistanzierung

Selbstdistanzierung bedeutet nicht ein Sich-Zurückweisen, Ausblenden oder gar Sich-im-Stich-Lassen. Es ist auch keine Anleitung zu vermehrter Selbstbeobachtung. Ganz im Gegenteil: Mit einer zu forcierten Selbstbeobachtung kann man sich selbst blockieren. Dabei gewinnt man keinen Abstand, sondern bleibt gewissermaßen bei sich selbst kleben. Problematisch wird es, wenn diese überzogene Selbstbeobachtung zum Selbstzweck oder gar zum Lebenszweck wird. „In einem leer und sinnlos gewordenen Leben, in einem 'existentiellen Vakuum' hypertrophiert der Hang und die Neigung, sich selbst zu bespiegeln, sich selbst zu beobachten, alles vor jedem auszubreiten, [...] Ins existentielle Vakuum wuchert anscheinend nicht nur die Neurose, sondern auch ihre Pseudotherapie" (Frankl 1986, S. 42).
Die Selbstdistanzierung stellt zusammen mit der Selbsttranszendenz den Brennpunkt menschlicher Existenz dar. Sie geht der Selbsttranszendenz voraus. Zur Fähigkeit des Menschen, über den Dingen zu stehen, gehört auch die Möglichkeit, über sich selbst zu stehen. Mit Selbstdistanzierung ist daher die Fähigkeit des Menschen gemeint, sich selbst gegenübertreten bzw. entgegentreten zu können und damit seine geistige Fähigkeit, sich von seinen Bedingtheiten distanzieren zu können, nicht ausgeliefert zu sein. Erst daraus konstituiert sich die geistige Person. Frankl brachte diesen schwierigen Sachverhalt einmal auf folgenden Punkt: „Ich brauche mir nicht alles gefallen zu lassen, auch nicht von mir selber!"
In einem persönlichen Gespräch mit Alfried Längle hat Frankl dazu folgendes Bild entwickelt: Er verglich Geist und Psychophysikum mit zwei Muskelgegenspielern. Nur durch das Zusammenspiel von Bizeps und Trizeps am Oberarm lasse sich der Unterarm bewegen. Dieses Gleichgewicht sei auch zwischen Psychophysikum und Geist notwendig, damit ein Zusammenspiel erst möglich werde (persönliche Mitteilung von A. Längle). In der Sucht wird das Psychophysikum beispielsweise so dominierend, daß der Geist diesem weitgehend ausgeliefert ist.
Diese Fähigkeit, von sich loszukommen, befreit den Menschen und ermöglicht ihm Bewegungsfreiheit. Er gewinnt Freiheit zu sich selbst. Damit ergibt sich innerer Freiraum, aus dem heraus er handeln kann. Dadurch werden eigene Wahlmöglichkeiten bewußt und eingefahrene Verhaltensweisen können unterbrochen werden. Dem Menschen wird

bewußt, daß er nicht festgelegt ist. Dies führt zu einer Objektivierung der eigenen Handlungsweise.
Als geistige Person ist der Mensch mit seinen körperlichen und seelischen Bedingtheiten konfrontiert. Er kann mit sich selbst umgehen, spürt, daß ihm sein Leben zur Verfügung gestellt ist. Er selbst ist seine eigene Möglichkeit. Er ist sich selbst anvertraut. Deshalb ist die *Selbstannahme* zunächst ganz wichtig. Selbstannahme bedeutet, im Bewußtsein leben, daß man sich selbst in die Hände gegeben, vielleicht sogar aufgezwungen ist.
Resultat von Selbstdistanzierung ist, mit sich selbst umgehen können.
Dabei ist wesentlich, sich selbst zu mögen, sich selbst als jemanden anschauen lernen, der wert ist, nach dem Motto: Lebe ich gern mit mir?
Die wichtigste Straße zur Selbstdistanzierung ist das innere Zwiegespräch, in welcher Form auch immer.

Selbsttranszendenz

Als *Selbsttranszendenz* bezeichnet Frankl menschliches Sein, das sich immer wieder auf etwas bezieht, das nicht wieder es selbst ist. Im Verwirklichen von Werten, im Streben nach Sinn, vergißt der Mensch ganz auf sich und ist sich dabei doch am nächsten. Dabei sind die Weltoffenheit und die Fähigkeit, sich von etwas berühren zu lassen, Voraussetzung.
Frankl zitiert in diesem Zusammenhang oft Jaspers: "Was der Mensch ist, das ist er durch die Sache, die er zur seinen macht“ (zit. nach Frankl 1988, S. 38 und 1990, S. 13).
Zum Wesen des Menschen gehört das Ausgerichtetsein auf eine Person oder Sache. Erst durch diese Akte kommt sich der Mensch nahe. Erst wenn ein Mensch alle Tätigkeiten voll auf etwas konzentriert, lebt er wirklich (vgl. Längle 1984, S. 56).
Selbsttranszendenz setzt allerdings einen Wert voraus, der zieht. Damit kann der Mensch über sich selbst hinauswachsen, sich auf Neues und für ihn Sinnvolles einlassen und sich dabei selbst vergessen.
Frankl versteht unter Selbst-Transzendenz, „daß der Mensch umso menschlicher ist – daß er umso mehr er selbst ist, als er sich selbst übersieht und vergißt, sei es in der Hingabe an eine Aufgabe, an eine Sache oder an einen Partner“ (Frankl 1986, S. 87).
An dieser Stelle muß allerdings auch unterschieden werden zwischen

Hingabe und Hergabe. Bei der Hergabe, die oft völlig selbst-los sein kann, verliert man – wie das Wort schon ausdrückt – sich selbst als Person. Dies geschieht oft so bei geringem Grund- und Selbstwert. Bei der Hingabe dagegen ist immer eine Rückbezüglichkeit zur eigenen Person gegeben. Vollzogene Selbsttranszendenz führt zur entfalteten *Existenz* und damit auch in die *Authentizität.*

Freiheit

Immer wieder wird hier von menschlicher Freiheit und in der Folge von Verantwortung die Rede sein. Die Freiheit ist jedoch nicht beliebig, sondern gebunden. Es ist daher wichtig, deren Grenzen festzustellen. Die Freiheit des Menschen im Faktischen ist zwar sehr bedingt, fakultativ ist er jedoch frei (Frankl 1987-2, S. 120). Er ist nicht frei von Bedingtheiten, aber frei, sich gegenüber Bedingtheiten so oder so zu verhalten. Dabei sind gerade diese Bedingtheiten Angriffspunkte für seine Freiheit. Daher gibt es keine Freiheit *von* Bedingungen, sondern nur eine Freiheit *zur* Verantwortung. Das heißt mit anderen Worten: Wer anderen, z. B. Kindern, die Freiheit nimmt, kann sie nicht zur Verantwortung erziehen.
Was nun die Freiheit des Menschen anlange, meint Frankl, so bestünde diese gegenüber drei Dingen, und zwar

1. gegenüber den Trieben,
2. gegenüber dem Erbe und
3. gegenüber der Umwelt (Frankl 1987-3, S. 88).

Frankl meint weiter, „daß wir nicht übersehen dürfen, daß eigentliches Menschsein dort überhaupt erst beginnt, wo alle Feststellbarkeit und Fixierbarkeit, wo jede eindeutige und endgültige Bestimmbarkeit aufhört; was dort anfängt, was dann erst hinzukommt, [...], das ist seine [des Menschen, E. W.] *personale Einstellung*, seine persönliche Stellungnahme zu alledem, zu jeglicher Anlage und jedweder Situation“ (Frankl 1987-3, S. 91).
„Menschsein bedeutet nicht nur Anders-sein, sondern auch Anders-können“, meint Frankl (Frankl 1987-2, S. 122).
Freie Menschen schränken sich gegenseitig nicht ein, sondern wechselseitige Freiheit potenziert sich sogar. Freie Menschen bestärken sich in ihrer Potentialität und damit in ihrer Personalität.
Freiheit um der Freiheit willen jedoch mündet in Sinnlosigkeit und Lebensüberdruß. Freiheit verlangt Entscheidungen und zwar möglichst

gute. Diese münden in Sinn - und *„der Sinn der Freiheit ist die Verantwortung“* (Längle 1989, S. 85).

Verantwortung

„Neurotischer Fatalismus“ ist für Frankl eine Flucht vor der Verantwortung, „eine Flucht in das Typische, in das scheinbar Schicksalhafte der Typenzugehörigkeit“ (Frankl 1987-2, S. 130). Was aber ist unter Verantwortung zu verstehen?

„Die Verantwortung des Menschen [...], ist eine Verantwortung angesichts der Einmaligkeit und Einzigartigkeit je seiner Existenz; das menschliche Dasein ist ein Verantwortlichsein angesichts seiner Endlichkeit“ (Frankl 1987-2, S. 118).

Verantwortung heißt einerseits Freisein zur Antwort. Ein Freiwerden zur Verantwortung erfordert aber andererseits auch Mut zur Vereinzelung.

Das Thema Verantwortung wird dort aktuell, wo den Menschen etwas angeht (vgl. Längle 1989, S. 84). Das ist eben das, was Verantwortung ausmacht: Auf eine Situation im Leben in der bestmöglichen Form zu antworten, sich selbst ins Spiel zu bringen. In der bestmöglichen Form deshalb zu antworten, damit wir zu dieser Antwort letztendlich auch stehen können. Stehen können wir dann dazu, wenn wir wissen, **wozu** die Verantwortung gut sein soll. Dies setzt voraus, „daß man sich von der Kostbarkeit des Wertes, für die Verantwortung übernommen werden soll, angesprochen fühlt“ (Längle 1988-3, S. 1). Verantwortung braucht somit das bewußte Einverständnis, ebenso wie die bewußte Entscheidung. Sie hat nichts zu tun mit Pflicht, Vorschriften und Gesetzen, die jemand anderer verlangt, denn sie erwächst aus der Freiheit. „Prinzipienreiterei, blinde Pflichterfüllung, Gehorsam aus Angst vor Strafe stellen den Menschen in solche Verantwortungshülsen, die leer bleiben“ (Längle 1988-3, S. 1). Aus der mißverständlichen Gleichsetzung von Verantwortung und Pflicht bekommt Verantwortung oft einen schalen Nachgeschmack. Pflicht ist nicht frei gewählt, sondern wird dem Menschen von anderen aufgedrängt, ohne daß sie als Aufgabe gesehen werden kann.

„Verantwortung ist Ausdruck meiner Verbundenheit mit einem Menschen, mit einer Idee oder einer Sache. [...] Verantwortlich sein, das heißt: *sich widmen*. Sich hingeben wollen, für etwas da sein wollen, ist freiwilliges Sich-Verpflichten. Für etwas verantwortlich sein heißt: es lieben - im Bewußtsein, damit im Sinne meines höchsten Wertes zu leben. Verantwortung ist Engagement für seine Werte“ (Längle 1989, S. 87).

Verantwortung und Freiheit bedingen einander. Verantwortung kann nur dort übernommen werden, wo die Person in Freiheit entschieden hat. Niemand wird schuldig für etwas, „das trotz aller gebotenen Vorsicht und gegen seinen Willen geschah oder für etwas, das er nicht selbst getan hat" (Längle 1989, S. 84 f.).
Verantwortung vereinigt in sich drei Elemente:

- Es geht um eine Person, die angesprochen ist.
- Es geht um einen Wert, der dieser Person erscheint bzw. anvertraut ist und damit um einen Sinn.
- Es geht um ein Risiko, das die Bedeutung des Wertes in der Zukunft betrifft (vgl. Längle 1988-3, S. 1). Das heißt: Bleibt er für mich ein Wert? Kann ich in Zukunft noch dazu stehen?

Daraus wird ersichtlich, daß wir Verantwortung nicht *für* jemanden übernehmen können, der sie selbst übernehmen kann, sondern nur vor dem eigenen höchsten Wert, d. h. daß der Mensch danach trachtet, mit seiner Entscheidung vor seinem höchsten Wert bestehen zu können und auch im Anschauen dieses Wertes erst recht, aber auch trotzdem zu seiner Antwort stehen kann. Echte Verantwortung ist daher bewußt gewählt.
Menschen, die zuviel für andere antworten, ohne daß sie persönlich befragt sind, nehmen anderen eigene Antworten ab und verhindern damit bei ihnen die Entwicklung notwendiger Eigenständigkeit in diesem Bereich. Dies betrifft beispielsweise überfürsorgliche oder, mit anderen Worten, überverantwortliche Eltern. Überverantwortliche Menschen neigen dazu, ihre nicht konkreten Verantwortungsgefühle auf unklare, nicht eingegrenzte Bereiche auszudehnen, für die sie nicht wirklich Verantwortung im obigen Sinne übernehmen können.
In der Verantwortung wird der Mensch erst Mensch, denn Leben ohne Verantwortung ist wie „ungelebtes" Leben. Sie ist seine Antwort in bezug auf einen Wert.
Frankl meint, daß es ein einfaches Mittel gäbe, um einem Menschen Verantwortung in der ganzen Größe bewußt zu machen, nämlich ihm zu sagen: „Lebe so, als ob du zum zweiten Male lebtest und das erste Mal alles so falsch gemacht hättest, wie du es zu machen im Begriffe bist" (Frankl 1988, S. 98).
An anderer Stelle meint Frankl, daß Verantwortung zugleich etwas *Furchtbares* und *Herrliches* sei. Furchtbar sei es zu wissen, daß man in.jedem Augenblick Verantwortung trage für den nächsten, daß jede Entscheidung eine Entscheidung für alle Ewigkeit sei und daß in jedem Augenblick nur eine der vielen Möglichkeiten zu verwirklichen sei und die andere beiseite

geschoben werden müsse, vielleicht auf immer. Herrlich hingegen sei es, zu wissen, daß das Leben in jedem Augenblick eine Entscheidung darstelle und daß das Verwirklichte zur unvergänglichen Vergangenheit gerinne (vgl. Frankl 1986, S. 216).
Zusammengefaßt läßt sich mit Heidegger sagen: „Nicht das Sein ist uns gegeben, sondern die Verantwortung für das Sein“ (zit. nach Längle 1988-3, S. 4). Ein Leben ohne Verantwortung ist wie ein ungelebtes Leben, zwar *er*lebt, aber nicht *ge*lebt.

e) Die Eckpfeiler der Person: Eindruck – Stellungnahme – Ausdruck

Wenn Person bedeutet, Stellung zu nehmen, mit dem, was an Eindrücken auf sie einstürmt, entsprechend umzugehen und sich in ihr gemäßer Form der Welt gegenüber auszudrücken, so müssen diese Bereiche etwas näher ausgeleuchtet werden, denn Person zeigt sich in allen drei Eckpfeilern mehr oder weniger klar, mehr oder weniger existentiell. Sie stellen nämlich die Grundlage für Begegnung dar.

Eindruck

Erlebnisse, Erzählungen, positive und negative Dinge, sie alle erreichen Menschen, beeindrucken sie mehr oder weniger. Was löst dieser *Eindruck* bei ihnen aus? Welche Impulse? Welche Gefühle? Welche Bereiche von allen Informationen erreichen sie wirklich? Wofür sind sie offen? Sehr selten gelingt es, Eindrücke zu steuern, auszublenden. Menschen sind ihnen ausgesetzt. Sie haben Gewalt über sie. Eindrücke stoßen ausschließlich auf Subjektives, nämlich auf ganz individuelle Menschen. Was bewirkt das? Wie gehen die Menschen damit um? Daraus wird ersichtlich, wie offen und ansprechbar ein Mensch ist.
Auf dem Wege zur Stellungnahme ist es notwendig, zu sich selbst in Distanz zu kommen. Wer *Selbstdistanzierung* und Stellungnahme ausblendet, kommt sofort zum Ausdruck, was einer Reaktion und nicht einer Handlung gleichkommt. Bei einer *Handlung* ist der Mensch dabei und entscheidet selbst auf der Grundlage von *Gründen*. Eine *Reaktion* geschieht beinahe automatisch, scheinbar ohne Zutun, aufgrund von Ursachen. Der Mensch steht quasi daneben und läßt mit sich geschehen.
Das Erleben des persönlichen Angesprochenseins ist jedoch noch zu wenig. Wo bleibt da Freiheit?

Stellungnahme

Die Freiheit liegt in der *Stellungnahme*. Da ist der Mensch hundertprozentig frei.

Dabei nimmt der Mensch zum Eindruck - zunächst einmal für sich - Stellung. Das heißt, er versucht, Wertzusammenhänge zu verstehen, zu beurteilen und sich zu entscheiden. Das Verstehen verlangt ein „Sich-Herausheben", ein „Ex-sistere". Bildlich gesprochen verlangt es, sich auf eine Anhöhe zu begeben und sich einen Überblick zu verschaffen.

Bei dem Neuen, das an die Person herangetragen wird, wird sie versuchen, dies mit ihr und ihrem bisherigen Leben in Einklang zu bringen.

Die meisten Stellungnahmen sind unbewußt, manche sind über das Gewissen rückgekoppelt, d. h. der Mensch stellt sich die Frage, ob seine Stellungnahme mit ihm und seinen Werten übereinstimmt. Wenn dies der Fall ist, bleibt er sich selber treu.

Bei dieser inneren Stellungnahme geht es um die Fragen: Wie ist das, was die Person erreicht hat, zu verstehen? Was bedeutet das für sie? Wie beurteilt sie es?

Es besteht ein Unterschied zwischen einer Stellungnahme und dem Sagen der eigenen Meinung. Wenn es darum geht, die eigene Meinung zu äußern, dann kümmert man sich meist nicht darum, wie es anderen damit geht bzw. man distanziert sich nicht von seinen Gefühlen und Impulsen, die beim Eindruck entstehen, d. h. man lebt seine Gefühle aus, ohne Rücksicht auf die anderen.

Für den Weg zum Ausdruck ist die Fähigkeit zur *Selbsttranszendenz* nötig. Zum Ausdruck kommen, antworten kann nur, wer von sich weg zu jemand anderem, zu einer anderen Sache gehen kann. Die Frage ist: Wie kann man sich in den anderen einfühlen und gleichzeitig bei sich selbst bleiben?

Ausdruck

Was von seinem Eindruck und seiner Stellungnahme bringt der Mensch nun zum *Ausdruck*? Wie lautet seine Antwort auf die Welt? Wie handelt er? Wie existentiell lebt er? Bringt er sich zum Leben? Denn er existiert nur in dem Maße, in dem es ihm gelingt, sich auszudrücken. Bei jeder unterlassenen Antwort geht Achtung vor sich selbst verloren. Das, was der Mensch zum Ausdruck bringt, beeindruckt ihn andererseits auch wieder. So, wie sich der Mensch selbst zum Ausdruck bringt, kann er sich mehr oder weniger selbst anerkennen oder auch nicht. Selbstannahme hängt also ganz wesentlich von unseren Antworten ab, die wir aufgrund von unseren Eindrücken geben. Können wir uns in diesen Antworten achten? Wer beispielsweise andere ständig verletzt, verletzt sich damit auch selbst. Wer andere wertschätzt, kann dies auch für sich selbst in Anspruch nehmen. „Mit nichts anderem kann der Mensch umgehen, wenn er nicht mit sich selbst umgehen kann", bemerkte Alfried Längle einmal sehr treffend. Damit wirkt das, was zum Ausdruck kommt, wieder auf den Eindruck zurück.

In einer Graphik lassen sich die obigen Ausführungen mittels eines Dreiecks veranschaulichen:

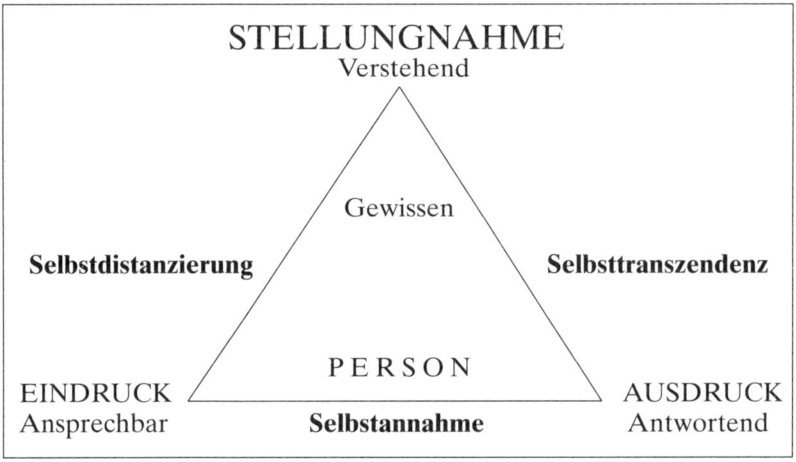

(Nach Längle, 28.2.93, persönliche Mitschrift, Längle 1993, S. 133)

Exkurs: Selbstverwirklichung

Selbstverwirklichung ist in der heutigen Zeit zu einem scheinbar unverzichtbaren Schlagwort geworden. Auch Erich Fromm meint, „daß die volle Entfaltung der eigenen Persönlichkeit und der des Mitmenschen das höchste Ziel des menschlichen Lebens ist" (Fromm 1987, S. 163). Wenngleich Maslow, einer der wesentlichen Verfechter der Selbstverwirklichung, inzwischen bekennt: „My experience agrees with Frankl's that people who seek self-actualization directly, dichotomized away from mission in life, don't, in fact, achieve it" (zit. nach Frankl 1991-1, S. 16).

Selbstverwirklichung im existentiellen Sinn meint nun nicht das beständige Kreisen ausschließlich um sich selbst und das eigene Befinden. Dies kann auch nicht zielführend sein, denn den Sinn bzw. Wert kann der Mensch als ein auf Gemeinschaft angelegtes Wesen nicht in sich selbst, sondern nur in der Welt finden.

„Im Gegenteil: Existentielle Selbstverwirklichung geschieht nicht ohne andere, sondern nur an anderer Existenz. Immer werden Brücken geschlagen von Existenz zu Existenz. Immer langt Existenz – sofern sie sich verwirklicht – über sich hinaus" (Frankl 1990, S. 182).

Gerade weil dieses Schlagwort von der Selbstverwirklichung oftmals im dargelegten Sinne falsch verstanden wird, dient es als Alibi für egozentrisches Verhalten. Selbstverwirklichung läßt sich nicht direkt anstreben, sondern stellt sich als Nebenwirkung von selbst*loser* Hingabe quasi von selbst ein (vgl. Frankl 1990, S. 101), genauso wie sich Lust und Glück nicht direkt anpeilen lassen (vgl. Frankl 1988, S. 86 ff., Frankl 1990, S. 10 ff. und 280 ff., Frankl 1986, S. 100 ff.).

Wer also Selbstverwirklichung in dieser Form anstrebt, verfehlt sich oft selbst, aber dazu auch noch seine Sinnmöglichkeiten. Verrät nicht das verstärkte Streben nach Selbstverwirklichung gleichzeitig ein frustriertes Leben nach Sinnerfüllung (Frankl 1988, S. 38)?

Andererseits muß auch im Auge behalten werden, daß man niemandem etwas Gutes tut, wenn man nicht für sich selbst sagen kann: Es ist gut, auch für mich selbst. Was nicht auch gut für einen selbst ist, ist es meist auch für den anderen nicht. Außerdem fällt es anderen dann oft schwer, dieses „Opfer" anzunehmen.

„Halten wir fest: Nur Existenz, die sich selbst transzendiert, nur menschliches Dasein, das sich selbst auf die 'Welt' hin, 'in der' es 'ist' transzendiert, kann sich selbst verwirklichen, während es, sich selbst bzw. Selbstverwirklichung intendierend, sich nur verfehlen würde" (Frankl 1986, S. 77).

Frankl unterscheidet bei der Selbstverwirklichung sehr klar zwischen Zweck und Wirkung.

Geht es dem Menschen daher um sich selbst und um das, was sich in ihm abspielt oder um den anderen bzw. die Sache?

Geht es also darum, die in einem schlummernden Selbst-Möglichkeiten weitgehend zu verwirklichen oder geht es darum, die in der Welt liegenden Sinn-Möglichkeiten umzusetzen? Die Antwort kann nur sein: Es geht nicht darum, alles, was man könnte, auch umzusetzen, sondern das zu tun, was gefragt ist, nämlich das Bestmögliche in der Situation. Damit stößt man unweigerlich ins Zentrum dieser Fragestellung vor, das ist die Wertfrage, die da lautet: Welches ist die *verwirklichungswürdigste* oder auch notwendigste Möglichkeit ?

Das kann durchaus Qual der Wahl bedeuten, weil der Mensch sich entscheiden muß, was er verwirklichen und was er verwerfen soll. Wenn er diese Fragen ernst nimmt, tut sich vor ihm eine große Verantwortung auf.

Dazu kommt, daß ohne Selbsttranszendenz die Menschen und Dinge in der Welt an Bedeutung verlieren. Sie werden „zu bloßen Mitteln zum Zweck, mehr oder weniger tauglich und bestenfalls gerade gut genug, um in den Dienst der eigenen Triebbefriedigung aber auch der eigenen Selbstverwirklichung gestellt zu werden“ (Frankl 1990, S. 82 f.).

Selbstverwirklichung, bei der es einem um sich selbst geht, vergleicht Frankl mit einem Kaleidoskop, das beim Hindurchschauen nur selbst sichtbar wird, im Gegensatz zum Fernrohr, bei dem Welt sichtbar wird und bei dem man damit selbst in neuem Licht erscheint.

„Nur in dem Maße, in dem ich zurücktrete, in dem ich mein SOSEIN verleugne, wird mir etwas sichtbar, das mehr ist als wieder nur ich selbst. Solche Selbstverleugnung ist allemal der Preis, den ich für Welterkenntnis bezahlen muß, der Preis, um den ich Seinserkenntnis erkaufen muß, die mehr sein soll als bloßer Ausdruck wieder nur meines eigenen Seins. Mit einem Wort: Ich muß mich selbst übersehen. Kann ich es nicht, so ist mein Vermögen, zu erkennen, auch schon beeinträchtigt; denn ich stehe dann mir selbst, meinem eigenen Erkennen im Wege (Frankl 1986, S. 80).

Zusammengefaßt läßt sich mit Frankl sagen: „Aber nur in dem Maße, in dem der Mensch Sinn erfüllt, in dem Maße verwirklicht er auch sich selbst. Selbstverwirklichung stellt sich dann von selbst ein, als eine Wirkung der Sinnerfüllung, aber nicht als deren Zweck. Nur Existenz, die sich selbst transzendiert, kann sich selbst verwirklichen, während sie, sich selbst bzw. Selbstverwirklichung intendierend, sich selbst nur verfehlen würde“ (Frankl 1986, S. 225).

Eine solche Selbstentfaltung zielt auf Wertbezug und Weltbezug und mündet letztlich in Sinn-Verwirklichung. Nur durch Hingabe an eine Sache oder einen anderen Menschen ist das „Selbst“ verwirklichbar. Je tiefer der Mensch zu eben dieser Wertverwirklichung vorstößt, desto mehr erfährt er von sich selbst.

4. Person – Charakter – Persönlichkeit (Authentizität)

Den komplexen Begriff Person zu umreißen, wurde im vorhergehenden Abschnitt versucht. Wie verhält sich nun Charakter zur Person? Und wodurch unterscheidet sich Person von der Persönlichkeit?
Wie ist Frankl zu verstehen, wenn er im Anschluß an Allers sagt: „Der Mensch 'hat' einen Charakter, aber er 'ist' eine Person und 'wird' eine Persönlichkeit" (Frankl 1990, S. 324)?

a) Charakter

Auch wenn der Ausdruck Charakter heute immer weniger gebräuchlich ist, möchte ich dennoch an diesem Wort festhalten. Zum einen, weil Frankl ihn nach wie vor verwendet, und es daher beim Zitieren eine Sprachverwirrung geben könnte, zum anderen, weil ein anderer möglicher Begriff, nämlich Persönlichkeitsstruktur, wesentlich unschärfer ist. Der Charakter besteht nach Frankl aus dem psychischen Genotypus (den vorwiegend psychischen Erbanlagen) und dem psychischen Phänotypus (dem, was der Mensch bereits daraus gemacht hat). Charakter ist also jener Teil des Menschen, mit dem er ungefragt leben und sich auseinandersetzen muß, ist also der unfreie Teil.
Das Geistige im Menschen ist dasjenige, das den Genotypus in den Phänotypus überführt. Darin geschieht Selbstgestaltung.
„Jene Instanz aber, welche diese Gestaltung vornimmt, ist die geistige Person. So, daß sich sagen läßt: Der Charakter ist etwas Geschaffenes, während die Person schöpferisch ist" (Frankl 1990, S. 228).
Die Person kann nun dem Charakter gegenübertreten bzw. ihm entgegentreten. „Erst aus diesem Abstand heraus hat das Geistige Freiheit und erst aus dieser seiner geistigen Freiheit heraus vermag der Mensch sich so oder so zu entscheiden: für oder gegen eine Position, für oder gegen eine Disposition, eine Charakteranlage oder eine triebhafte Veranlagung; mit einem Wort: erst aus dieser seiner geistigen Freiheit heraus vermag der Mensch einen Trieb zu bejahen oder zu verneinen – je nachdem" (Frankl 1990, S. 226).
Das, was Menschen aufgrund ihrer Erbanlagen bzw. ihres sozialen Umfeldes gegeben wird, können einfache Holzlatten oder kostbare Marmorplatten sein. Diese bilden das Baumaterial für den Baumeister Mensch. Der Baumeister ist die Person. Ein Baumeister ist zwar abhängig vom Bauma-

terial, aber er ist frei, seinen Vorstellungen gemäß damit umzugehen (vgl. Frankl 1987-2, S. 189).
Person wird erst spürbar in der Art, wie sie zu ihren „Baumaterialien" Stellung nimmt. Was macht sie mit den Holzlatten bzw. den Marmorplatten ? Verheizt oder zerstört sie ihre Holzlatten, zertrümmert sie den Marmor, läßt sie beides liegen, oder versucht sie zu gestalten, um selbst darin erlebbar zu werden ?
Mit anderen Worten: Die Anlage ist letztlich nicht entscheidend. Aus allen Baumaterialien läßt sich etwas oder eben auch nichts machen. Frankl meint daher, „Vererbung erklärt nichts Eigentliches und insofern eigentlich nichts" (Frankl 1990, S. 191). Oder sind die berühmten, kunstvoll geschnitzten mittelalterlichen Hochaltäre weniger wert oder weniger bewunderungswürdig als etwa eine Marmorstatue von Michelangelo?
Wenn der Charakter somit das Gegebene darstellt, so ist er tatsächlich statisch und unfrei. Aber alle Voraussetzungen können nur *bedingen*, aber nicht *bestimmen* (vgl. Frankl 1990, S. 223). Für Frankl ist der Mensch aber überhaupt nur Mensch, als er über seine Bedingtheiten hinauswächst. Und für ihn gleicht die Gestaltung des eigenen Lebens einem Kunstwerk, für das der Mensch selbst die Verantwortung trägt.

b) Persönlichkeit

Persönlichkeit ist das, was aus dieser Auseinandersetzung entsteht, ist das, was wird. Daher ist Persönlichkeit durch Werden und Zukunftsorientierung gekennzeichnet. Sie entsteht in der Auseinandersetzung mit dem jeweils bereits Gewordenen. Sie ist dynamisch, denn sie setzt sich mit dem Statischen auseinander. Dazu meint Frankl: „Ich handle nicht nur gemäß dem, was ich bin, sondern ich werde auch, wie ich handle" (Frankl 1990, S. 324). Die einzelnen Teile interferieren, potenzieren oder schwächen sich ab und ergeben in der Gesamtheit eine neue, sich ständig verändernde, individuelle Zusammenstellung.

c) Von der Identität zur Authentizität

Eine Persönlichkeit zeichnet sich unter anderem durch eine Eigenschaft aus, die in der Existenzanalyse mit Authentizität umschrieben wird. Was ist – im Gegensatz zur Identität – damit gemeint?

In der Existenzanalyse wird dort von Authentizität – im Gegensatz zu Identität – gesprochen, wo der Mensch über Rollen hinauswachsen oder diese gar sprengen muß, um seiner Person zum Durchbruch zu verhelfen. Deswegen setzt Authentizität immer Person voraus.
Das vorliegende Verständnis von Person wächst über den andernorts (Waibel 1993, S. 131 ff.) beschriebenen Begriff der Identität hinaus. Denn es geht dabei nicht mehr darum, eine relativ stabile Rollenbalance zwischen personaler und sozialer Identität zu finden, sondern darum, an der Welt immer mehr zu sich selbst zu finden.
Identität schreibt demgegenüber die Person stärker fest. Die Fähigkeit zur Identifikation ist nötig, damit das soziale Leben gelingt. Gleichzeitig nimmt sich der Mensch selbst seinen Raum, wenn er sich zu weitgehend oder zu lange mit anderen identifiziert. Identifikation kann sich damit in eine Form von Abhängigkeit ausweiten. Es stellen sich dann die Fragen: Wird der Mensch dadurch ein anderer – zumindest in Ansätzen? Paßt er sich dort an, wo Eigenes wichtig und richtig für ihn wäre? Kann er sein Identifikationssubjekt übersteigen?
Der Wille zum Anderssein ist wichtig, um nicht an einer bestimmten Person oder – noch wichtiger – einer bestimmten Vorstellung von Person verhaftet zu bleiben, um zu sich selbst zu kommen und seinem Gewissen gemäß zu leben.

d) Authentizität

Authentizität entsteht nicht aus der theoretischen Vorstellung. Sie kann erst in der Handlung lebendig werden.
Authentisches Handeln eines Menschen ist dann gegeben, wenn das unverwechselbar Eigene dadurch erkennbar wird, daß der Mensch über sich hinauswächst und Werte verwirklicht, die seine Potentialität aufleuchten lassen und die damit seine Persönlichkeit zur Entfaltung bringen. In diesem Sich-selbst-voraus-Sein, in diesem Ausloten von Grenzen, kommt sich der Mensch – so paradox es scheinen mag – näher.
Nicht zu sich selbst zu stehen ist eine der tiefsten Selbstverletzungen.
Im erspürten Wert erkennt man seinen eigenen Wert (wieder). Wer diesem Wert nicht nachgeht, geht sich selbst nicht nach, blendet sich selber aus. Dabei geht es nicht nur um die Art der Werte (das *Was*), sondern auch um die Art und Weise der Umsetzung der Werte (das *Wie*). Wie ein Mensch damit umgeht, läßt Rückschlüsse auf seine Authentizität zu. Spürbar wird

der Mensch dann für andere, wenn sein Handeln insgesamt als stimmig erfahren wird. Daher ist authentisches Handeln immer ein Handeln aus dem Gewissen heraus, in Freiheit und Verantwortung.
Offenheit für das, was sich in der Welt tut, ist nötig, während bei den Vorstellungen von Identität eher das Geschlossensein vorherrscht. Ein solches Handeln ist auf Zukunft und Zukünftigkeit gerichtet.
Authentizität – das läßt sich aus dem bisher Dargelegten ableiten –, ist nicht etwas, das erworben wird und das man schließlich hat, sondern etwas, das immer wieder neu errungen werden muß.

VI. Die existentielle Dynamik

Einen Weg gibt es.

Es gibt einen Weg,
den keiner geht,
wenn Du ihn nicht gehst.
Wege entstehen,
indem wir sie gehen.
Die vielen zugewachsenen, wartenden Wege
von ungelebtem Leben überwuchert.
Es gibt einen Weg,
den keiner geht,
wenn Du ihn nicht gehst:
es gibt Deinen Weg
ein Weg, der entsteht,
wenn Du ihn gehst.

Werner Sprenger

1. Die Freiheit des Willens

Die Freiheit eines Menschen ist, wie gesagt, nicht eine Freiheit *von* allen Bedingungen, sondern eine Freiheit *gegenüber* allen Bedingungen. Frankl weist ausdrücklich darauf hin, „daß alle menschliche Freiheit auf Schicksalhaftes insofern angewiesen ist, als sie sich nur in ihm und erst an ihm überhaupt entfalten kann“ (Frankl 1987-2, S. 122).
Wenn Leben aber so gesehen wird, daß es eigene Wünsche erfüllen soll, dann ist der Mensch davon abhängig, daß dies geschieht, und daher auch nicht frei. Wird Leben aber existentiell verstanden als etwas, das Möglichkeiten der Auseinandersetzung für die eigene Person bietet, so gibt es viele, manchmal auch nur kleine Entscheidungsmöglichkeiten. Andererseits verlangt Freiheit aber auch den Mut zu Entscheidungen. Ansonsten werden wir von anderen entschieden und gelebt. „Das Leben des Menschen ist eingebettet in ein inneres und ein äußeres Milieu. Jeder Mensch findet sich in einer physischen und sozialen Umgebung vor, und ist mit Anlagen ausgestattet, die er nicht gewählt hat. Alles kommt nun darauf an,

wie er sein Leben in dieser Welt *gestaltet* [...]. Die sinnvolle Gestaltung des Lebens betrifft also zwei Bereiche: Die *Situation* und den *Menschen* in ihr. Dem Menschen ist etwas zur Verfügung gestellt - nämlich Dinge und Situationen in der Welt, die sinnvoll verändert werden und eine menschenwürdige Gestalt bekommen können. Und was den Menschen betrifft, so heißt gestalten können, daß der Mensch als Handelnder und Erlebender eingreifen kann, daß er in seiner Freiheit aufgerufen ist, zu planen, zu unterscheiden und zu entscheiden zwischen den Möglichkeiten, die sich ihm bieten" (Längle 1989, S. 15 f.).
Erspürte Freiheit eröffnet aber gleichzeitig auch ein großes Maß an Verantwortung.
„Furchtbar ist es: zu wissen, daß ich jeden Augenblick Verantwortung trage für den nächsten; daß jede Entscheidung, die kleinste wie die größte, eine Entscheidung ist, 'für alle Ewigkeit', daß ich jeden Augenblick eine Möglichkeit, die Möglichkeit des einen Augenblicks, verwirkliche oder verwirke. Nun birgt jeder einzelne Augenblick Tausende von Möglichkeiten und ich kann nur eine einzige wählen, um sie zu verwirklichen; [...] Doch herrlich ist es: zu wissen, daß die Zukunft, meine eigene Zukunft und mit ihr die Zukunft der Dinge, der Menschen um mich, irgendwie - wenn auch in noch so geringem Maße - abhängig ist von meiner Entscheidung in jedem Augenblick. Was ich durch sie verwirkliche, 'in die Welt schaffe,' .... das rette ich in die Wirklichkeit hinein und bewahre es so vor der Vergänglichkeit" (Frankl 1988, S. 140 -141).

2. Der Wille zum Wert

Die Freiheit des Menschen, sich für oder gegen eine Sache zu entscheiden, beruht in der Freiheit seines Willens. Letztlich ist Freiheit, daß man überhaupt wollen kann. Dieser Wille ist nicht etwas Statisches, ein für allemal Gegebenes, sondern hängt davon ab, ob der Mensch von Werten berührt wird. Dieser Wert mobilisiert den Willen. Motivierbar ist der Wille erst angesichts eines Wertes. Spürt der Mensch noch, was er wirklich will? Oder ist er nur mehr gewohnt, unhinterfragten Konventionen zu folgen? Ist er bereit, den manchmal steinigen Weg der Verwirklichung von dem, was ihm wichtig und richtig erscheint, auf sich zu nehmen? Oder geht er vornehmlich dem Angenehmen nach, z. B. in einer passiven Konsumorientierung?

Wille ist also nicht etwas, das nur mit der eigenen Vitalität zusammenhängt, sondern etwas, das entscheidend von der Stärke des gespürten Wertes abhängig ist. Je stärker der eigene Wille zum Durchbruch kommt, um so mehr an Vitalität strömt auf den Menschen ein. Er spürt sich, wird ganz lebendig. Dieser Wille kann auch nicht von außen eingetrichtert werden. Wille ist daher im Gegensatz zum Wunsch ein ganz elementar starkes Gefühl. In jedem Fall ist er penetrant. Er ist ein die eigene Existenz betreffendes Empfinden (nicht Wissen), das nicht beabsichtigt werden kann. Man kann nicht wollen wollen. Wille äußert sich im Gewissen. Dieses klopft – wenn auch nicht immer ganz lautstark, so doch unaufhörlich, an unsere Tür, wenn wir ihm keinen Einlaß gewähren, nicht auf es hören.

Der Wille zum Wert ist die primäre Motivationskraft des Menschen. Er ist ein Jasagen zum Wert. Aus ihm kann Leidenschaft entstehen. Er bringt zum Handeln. Alle anderen Motivationen leiten sich daraus ab. Im Willen spürt der Mensch seine Freiheit und ergreift sich selbst und das Leben.

Lust und Freude sind nicht von vorneherein das Ziel menschlicher Bestrebungen, sondern fallen gewissermaßen als Nebenprodukt ab. Nicht in ihnen selbst liegt der Sinn. „Freude kann aber das Leben nur dann sinnvoll machen, wenn sie selber Sinn hat“ (Frankl 1987-2, S. 72).

Wo der Wille zum Wert jedoch unterdrückt oder frustriert wird, kann der Wille zur Macht oder der Wille zur Lust an die erste Stelle rücken, was aber meist früher oder später in ein „existentielles Vakuum“ führt.

Den Willen zu spüren, aber mehr noch, ihm zum Durchbruch zu verhelfen, ist nicht einfach und durch Erziehung oft jahrelang unterdrückt. In unserer Sozialisationsgeschichte haben wir oft erfahren, daß es nicht erwünscht ist, einen eigenen Willen zu haben, geschweige denn, ihn zu zeigen bzw. ihm zu folgen.

Angst kann aufkommen, wenn wir den Aufruf des Willens spüren. Angst vor der Konsequenz unseres eigenen Handelns und der damit verbundenen Verantwortung. Angst davor, unsere Lieben vor den Kopf zu stoßen: Angst vor Liebesverlust. Angst davor, sich abzugrenzen, auszusetzen und verletzt zu werden. Angst, nicht gut genug zu sein, an der eigenen Unfähigkeit zu scheitern. Angst, verurteilt zu werden. Angst vor Vorurteilen. Angst vor Konflikten.

Vielfach spielen auch andere negative Vor-Erfahrungen ein große Rolle. Zweifel tauchen auf, ob das Gespürte wirklich das Eigene ist, ob wir überhaupt berechtigt sind, dieses oder jenes zu wollen. Sind wir damit nicht egoistisch auf den eigenen Vorteil bedacht? Oft hindern uns solche

Phantasien oder unsere vor-gestellten Erwartungen daran, eigenes Wollen umzusetzen, wie oft auch viel Unfreiheit nur scheinbare und vorgestellte Unfreiheit ist. Solche Vor-stellungen bauen sich oft vor uns auf, vor unser Handeln, wie z.B. Erwartungen des Versagens, des befürchteten familiären bzw. gesellschaftlichen Unverständnisses oder gar des Ausgestoßenseins oder der eigenen und fremden Rollenerwartungen. Gerade die Erwartungen der anderen, deren Vorurteile, können hindern, wenn man sich nicht davon freimachen kann.

Wollen ist viel mehr und etwas anderes als Wünschen. Auch wenn Wünschen eine grundmenschliche Haltung ist, oft etwas sehr Angenehmes und durch Offenheit und Warten gekennzeichnet ist, liegt es in einem anderen und nicht in unserem Einflußbereich, ob den Wünschen stattgegeben wird oder nicht.

Im Wünschen liefert sich der Mensch der Welt aus, die ihm eben diese Wünsche erfüllen soll. Dadurch macht er sich abhängig von ihr. Er wird passiv, weil er das Geschehen nicht selbst in der Hand behält. Dadurch ergeben sich viele Frustrationsmöglichkeiten.

Im Wollen jedoch stellt sich der Mensch selbst in das Zentrum. Er wird aktiv und zupackend. Er ergreift sich selbst und die Welt, indem er sich in sie hinein entwirft. Er setzt sich selbst ein und seine Zeit. Er nimmt vielleicht Anstrengungen in Kauf, vielleicht muß er dabei Angst überwinden. Manchmal hält ihn auch das Wissen zurück, für das, was er wirklich will, voll verantwortlich zu sein. Deshalb ist es für gelingendes Leben wichtig, nicht hauptsächlich in der Wunschhaltung stehenzubleiben.

Exkurs: Handlung versus Reaktion

Ein sich selbst und seiner Möglichkeiten bewußter Mensch wird seine *Handlungen* aktiv vollziehen und nicht ein passiv Getriebener sein.

Handeln ist aktiv. Der Handelnde ist mit seinem Herzen bei seiner Handlung. Handeln geschieht aus einer Motivation heraus, aus einem Willen, der in eine bestimmte Richtung, auf einen bestimmten Wert verweist.

Dieser Wille erwächst aus einem erspürten Wert, der den Grund des eigenen Handelns bildet. Diesen Grund gibt sich der Mensch selbst, auf diesen Grund baut er. Ein solcher Handlungsgrund führt zu der Entscheidung, ein bestimmtes Ziel zu verfolgen.

Auf dem Weg zu diesem Ziel wird der Grund immer mehr erschlossen, und

der Mensch tritt ins Leben, in die Existenz. Kennzeichnend für eine Handlung ist auch die Freiheit, aus der heraus sie gesetzt wird.
Die *Reaktion* ist im Gegensatz dazu ein passiver Effekt auf eine Ursache. Sie ist vorherbestimmt, fast automatisch. Sie geschieht mit dem Menschen, und er schaut gewissermaßen zu. Ursache bedeutet nun wieder – in Abgrenzung zum Grund – daß eine Sache und nicht ein Wert bestimmt, was zu tun ist. Im Reagieren steckt auch vergleichsweise wenig persönliche Freiheit. Personale Existenz tritt kaum in Erscheinung.

Menschliches Sein ist zutiefst entscheidendes Sein. Es geht also nicht nur darum, den richtigen Weg zu erspüren und zu erkennen, sondern ihn auch zu gehen. Sobald man andere oder die Umstände entscheiden läßt, geht die Personalität verloren. Die Dinge geschehen mit einem, und man steht dabei und spürt keine Freiheit und kann keine Verantwortung übernehmen, was in manchen Fällen allerdings auch entlastend sein kann.
Jeder Entscheidungsakt ist mehrdimensional und enthält neben somatischen und psychischen auch noetische Anteile.
Eine Entscheidung erfordert Vertrauen in das eigene intuitive Wissen, aber auch Mut, sich auf den Weg zu machen. Auch ein Öffnen ist notwendig. Indem man sich entschließt, öffnet man sich für das Kommende und kommt zur Existenz. In die Unentschiedenheit hinein wächst das „existentielle Vakuum", auch durch die Gefahr, daß einem Entscheidungen von außen abgenommen werden.
In dem Moment, wo man nicht über sich selbst entscheidet, wird man zum Spielball des Schicksals. Ein mehr oder weniger durchgängiges „Entschiedenwordensein" steht oft am Anfang einer neurotischen Entwicklung. Freiheit und Verantwortung gehen verloren. Nicht das *Bewußtsein* ist das wesentliche Merkmal, sondern der eigene Wille, der eine Entscheidung in Gang setzt. Dem Willensakt geht nicht unbedingt Bewußtsein voraus. Denn jede Entscheidung enthält bewußte und unbewußte Anteile. Es gibt ein bewußtes und ein unbewußtes Handeln, genauso wie es ein bewußtes und unbewußtes Reagieren gibt. Der Unterschied besteht hauptsächlich darin, ob jemand funktional oder personal Stellung nimmt. Eine personale Stellungnahme ist gekennzeichnet durch Hinschauen und Hinspüren. In ihr sind Freiheit und Verantwortung abgebildet.
Je mehr man bewußt entscheidet, desto mehr steigt der Selbstwert; im Reagieren hingegen fällt er.

Exkurs: Vergleich mit anderen Motivationstheorien (Lust- und Machtstreben)

Frankl meint, daß sich dem Willen zum Sinn der Wille zur Lust (Lustprinzip) und der Wille zur Macht gegenüberstellen lassen. Wenn Freud sagt, daß der Mensch am Lustprinzip orientiert, und Adler, daß er vom Willen zur Macht geleitet sei, meint Frankl, daß der Mensch verkürzt dargestellt werde, wenn er darauf reduziert würde.

„Zum Wesen des Menschen gehört das Hingeordnet-, Ausgerichtetsein, sei es auf etwas, sei es auf jemand, auf eine Idee oder auf eine Person“ (Frankl 1987-2, S. 107 f.).

In seinen Schriften geht Frankl wesentlich häufiger und detaillierter auf das Lustprinzip als auf das Machtprinzip ein. Aber es trifft auf Lustprinzip und Machtprinzip gleichermaßen zu, wenn er schreibt: „Das Lustprinzip ist kein psychologisches, sondern ein pathologisches Prinzip“ (Frankl 1990, S. 281). Lust- aber auch Machtorientierung sind für ihn oberflächliche Prinzipien, etwas, das in der Gefühlsqualität weitgehend gleich bleibt, gleichgültig, wodurch es ausgelöst wurde. Deshalb meint er, daß Menschen, die sich ausschließlich diesen Prinzipien verschreiben, an Tiefendimension verlieren.

Menschen orientieren sich seiner Meinung nach dann vorrangig am Lust- oder Machtprinzip, wenn sie sich in einem „existentiellen Vakuum“ befinden. Die ausschließliche Orientierung daran stellt also die Folge einer pathologischen Entwicklung dar. Dabei geht es Frankl nicht darum, Lust oder Macht abzuqualifizieren, aber er meint, daß Lust sich von selber einstelle – und zwar in der Ausrichtung auf Sinn. Werte zu verwirklichen, kann angenehm oder unangenehm sein. Je nachdem stellt sich Lust ein. „Lust ist Folge – aber nicht selber Ziel. Lust muß erfolgen, kann aber nicht erzielt werden. Lust ist Sache des Effekts, aber nicht Sache einer Intention“ (Frankl 1990, S. 281).

Frankl meint im Gegenteil, daß das, was man so sehr beabsichtige, sich einem oft entziehe. „Je mehr wir nach Lust jagen, umso mehr verjagen wir sie auch schon. Je mehr wir Lust zum Ziel machen, umso mehr verfehlen wir es auch schon“ (Frankl 1987-2, S. 292). Je mehr wir etwas um des Genusses willen tun, desto weniger Genuß wird sich einstellen. Die dahinterstehende Absicht macht uns einen Strich durch die Rechnung.

Dies läßt sich am Beispiel von sexuellen Neurosen, wo es um höchste Lust geht, gut verdeutlichen. Auf dem Boden von übersteigerter Absicht, in der Existenzanalyse mit Hyperintention bezeichnet, und von übersteigertem, auf sich selbst bezogenem Nachdenken – als Hyperreflexion bezeichnet – entstehen viele Potenzstörungen. Indem die Erwartungsangst genau jenes Symptom produziert, vor dem man sich fürchtet, gerät man in einen schwer zu durchbrechenden Teufelskreis (vgl. Frankl 1987-2, S. 293). „Man hat dann nicht mehr etwas, woran man Lust haben könnte, sondern man hat dann eben nur noch die Lust selbst; aber ohne Woran vergeht sie einem auch schon“ (Frankl 1990, S. 282).

3. Der Wille zum Sinn

a) Was ist darunter zu verstehen?

Der Wille zum Sinn kommt aber nach Abraham Maslow nicht erst dann auf, wenn die „niedrigen“ Bedürfnisse befriedigt worden sind und Menschen sich gewissermaßen den Luxus leisten können, die Sinnfrage zu stellen. Sie stellt sich ja gerade bei Kranken und Sterbenden sehr dringend. Die Sinnfrage ist daher eine primäre Motivation und läßt „sich weder auf die anderen Bedürfnisse zurückführen noch von ihnen herleiten“ (Frankl 1988, S. 45), was übrigens Maslow selbst in seinen späteren Lebensjahren bestätigt hat, jedoch noch kaum zur Kenntnis genommen wurde (vgl. Frankl 1986, S. 146 f., Frankl 1987-2, S. 202, Längle 1988-1).
Maslow schreibt: „I agree entirely with Frankl that man´s primary concern is his will to meaning“ (Maslow zit. nach Frankl 1988, S. 42).
Gerade in der Sinnfrage erweist es sich immer wieder, daß ihr ein falsches Weltverständnis und/oder ein falsches Sinnverständnis zugrunde liegt (vgl. Längle/Tutsch, 1986-2, S. 31).
Ganz tief in seinem Inneren will der Mensch bei all seinen Tätigkeiten wissen: Wozu soll ich dies oder jenes erleben oder tun? Wozu soll ich dieses Leid aushalten?
Jeder Mensch will, wenn er überhaupt etwas will, sinnvoll leben. Er strebt, nach Ansicht von Frankl, nicht die Macht, die Lust oder das Glück an, sondern den Sinn. Sinn bildet den Grund menschlicher Handlungen, gerade dann, wenn diese Handlungen auch mit Mühen und Opfern verbunden sind, wenn z.B. eine Berufsausbildung aufgenommen wird, wenn mit dem Partner auch schwierige Zeiten durchgestanden werden, Kinder großgezogen werden usw.
Aber der Mensch hat nicht nur einen Willen zum Sinn, sondern auch einen Willen zum Leben. Wer mit aller Gewalt unter allen Umständen Sinn

anstrebt, steht Zeiten, in denen sich nur sehr schwer ein Sinn ausfindig machen läßt, kaum durch. Den Sinn unbedingt finden wollen, kann einen Menschen unter Druck setzen. Dabei läuft er Gefahr, sich selbst Sinnkonstrukte zurechtzulegen, die einem lebendigen Sinnverständnis entgegenstehen.

Immer wieder muß auch klargestellt werden, daß der Wille zum Sinn kein Egoismus ist, da er an Werten aktualisiert wird. Wenn man im Tun nicht spürt, daß dieses gut ist, wenn man nicht das Gefühl hat, es ist wert genug, dieses zu tun, kann man auch nicht zum „Ich will" kommen. Daher ist der Wille zum Sinn auch nicht determinierend, sondern geht wie ein Laserstrahl über alle Bedingtheiten hindurch. Damit ist er ein Aspekt der Freiheit. Er macht einem Entscheidungen bewußt.

Wer ständig in Unentschiedenheit lebt, bindet viel von seiner Kraft, und der Wille zum Sinn kann nur schwer fließen. Um so stärker kehrt diese Kraft zurück, wenn die Entscheidung gefallen ist. In der Entschiedenheit werden Hürden leichter in Kauf genommen, können auch andere Möglichkeiten besser gelassen werden.

So gesehen kann der Wille zum Sinn stark machen. Er kann den Grund- und den Selbstwert heben.

b) Der Mensch als befragtes Wesen

Nach Frankls Ansicht ist das Auge des Menschen Antwort auf die Welt, auf deren Licht und deren Dinge, die über das Auge wahrgenommen werden können. Analog dazu, glaubt er, ist der Mensch mit seinem ganzen Sein Antwort auf die Welt.

Mit dem Spruch von Hebbel: „Das Leben ist nicht etwas – es ist die Gelegenheit zu etwas!", den Frankl immer wieder zitiert (Frankl 1988, S. 101), kommt die Grundauffassung Frankls zum Sinn im Leben des Menschen zum Tragen: Es ist nicht der Mensch, der die Fragen an das Leben zu stellen hat, sondern es ist das Leben, das die Fragen stellt. Oder anders herum: „Menschsein heißt: von der Situation her befragt zu sein; und Leben heißt antworten" (Längle 1988, S. 50).

Nur in dieser veränderten Haltung gelingt es, ein sinnvolles Leben zu führen, denn wer Ansprüche an das Leben geltend macht, um zur Sinnerfüllung zu kommen, ist darauf angewiesen, daß diese auch erfüllt werden. Erfüllt werden von jemand anderem als dem betroffenen Menschen selbst, worauf er keinen Einfluß hat.

Wer davon abhängig ist, daß seine Wünsche erfüllt werden, hat kaum mehr Bewegungs- und Handlungsfreiheit. Verzweifelte sagen sehr oft, daß sie vom Leben nichts (mehr) zu erwarten haben. Genau diese Anspruchhaltung finden wir heute sehr häufig vor. Menschen leben oft recht provisorisch. Solange sie etwas vom Leben zu erwarten haben, solange bejahen sie dieses Leben. Frankl meint in diesem Zusammenhang, daß die Frage daher nicht mehr lauten kann: „*'Was habe ich vom Leben noch zu erwarten?'* sondern nur mehr lauten darf: *'Was erwartet das Leben von mir?'* Welche Aufgabe im Leben wartet auf mich ?" (Frankl 1988, S. 88). Wer fragt, ist den Antworten ausgeliefert und daher weniger frei. In der Antworthaltung hingegen ist der Mensch frei, die Antwort auszuwählen: Er kann eine ziemlich gute oder relativ schlechte auswählen. Antworten können schöpferisch und kreativ gestaltet werden, aber auch beiläufig oder indem wir etwas nur geschehen lassen. So gesehen ist auch Nichtantworten eine Form der Antwort. Daher antworten wir immer in irgendeiner Form, nicht nur in bezug auf die Welt, sondern auch in bezug auf uns. Für diese Antwort sind wir auch verantwortlich.
Insgesamt bedeutet dies, wir sind in Frage gestellt, fragwürdig.
Das ist lebenserhaltende gesunde Spannung:

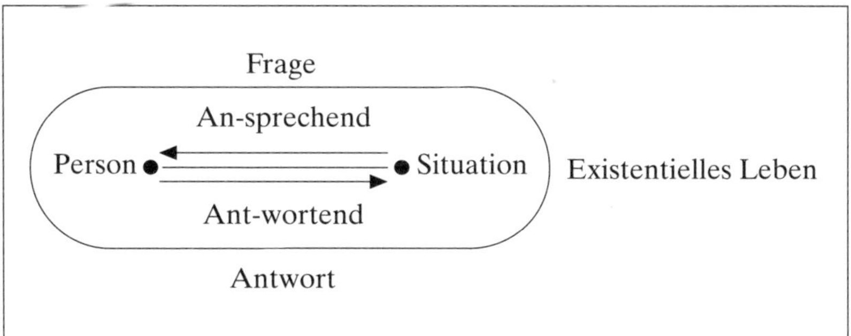

Längle 1988-1, S. 11

Eine Welt, die uns immer wieder Fragen stellt, bildet sich ab in einem Spannungsbogen, ist spannend, eröffnet uns die Kluft zwischen dem, was ist, und dem, was werden könnte, zeigt uns die noodynamische Spannung. Und wir sind aufgerufen, eine Brücke darüber zu bauen.
In diese Antworthaltung zu kommen heißt also, sich zu fragen, was das Leben *von uns* erwartet.

Frankl meint: „In dieser Denkposition kann uns aber jetzt auch nichts mehr schrecken, keine Zukunft, keine scheinbare Zukunftslosigkeit. Denn nun ist die Gegenwart alles, denn sie birgt die ewig neue Frage des Lebens an uns. Nun kommt alles darauf an, was jeweils von uns erwartet wird. Was jedoch in der Zukunft auf uns wartet, brauchen wir ebenso wenig zu wissen, wie wir es wissen können" (Frankl 1988, S. 88 f.).
Aber wie fragt das Leben ?
Es stellt den Menschen vor *Möglichkeiten*, die eine *Entscheidung* von ihm abfordern. In dieser Entscheidung liegt seine *Freiheit* (vgl. Längle 1988-3, S. 4).

c) Existentielle Wende

Da nicht das Leben an sich etwas ist, sondern immer nur die Gelegenheit zu etwas, wird es dem Menschen schwerfallen, in einer fordernden Haltung dem Leben gegenüber auf Dauer Befriedigung zu erfahren. Frankl bezeichnet diese Haltung, bei der der Mensch das Leben befragt und nur dann antwortet, wenn es sich ihm so präsentiert, wie er sich vorstellt, als vorkopernikanische Haltung. Im Anspruch, daß sich das Leben den eigenen Vorstellungen anpaßt, geht Freiheit verloren, weil der Mensch darauf angewiesen ist, daß sich das Leben so zeigt, wie er es sich vorstellt. Diese meist fixen Vorstellungen können sich zwischen den Menschen und sein eigenes Leben stellen und dieses geradezu verhindern, nämlich dann, wenn das Leben anders erscheint als in der Vorstellung. Dann sind Enttäuschungen und Frustrationen vorprogrammiert.
Ähnlich wie sich das Weltbild durch die Entdeckung des Kopernikus, daß sich die Erde um die Sonne und nicht die Sonne um die Erde dreht, radikal verändert hat, verändert sich die gesamte Lebenseinstellung des Menschen, wenn er sich als ein vom Leben Befragter zu verstehen lernt, der nicht Fragen an das Leben stellt, sondern versucht, auf die Bedingungen des Lebens bestmöglich zu antworten. Deshalb spricht Frankl in Anlehnung an Kant von einer Kopernikanischen Wende. Alfried Längle zieht den Begriff Existentielle Wende vor, weil sie aus dem (eher passiven) Dasein in die (eher aktive) Existenz führt. Das Leben ist es, das den Menschen befragt, es fragt nach seiner ganz persönlichen Antwort und damit Ver-antwort-ung. Dem Leben nun zu antworten heißt, in dieses einzutauchen, sich in die Welt zu entwerfen. In dieser Antwort ist der Mensch frei. Er kann sie ignorieren oder verweigern, er kann halbherzig

oder nach bestem Wissen und Gewissen antworten, was jeweils unterschiedliche Konsequenzen für den eigenen Selbstwert hat.
Daher ist es wichtig, die bestmögliche Antwort vor sich selbst zu finden, denn nur dann kann der Mensch vor sich selbst bestehen. Wenn der Mensch auf gestellte Fragen antwortet, fragt das Leben nach dem Menschen persönlich, nach *seiner* Verantwortung.
Und die Art der Antwort liegt in seiner Hand. Darin liegt seine Freiheit. Wichtig ist aber auch, daß zunächst einmal gespürt wird, *wem* eine Antwort abgefordert wird, damit nicht in überverantwortlicher Weise auf Dinge geantwortet wird, bei denen man nicht gefragt ist. Diese Überverantwortlichkeit resultiert oft aus einer undifferenzierten Wahrnehmung, aber vielleicht auch aus einem Nicht-ganz-einlassen-Wollen, damit überall geschnuppert werden kann.
Wer in dieser Haltung des Befragten zu leben vermag, vermag dem Leben gerecht zu werden. „Leben heißt: Auf die Anfrage der Situation *ganz zu antworten*; das Leben zu ver-antworten" (Längle 1988, S. 51), was einem existentiellen Entschluß gleichkommt.

4. Sinn

a) Was ist Sinn?

Sinn ist die gelebte Antwort auf die brennende Frage: „Wozu leben?" (Längle 1989, S. 8). Der Schlüssel zum Sinn liegt in der Öffnung des Menschen zum Leben hin (vgl. Längle 1989, S. 65), im Offenwerden für die Fragen des Lebens.
Zunächst ist vorauszuschicken, daß die Sinnfrage ein Thema ist, mit dem nur der Mensch konfrontiert ist, nicht etwa Pflanze oder Tier. Sie ist Ausdruck und Ausfluß des Geistigen. Und sie ist nicht Ausdruck des Krankseins des Menschen, sondern Ausdruck seines Gesundseins, auch wenn die auf Dauer nicht beantwortete Frage, der nicht gelebte Sinn zu einer noogenen Neurose führen kann.
Die Sinnfrage ist, die in dieser Form erst in der Neuzeit ein Thema geworden, wo sich der Mensch zunehmend fragte:

- Wer bin ich?
- Wohin gehe ich?
- Woher komme ich?

Wo liegen die Gründe dafür, daß die Sinnfrage heute so verstärkt im Mittelpunkt des Denkens steht? Naturwissenschaften und Technik haben spätestens seit Descartes unser Denken bestimmt. Dies führt einerseits dazu, daß sich der Mensch vor allem naturwissenschaftlich zu verstehen und deuten gelernt hat, wodurch es zum Reduktionismus kommt, bei dem Mutterliebe beispielsweise auf „nichts anderes als" einen Pflegeinstinkt zurückgeführt wird. So verliert der Mensch sein eigentliches Wesen. Andererseits führt dieses Denken zum Zweckdenken, dem Utilitarismus. Die Welt wird als Mittel zum Zweck gesehen. Zunehmend kommt es zu einem Umdenkprozeß, der von der Existenzphilosophie ausgelöst wurde. Der Mensch besinnt sich wieder auf sein eigenes Sein und seinen eigentlichen Sinn.

Sinn ist nicht eine Sicherheit, die der Mensch – einmal erkannt – immer für sich beanspruchen kann. Denn die Sinnausrichtung im Leben erfordert ein permanentes In-Frage-Stellen des einmal Entschiedenen. Sinn ist demnach nicht über alle Zeit festgelegt, genauso wie er sich für verschiedene Personen verschieden darstellt. Frankl meint sogar, die Fragen, die das Leben an uns stelle, wechseln von Stunde zu Stunde (Frankl 1988, S. 89). Ich meine, daß zu unterscheiden wäre zwischen einer länger angelegten Sinnperspektive und den Anforderungen des Augenblicks. Denn wie das Leben ja auch verfehlt werden kann, wenn an längst überholten Sinninhalten festgehalten wird, so kann es auch verfehlt werden, wenn nur auf den Sinn des nächsten Augenblicks geachtet wird. Aber wir müssen auch festhalten: „Je umfassender der Sinn ist, desto weniger faßbar ist er" (Frankl). Deshalb dürfen wir den Sinnhorizont nicht zu weit fassen.

Wenn hier von der Sinnfrage des Menschen gesprochen wird, so geht es um den ganz persönlichen Sinn im Leben eines Menschen und nicht um den Sinn des Ganzen, den Sinn der Welt sozusagen. Es wird nicht vom Sinn *des* Lebens die Rede sein, sondern immer vom Sinn *im* Leben.

Sinn ist nicht etwas, was der Mensch sich schaffen muß, sondern es sind bereitliegende Möglichkeiten, die ergriffen werden können und sollen. Sinn muß nicht erfunden, gegeben oder erzeugt, sondern „nur" gefunden werden (vgl. Frankl 1986, S. 155). Sinn ist damit niemals ein Zwang, sondern erwächst aus der Freiheit.

Sinn kann erst in der konkreten Situation festgelegt werden. Dies erfordert vom Menschen Flexibilität und Offenheit. Frankl vergleicht dies mit der Frage nach dem besten Schachzug, den es per se auch nicht gibt, der erst in der ganz konkreten Situation herausgefunden werden muß (vgl. Frankl 1988, S. 89 f.). Deshalb ist der Sinn im Gegensatz zu den Werten nicht

tradierbar (vgl. Frankl 1988, S. 60). Er ist aber auch nicht rational, sondern nur intuitiv erfaßbar.
Sinn kann also definiert werden als die beste „Möglichkeit vor dem Hintergrund der Wirklichkeit“ (Frankl 1988, S. 59, Frankl 1986, S. 155, Frankl 1990, S. 90). Diese Möglichkeit hat Aufforderungscharakter, ist einmalig, ist vergänglich (vgl. Frankl 1986, S. 155). Der Sinn liegt jedoch nicht im Menschen selbst, sondern in der Welt. Er ist anziehend und faszinierend. Er ist ein Anspruch, „im Doppelsinn des Wortes: ansprechend und fordernd“ (Längle 1989, S. 53). Der Sinn, der in der Welt liegt, ist ein potentieller, d. h. er wartet darauf, verwirklicht zu werden.
Sinn ist die Hingabe an einen Wert (Längle 1989, S. 48). Dieser kann *erlebend* oder auch *schöpferisch* sein. Einen solchen Wert umzusetzen ist noch verhältnismäßig einfach. Aber auch dort, wo der Mensch nicht mehr arbeits- und genußfähig ist, wo er einem unentrinnbaren Schicksal ausgesetzt ist, kann er über *Einstellungswerte* seinem Leben noch einen eigenen, ganz persönlichen Sinn abringen. Diese Leidensfähigkeit ist eine sehr große, aber auch schwere Leistung (vgl. Längle 1989, S. 49).
Dabei kann der Sinn dann darin liegen, *wie* mit Leid, Schuld und Tod umgegangen wird, *wofür* ein gegebenes Schicksal getragen wird. Es geht dabei vielleicht „um einen anderen Menschen, einen Gott, zumindest aber darum: Die Freiheit der Haltung und die Würde der eigenen Person vor dem zerstörerischen Einfluß des Schicksals zu bewahren“ (Längle 1989, S. 53).
Letztlich gehört diese Leidensfähigkeit zutiefst zum Menschen. Wer nichts mehr hat, wofür er bereit ist zu leiden, dem fehlt auch alles, wofür es sich zu leben lohnt (vgl. Längle, 1988-3, S. 58).

b) Was heißt sinnvoll leben ?

Sinnvoll leben heißt, *„die Aufgabe, die gerade ansteht, erfüllen“,* (Längle 1989, S. 51), die bestmögliche Antwort in der Situation zu geben. Die Gesamtheit der einzelnen sinnvollen Situationen ergibt schließlich das Sinnganze im Leben des Menschen. Sinn ist eine *Herausforderung* (Längle 1989, S. 55). „Nur gilt: je umfassender der Sinn ist, umso weniger faßlich ist er [...]. Verhält sich doch der konkrete Sinn einer konkreten Situation zu diesem End-Sinn wie ein einzelnes Bild zum ganzen Sinn; dessen Sinn dämmmert uns ja ebenfalls erst, wenn wir uns dem mehr oder weniger ‘happy-end’ nähern“ (Frankl 1990,S. 90).

Sinnvolles Leben heißt nicht Karriere, Macht, Bequemlichkeit oder Wohlstand, wenn nicht klar ist, wozu dies gemacht werden soll. Ist eine Karriere um der Karriere willen etwas Anzustrebendes?

Wo liegt der Sinn, im Weg oder im Ziel?
Das Ziel ist etwas, das oft in weiter Ferne liegt. Deshalb kann Sinn nicht nur dann gegeben sein, wenn dieses Ziel eines Tages erreicht wird. Es könnte ja auch sein, daß das Ziel nie erreicht wird, sei es, weil es zu hoch gesteckt wurde oder der Mensch nicht mehr die Möglichkeit hat, es zu erreichen, sei es durch Krankheit oder Tod.
Immerhin ist das Ziel etwas, das uns veranlaßt hat, den sicheren Hafen zu verlassen und unterwegs zu sein. Daher ist es wichtig, die Richtung auf ein gewolltes Ziel hin anzupeilen. Aber der Sinn muß bereits auf **dem** Weg liegen, der ein oder mehrere Ziele ansteuert, selbstverständlich jedoch nicht auf einem x-beliebigen Weg. Bei diesem wäre der Mensch ja nicht auf seinen Wert hin ausgerichtet. So liegt die Wahrheit – wie so oft – in der Mitte. „Sinn ist Lebenskurs für einen bestimmen Zeitabschnitt [...]. Und wie alles Reisen voller Überraschungen und zeitweiser Entbehrungen ist, so ist es auch beim Sinn“ (Längle 1989, S. 56).

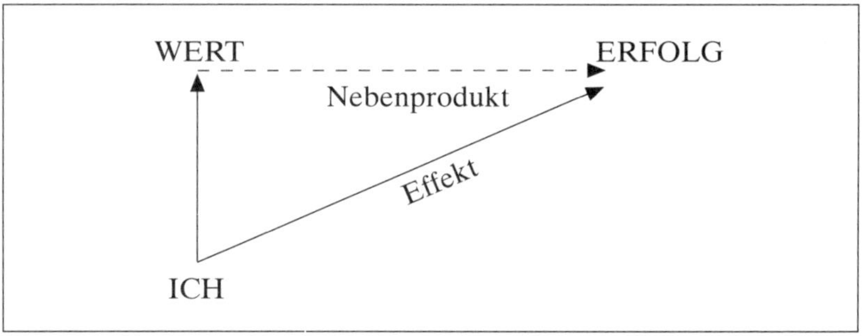

(modifiziert nach Frankl 1991-2, S. 72, Längle 1989, S. 71, vgl. Längle Suchtberaterlehrgang 8.12.1991)

Das Ansteuern bzw. das Verwirklichen des gewollten Wertes kann zum Erfolg führen, muß jedoch nicht. Erfolg fällt in diesem Falle als Nebenprodukt ab. Wer jedoch meint, ohne Ansteuern des Wertes auf direktem Weg den Erfolg beabsichtigen zu können oder – mit anderen Worten – den Effekt, kommt oft um die Erfüllung, um das, worum es ihm eigentlich geht. Weitere solche Knopfdruckmechanismen, die auf Dauer schal bleiben, deuten sich in folgenden Fragen an: Wie werde ich high? gedämpft? wach?

ein guter Schüler? ein guter Lehrer? ... Wie habe ich Erfolg bei Frauen? usw. In vielen Medien ist dies häufig in dieser Form anzutreffen.
Sinn ist nicht etwas, das man sich theoretisch ausdenken und vorrangig intellektuell erfassen kann. Sinn wird hauptsächlich intuitiv gespürt. Somit ist Sinn nicht eine Sache, die von Bildung und Intelligenz abhängt. Aber wie *weiß* der Mensch, daß das Gespürte auch das Richtige für ihn ist? Er kann seine Intuition schulen, sein Gewissen verfeinern o.ä., aber ein letzter Rest von Ungewißheit bleibt immer.
Nur: Können wir dann überhaupt von Sinn sprechen, wenn durch abgesichertes Wissen von vorneherein festgelegt wird, was zu tun ist?
Der Sinn im Leben läßt sich bestenfalls in der Todesstunde erfassen, wenn die vielen kleinen Sinnbereiche – ähnlich wie die Perlen einer Perlenkette aufgereiht – vielleicht ein Ganzes ergeben.

Sinnvoll leben kann jeder Mensch, unabhängig von seinem Alter und von seiner Religion. Die einzige Voraussetzung dafür ist, daß er Entscheidungen treffen kann.

Einer der Begründer des Talmud, Hillel, hat vor 2000 Jahren die Sinnfrage treffend einmal so zusammengefaßt:
„Wenn ich es nicht tue – wer sonst wird es tun?
Wenn ich es aber nur für mich tue – was bin ich dann?
Und wenn ich es nicht jetzt tue – wann denn soll ich es tun?" (zit. nach Frankl 1988, S. 100).
Der Mensch muß sich bewußt sein, daß er das, was immer er tut, wofür er sich auch immer entscheidet, in die Vergangenheit hineinrettet, das Gute wie das Schlechte. Dort ist es – einmal verwirklicht – für immer aufgehoben. Wildgans meinte einmal: „Keine Tat bleibt ungebucht" (zit. nach Frankl 1987-2, S. 65). „In diesem Aspekt könnte kein großer Gedanke untergehen, selbst wenn er nie bekannt geworden wäre [...]. Und so erweist sich die fließende Zeit nicht nur als Räuberin, sondern auch als Treuhänderin" (Frankl 1987, S. 65 f.).
Frankl meinte einmal, daß wir nicht immer auf die Stoppelfelder der Vergänglichkeit schauen, sondern uns stattdessen den vollen Scheunen der Vergangenheit zuwenden sollten (Frankl 1988, S. 60, Frankl 1990, S. 335). Auch dort, wo „die Scheunen nicht so voll" sind, wo es verfehlte Lebenssituationen, Tragik, Leid und Schuld gibt, kann das Leben durch eine Einstellungsänderung zu jedem Zeitpunkt nochmals eine ganz andere Dimension bekommen.

Aber ist nicht das Leben an sich sinnlos angesichts des sicheren Todes vor Augen?
Nein, denn erst der Tod verleiht dem Leben Sinn, denn er setzt einen sicheren Endpunkt. Hätten wir diesen Endpunkt, der ein Leben besiegelt, nicht im Auge, könnten wir alle Aufgaben immer endlos aufschieben. Ob wir etwas heute oder erst in 3000 Jahren machen würden, spielte dann keine Rolle. Es gäbe theoretisch keine Begrenzung der Möglichkeiten. Diese endlose Zeit stünde nun der Sinnverwirklichung entgegen. Wir müßten diese zur Verfügung gestellte Zeit nicht nutzen und ausfüllen, wir spürten kaum Veranlassung dazu und keine Verantwortung hierfür.
Aber angesichts des Todes ist nun das, was wir nicht verwirklichen, verwirkt, und das, was wir verwirklichten, ist unverlierbar geborgen (vgl. Frankl 1988, S. 96 ff.).
Zusammengefaßt läßt sich also sagen, Sinn mag vielleicht in den Dingen liegen. Aber er liegt dort brach, wenn er nicht aktiviert wird: Sinn ist die Art und Weise, wie wir mit den Dingen umgehen. Gehen wir so damit um, daß wir spüren, das, was wir tun, ist gut für etwas? Sinn entsteht dadurch, daß sich ein Mensch auf seine Werte hin ausrichtet, Beziehung zu ihnen aufnimmt. Sinn wird also in einem Wechselspiel zwischen Mensch und Ding hervorgebracht. Es ist ein Spiel in dem Sinne, daß es zweckfrei ist, denn Sinn kann nicht bezweckt werden. Er ergibt sich als unverhoffter Effekt aus einem Einlassen auf einen Wert. Aus dem Spiel kann handfestes und zupackendes Engagement werden. Dadurch ist Sinn auch definiert: Der Mensch muß zunächst in persönlichem Erleben *begreifen*. Erst dann wird er *ergriffen* davon sein.
Sinn entsteht in lebendigem Vollzug im Hier und Jetzt und wird erst nachträglich als solcher identifiziert und reflektiert. Deswegen müssen auch alle Versuche zur Sinngebung scheitern: Im Versuch, eine fremde Welt zu übermitteln, verschließt sich der Mensch dem Sinn und umgekehrt.
Findet der Mensch einen Sinn, ist er glücklich, aber auch leidensfähig. Er nimmt Entbehrungen auf sich und setzt mitunter sogar sein Leben aufs Spiel.
Aber letztlich ist es schon möglich, eine bestimmte Zeit auch ohne Sinn zu leben und in eine Auseinandersetzung mit dieser Sinnlosigkeit einzutreten. Sinn kann daher auch sein, mit Sinnlosigkeit umzugehen, ohne sich in die Knie zwingen zu lassen und ohne seine Würde zu verlieren (persönliche Mitschrift Seminar Günter Funke, 23.1.1993).

5. Sinn und Übersinn

Die Frage nach dem Übersinn ist so breit gestellt, daß sie kaum mehr faßbar ist.
Der Mensch kann den Übersinn nicht einmal erdenken, geschweige denn die Frage nach dem absoluten Sinn beantworten. Dieser Übersinn ist daher unbeweisbar – und so eine Frage des Glaubens. Frankl meint nun, die Wahrscheinlichkeit, daß es einen Übersinn gibt, sei groß. Da so vieles im kleinen sinnvoll sei, warum sollte es dann im großen nicht sinnvoll sein? Wenn der Mensch annähme, alles sei sinnlos, nur seine eigene Existenz nicht, ist dies dann nicht Hochmut? (Frankl 1990, S. 319).
So wie nach Pascal der einzelne Zweig nicht um den Sinn des ganzen Baumes weiß, so kann der Mensch in seinen begrenzten Wahrnehmungsmöglichkeiten ebenfalls nicht den Sinn des Ganzen erfassen. „Und die neuere biologische Umweltlehre hat gezeigt, daß jedes Lebewesen in seine gattungsgemäße Umwelt eingeschlossen ist, ohne sie durchbrechen zu können [...]. Genausowenig, wie ein Tier aus seiner Umwelt heraus, die es übergreifende Welt des Menschen je verstehen kann, genausowenig könnte der Mensch die Über-Welt je erfassen, es sei denn in einem ahnenden Hinauslangen – im Glauben“ (Frankl 1987-2, S. 62).
Können Tiere jemals begreifen, um was es in der Welt des Menschen geht? Und ist es nun andererseits nicht möglich „daß die menschliche Welt selber und ihrerseits überhöht wird von einer nun wieder dem Menschen nicht zugänglichen Welt, deren Sinn, deren „Übersinn“ vom Menschen nicht nachvollzogen werden könnte (Frankl 1987-2, S. 64) (vgl. auch Frankl 1992, S. 62)?
Frankl zieht noch einen weiteren Vergleich. Wer eine Maschine konstruiere, würde für deren Konstruktion eine wesentlich höhere Intelligenz benötigen als die Maschine dann später hätte. Müsse dann nicht eine Weisheit, welche die Instinkte und den Verstand gestiftet habe, auf unvergleichbar höherer Stufe stehen? Und wenn nun die Intelligenz des Menschen so hoch ist, daß er, im Gegensatz zum Tier, in der Lage ist, über sich selbst und den Sinn der Welt zu reflektieren und eine übermenschliche Weisheit für möglich zu halten, ist dies dann nicht eben Beweis für jene Weisheit? (vgl. Frankl 1987-2, S. 63 f.).
Daher gehört es nach Frankl zum Leben, die „Unüberschaubarkeit des Ganzen, die Uneinsehbarkeit der Sinnfülle dieses Ganzen, die Unbeweisbarkeit des Übersinns – [...] auf sich zu nehmen“ (Frankl 1990, S. 329). „Der Glaube an einen Übersinn ist Sinn.“ (a. a. O.)

Trotzdem hält er die Unterscheidung zwischen Sinn und Übersinn für ganz wesentlich. Gäbe es diese Unterscheidung nicht, dann gäbe es kein Handeln in Freiheit und Verantwortung mehr, denn der Mensch könnte sich ja darauf verlassen, daß sich all sein Tun zum Guten wendet. Deshalb ist es vermutlich sinnvoll, daß wir vom Übersinn nichts wissen. Denn der „Sinn ist eine Mauer, hinter die wir nicht weiter zurücktreten können, die wir vielmehr hinnehmen müssen: Diesen letzten Sinn müssen wir deshalb annehmen, weil wir hinter ihn nicht zurückfragen können, und zwar deswegen nicht, weil bei dem Versuch, die Frage nach dem Sinn von Sein zu beantworten, das Sein von Sinn immer schon vorausgesetzt ist“ (Frankl 1992, S. 63).

VII. Wege zum Sinn (Werte)

Mach selbst etwas

Mach selbst etwas. UND
vor allem, mach etwas aus Dir,
aus Deinem Leben
aus Deinen Möglichkeiten
aus Deinem Sosein.
Es gibt Dich nur einmal.
Und laß nichts
aus Dir machen,
nichts mit Dir machen,
nichts für Dich,
nichts gegen Dich,
nichts von Dir machen.
Und laß Dich nicht
zu etwas machen
was nicht Du bist,
was Dich Dir stiehlt.

Werner Sprenger

1. Werte

Der Wille zum Sinn bildet – wie wir gesehen haben – die Grundmotivation des Menschen. Sinn erhält das Leben nun dadurch, daß Werte verwirklicht werden. Sinn ist immer das, was werden soll, Wert hingegen ist das, was ist. Was wertlos ist, ist hingegen auch sinnlos. Heute, in unserer wertpluralistischen Gesellschaft, haben wir das Problem nicht lebbarer Vielfalt. Dem ist nur durch noch klarere Wertbezogenheit zu entkommen. Es ist nötig, sich in Richtung Wert in Beziehung zu setzen. Im Stehen erschlägt einen die Vielfalt der Möglichkeiten.
Wer sich nicht zu Werten stellen kann oder wer immer alles gleich bewertet, was einer Entwertung der Werte und damit der eigenen Person gleichkommt, gerät über kurz oder lang in eine *„existentielle Frustration“* und später vielleicht in ein *„existentielles Vakuum“*. Oft haben Menschen

darin zu große Sinnkonzepte und weichen damit ihrer Endlichkeit aus. Dieses existentielle Vakuum kann einen vorübergehenden Zustand kennzeichnen, aber auch über längere oder lange Zeit bestehen bleiben. Es kann klar zutage treten oder sich maskiert darstellen. Es ist (noch) keine Krankheit, wohl aber kann vor dem Hintergrund der das existentielle Vakuum kennzeichnenden Sinnlosigkeitsgefühle die seelische Grundbefindlichkeit des Menschen Schaden erleiden. Es kann sich daraus eine noogene (= geistig entstandene) Neurose entwickeln.
Andererseits ist das „existentielle Vakuum" auch ein Zeichen von Mündigkeit. Nur der Mensch, der ja im Gegensatz zum Tier über sich nachdenken und entscheiden kann, kann daran leiden.
Die drei „Hauptstraßen" zum Sinn enthalten die ermutigende Aussage, „daß das Leben unter allen Umständen und bis zum letzten Atemzug *Sinnmöglichkeiten* in sich birgt! Denn es gibt keine denkbare Situation im Leben, die nicht von mindestens einer dieser drei Straßen erschlossen wäre" (Längle 1989, S. 49).
Die ersten beiden Hauptstraßen, nämlich die Erlebniswerte und die schöpferischen Werte, wird der Mensch normalerweise begehen, je nachdem, was die Situation erfordert. Hingegen werden die Einstellungswerte erst dann zum Tragen kommen, wenn eine Situation nicht mehr geändert werden kann.

a) Was ist ein Wert ?

Etymologisch ging das Wort Wert wahrscheinlich aus der indogermanischen Wortgruppe „werden" hervor und hätte dann ursprünglich „gegen etwas gewendet" bedeutet. Daraus ergäbe sich die Bedeutung „einen Gegenwert habend". Die heutige Bedeutung Geschätztheit oder Erstrebtheit von etwas Seiendem bzw. „Qualität, durch die etwas um seiner selbst willen schätzungs- und erstrebenswert wird" (Herder Verlag 1967, S. 625) entstand erst im 19. Jahrhundert (Duden 1963, S. 762).
Werte sind Mittel, durch die Sinn realisiert werden kann. Ein Wert ist etwas, das Menschen ganz persönlich anzieht, das sie anspricht, ihnen nahegeht, am Herzen liegt, was ihnen Herzklopfen verursacht. Die Qualität des Berührtwerdens durch einen Wert verweist in eine tiefe menschliche Dimension. Der Mensch muß nicht zu den Werten geschoben werden, sondern er wird von ihnen angezogen. Schon Scheler sprach von deren Zugkausalität. Werte ziehen an wie Magneten. Sie sind attraktiv.

Guardini sprach vom Wert als dem „Kostbarkeitscharakter der Dinge". Rudolf Allers sagt: „Ein Wert ist das, was mich angeht." Ein Wert ist auch etwas, das Menschen in Bewegung bringt, das einen Grund zum Handeln darstellt und sie belebt. Ob ein Mensch ergriffen wird oder nicht, hängt ausschließlich von der betreffenden Person ab. Ein Wert ist ein Beweg-Grund, den der Mensch als gut empfindet. Ein Wert ist ein Grund für das, wofür man diese Stunden, diesen Tag, leben will, ist ein Grund für das, wofür man sich so und so viel Zeit nehmen will. Zu dem man jetzt und in absehbarer Zukunft stehen kann, bei dem man also von vornherein spürt, daß er länger anhalten kann und den man vor sich verantworten kann. Er ist daher auch immer etwas Verbindliches. Jede Entscheidung, die schließlich getroffen wird, enthält Unbewußtes und Bewußtes. Durch viele Rationalitäten behindert lebt man oft gegen sein Innerstes.
Wie aus dem oben Dargelegten bereits hervorgeht, sind Wert und Sinn etwas radikal Subjektives. Sie gelten „ad personam und ad situationem" (Frankl 1987-3, S. 122). Wert ist das, was einem wichtig ist, für sich selbst und für andere. Er ist ein persönliches Anliegen. Werttraditionen, die sich im Verlaufe der Menschheitsgeschichte herauskristallisiert haben, sind entlastend, dürfen aber nicht absolutiert werden. Daraus ergibt sich die Spannung zwischen allgemeinen und personalen Werten (siehe Seite 111 - 113). Wer wertbezogen lebt, wird frei, einsam, mündig und verantwortlich. Wertverwirklichung muß jedoch dabei immer zur Person rückgekoppelt werden. Denn wer alle seine Werte verwirklicht und dabei an seiner Person Schaden nimmt, war vielleicht doch auf dem falschen Weg. Die Werterkenntnis ist je nach Wert einerseits rational und empirisch, andererseits aber auch intuitiv.
Die Perspektiven des Werterlebens haben einen

- räumlichen
- zeitlichen und
- motivationalen Aspekt.

Beim räumlichen Aspekt steht die Frage, wo es gut für einen zu sein ist, im Vordergrund; beim zeitlichen Aspekt das Gefühl, ob etwas von Dauer ist, und beim motivationalen Aspekt die grundsätzliche Erkenntnis, wie man motiviert oder wodurch man gelangweilt wird.
Werte stellen nun nicht bestimmte Eigenschaften dar, sondern sie verweisen auf das, womit der Mensch in Beziehung steht. Aber worauf *beziehen* wir uns, wenn wir sagen, etwas ist gut?

b) Der Grundwert

Wir beziehen uns hier auf den Menschen selbst, auf den *Grundwert* des Menschen, den wir so umschreiben können: „Ich bin, und daß ich bin, ist gut." Dies entspricht einem Ja zum Leben und unserer Urerfahrung von Wert. Und an diesem Selbstverständnis des Menschen wird Maß genommen mit Werten.

Der Mensch besitzt allein durch die Tatsache, daß er ist, daß es ihn gibt, einen natürlichen Wert, der mit Würde bezeichnet werden kann. Diese Würde gilt unbedingt und für alle Menschen unabhängig von ihrem „Nutzwert", z. B. ihrer Leistungsfähigkeit oder Liebesfähigkeit. Für Frankl verrät bereits die Frage nach dem Nutzwert einen unmenschlichen Standpunkt, „einen Standpunkt radikaler Verdinglichung und Entwürdigung des Menschen" (Frankl 1988, S. 114). Außerdem kann seiner Ansicht nach nie ein Mensch über Wert und Unwert eines anderen entscheiden (Frankl 1987-2, S. 85).

Für ihn behält das Leben unter allen Umständen zumindest noch einen potentiellen Sinn (vgl. Frankl 1988, S.101 ff.), und darin ruht neben seiner Einmaligkeit und Einzigartigkeit die Würde des Menschen. Diese drückt sich im Grundwert aus. Bei einem Kunstwerk stellt sich die Frage nach dem Wert der verwendeten Materialien ja auch nicht. Und was ist die gestaltete Biographie eines Menschen anderes als ein Kunstwerk?

Kann der Mensch nur bedingt zu sich „ja" sagen oder bedingt empfinden: „Ich bin, und daß ich bin, ist an sich gut", ist es für ihn schwierig, den Grundwert aufzubauen. Dieser Grundwert bildet eine wichtige Basis für den Selbstwert. Denn auf diesen Grundwert bezieht sich jeder andere Wert, der Selbstwert ebenso wie die Werte, die in der Welt liegen. Im Grundwert gibt der Mensch eine grundsätzliche Stellungnahme zum eigenen Leben ab. Kann er sein Leben prinzipiell als gut empfinden, oder kann er ihm keine positiven Seiten abgewinnen? Worauf der Ausdruck „empfinden" schon hinweist: Der Grundwert kann nicht intellektuell erdacht, sondern nur intuitiv erfühlt werden.

Der Grundwert stellt die Erweiterung des Urvertrauens dar. Ein erworbenes Geborgenheitsgefühl ist wichtig. Den Schritt des prinzipiellen Jasagens zum Leben muß jedoch der einzelne nochmals mehr oder weniger bewußt vollziehen. Je bewußter ein Mensch sein Leben bejaht, desto mehr bringt er sich in einer zweiten Geburt zum Leben und desto klarer und eindeutiger stellt er sich in die Welt.

Für die erste Geburt ist der Mensch nicht verantwortlich. Da wird er ungefragt ins Leben geworfen. Bei der zweiten Geburt ist er in seiner Verantwortung herausgefordert, ob er das Leben wirklich annimmt. Kann er das Ja, das von seinen Eltern kommt, und jedes auch noch so sehr reduzierte Ja der Eltern ist eine – wenn auch vielleicht kleine – Basis, auch wenn sie nur darin bestanden haben mag, daß Eltern ein Kind gewickelt und gefüttert haben, erhalten oder gar ausbauen? Wie stellt sich der Mensch zu dieser seiner Erbschaft?

Aus der Sicht der Existenzanalyse ist dies ein sehr offenes und dynamisches Geschehen, das von der entsprechenden Person gestaltet werden kann und nicht wie etwa in der psychoanalytischen Literatur ein eher fatalistisch-deterministisches Konstrukt.

Das Ja zum Grundwert erfordert zwar auch eine im Laufe des Lebens gefällte mehr oder weniger klare Entscheidung, aber damit ist es noch nicht getan. Diese Entscheidung muß immer wieder erneuert werden, wenn sie tragen soll. Es muß sogar immer wieder um sie gerungen werden, denn der Grundwert bleibt nicht zeit eines Lebens immer automatisch gleich hoch, er kann zwischendurch auch verlorengehen. Gerade in Krisen taucht diese Frage immer wieder in mehr oder weniger großer Schärfe auf.

Ist ein Leben ohne Grundwert möglich? Es ist dann möglich, wenn an dessen Stelle eine Hoffnung tritt. Aber ohne so etwas wie eine Ahnung vom Grundwert ist es unmöglich zu leben. Von der Ahnung ausgehend gibt es viele Abstufungen bis zu einem klaren und entschiedenen Ja zum Leben. In einer Zeit wie der jetzigen, in der wir uns nahezu alle Annehmlichkeiten leisten können oder diese zumindest in greifbare Nähe gerückt sind, fehlt oft der unmittelbare Kontakt zum Leben, stellt sich die Frage nach dem Grundwert oft nicht mehr sehr dringlich und fällt die Antwort entsprechend lau aus. Mit anderen Worten: Es fällt relativ leicht, bedingt dahinzuleben und das Leben zu genießen bzw. zu konsumieren, solange es sich so zeigt, wie wir uns dies vorstellen. Materieller Wohlstand und in der Folge Konsum- und Lustorientierung bilden gleichermaßen eine dicke Isolierschicht, die es uns erschwert, von der Oberfläche zum Grund vorzudringen.

Ein nur bedingtes Ja zum Leben, z. B. in der Form, daß Leben nur dann gut ist, wenn es sich von seiner angenehmen Seite zeigt und Schuld, Leid und Tod ausspart, schafft eine unsichere Basis, aus der Neurosen, Süchte, Suizidalität relativ leicht erwachsen können.

Es gibt kein Werten, ohne Bezug zu nehmen. Darum kann etwas einmal wertvoll sein und ein andermal nicht. Wie kann man sagen, etwas ist gut? Woran kann dies gemessen werden? Werte können dann als gut angesehen werden, wenn sie *nährend*, *erfüllend* und *belebend* sind. Und dies ist etwas, das vor allem im Fühlen und Spüren (und weniger im Denken) erfahrbar ist.

Wer also nicht zumindestens in Ansätzen sagen bzw. noch besser spüren kann: „Es ist gut, daß ich bin", hat nichts, womit er zu Werten, die außerhalb seiner Person liegen, in Beziehung treten könnte. Es fehlt der Resonanzboden. Ohne zumindestens eine Ahnung von diesem Grundwert zu haben, können keine anderen Werte erspürt werden. Ohne zumindestens ein teilweises „Ja zum Leben" bleibt einem die Welt der (Lebens-)Werte verschlossen.

Dieser Grundwert ist der Wert, an dem alle anderen Werte gemessen werden. Das heißt, Werte müssen nicht im Vorfeld benannt werden, sondern stellen sich automatisch ein, wenn man sich selbst als wertvoll erlebt. Der Grundwert ist ein ursprüngliches, emotionales Wissen um sich selbst und entsteht zu einem großen Teil aus der Summe der Rückspiegelungen durch andere.

Zum Grundwert muß der Mensch auch selbst beitragen. Man kann tausendfach geliebt sein – und doch ist alles umsonst, wenn man es nicht schafft, sich selbst anzunehmen.

Der Mensch tritt also in eine wechselseitige Beziehung zu sich und zum Wert ein. Ein Wert entfaltet sich vollgültig nur dann, wenn wir ihn gegenüber einer anderen Sache bevorzugen. Wer alles gleich bewertet, entwertet damit das ihm Wichtigste und vor allem sich selbst und bleibt beim Konsumieren der Möglichkeiten stecken. Wenn alles gleich viel wert ist, muß sich der Mensch selbst zum Grund seiner Bevorzugung machen. Das setzt voraus, daß wir uns für einen konkreten Wert entscheiden, daß wir in einem Wertkonflikt eine persönliche Entscheidung treffen. In der Entschiedenheit für einen Wert werden auch Schwierigkeiten und Hindernisse in Kauf genommen.

Was bedeutet es, wenn der Mensch es in der Hand hat, eigene Werte selbst zu bestimmen? Es bedeutet eine radikale Verantwortung, denn damit wird die eigene Welt aufgebaut, wird die eigene Vergangenheit zum Sammelbecken der verwirklichten Werte.

Wert entsteht aber nicht schon in der theoretischen Bewertung, sondern erst in der konkreten Realisierung. Diese Zeit, die mit Wertvollem ausgefüllt wird, wird als erfüllte Zeit erlebt. Die Zeit, die für die beste aller Möglichkeiten aufgewendet wird, wird als sinnvoll erlebt. Wenn Menschen sehr rigide Moralvorstellungen haben, sind sie häufig von Traditionen geleitet und werden oft durch persönliche Werte kaum berührt,

folglich trauen sie dies auch anderen nicht zu. Mit ihren festgefahrenen Wertvorstellungen üben sie oft eine Machtergreifung über andere aus, wenn sie von ihnen die gleiche Einstellung verlangen, wie es z.B. in vielen Institutionen (Kirche, Schule, Bünde, u.ä.) auch geschieht. Oft werden solcherart vorgegebene Werte von den Werttraditionalisten gar nicht mehr auf einen möglichen Sinngehalt hinterfragt, sondern sie werden prinzipiell akzeptiert, weil eine bestimmte Tradition oder Botschaft dahintersteckt. Diejenigen dagegen, die sich prinzipiell gegen Traditionen auflehnen, lehnen überlieferte Werte oft von vorneherein ab, ebenfalls ohne sie zu hinterfragen.
Werte lassen sich nach Viktor Frankl nach unterschiedlichen Gesichtspunkten mittels zweier Kategorien systematisieren: Da ist erstens die Unterscheidung der Werte an sich zwischen Allgemeinen, Individuellen und Personalen Werten und zweitens die Einteilung nach der Handlungs- und Erlebnisqualität für Menschen, nämlich in Erlebniswerte, Schöpferische Werte und Einstellungswerte.

2. Einteilung der Werte nach der gesellschaftlichen Bedeutung

a) Allgemeine Werte

Allgemeine Werte können auch als Wertuniversalien angesehen werden, in denen sich die Menschheitserfahrung gewissermaßen verdichtet hat. Dabei handelt es sich um Werte, die eine öffentliche Verbindlichkeit haben und von denen die Mehrheit einer Gesellschaft glaubt, es sei gut, daß sie „in der Regel“ befolgt werden, z. B. Solidarität, Gerechtigkeit, Toleranz. Sie haben sich im Verlauf der Menschheitsgeschichte bzw. der jeweiligen Sozietät herauskristallisiert.
Das sind Werte, die im großen und ganzen akzeptiert werden und auf die sich Menschen üblicherweise verlassen können. Sie werden im Verlauf der persönlichen Sozialisation vermittelt, werden also gewußt.
Sie dürfen aber auch nicht verabsolutiert werden. Da das eigene Leben auch höchstpersönlich ist, ist es möglich, daß man mit diesen Werten in einen Gewissenskonflikt gerät, in dem das eigene Gewissen gegen einen solchen überlieferten Wert revoltiert, wie es z. B. Bonhoeffer an sich selbst erlebt hat. Als überzeugter Pazifist und Gegner von Gewalt kam er für sich während des 3. Reichs zur Ansicht, daß er vor seinem Gewissen den Tyrannenmord an Hitler eher verantworten könnte als ein tatenloses

Zuschauen. Das bedeutete für ihn: Er stand zwischen zwei Werten und wurde, wie er sich auch entschied, am anderen schuldig. Wer aus Angst jedoch nicht wagt, schuldig zu werden, wer aus dieser Angst heraus lieber gar keine Entscheidung trifft, entzieht sich dem Leben, verliert es und wird somit an sich selbst schuldig. Was ein Mensch sich jedoch selbst schuldig bleibt, bleibt er auch anderen schuldig.
Hier liegt auch der Unterschied zur Moral. Diese kennt keine Wertkonflikte. Alles läuft immer glatt, weil es schon vorher festgelegt wurde. Aber es gibt keinen Wert, der ungefragt ein ganzes Leben bestehen bleibt. Ein solches Dilemma kann nur dadurch gelöst werden, indem der einzelne Mensch den ihm vorliegenden, im Widerstreit befindlichen Werten gewissenhaft und verantwortungsvoll nachspürt. Um in einer inneren Stimmigkeit zu bleiben bzw. dahin zu kommen, was einer gelebten Authentizität entspricht, kann kaum von einer echten Gewissensentscheidung abgesehen werden. Dabei wird meist der personale Wert dem allgemeinen Wert vorgezogen werden.
Trotzdem erfüllen Allgemeine Werte eine wichtige Funktion. Sie sind allgemein entlastend, denn sie leisten eine wichtige Orientierungshilfe in wiederkehrenden Situationen des täglichen Lebens, das ohne diese Hilfe mit immerwährenden Wertkonflikten ausgefüllt wäre.

b) Individuelle Werte

Bei individuellen Werten handelt es sich um eigene, aber verallgemeinerte Werte, von denen der betreffende Mensch oder die betreffende kleinere oder größere Sozietät sagen kann, daß man in typischen Situationen für sie eintritt. Diese kristallisieren sich aus einer bestimmten Familie und bestimmten Gesellschaft im Laufe des Lebens heraus, ändern sich aber auch. Sie charakterisieren den individuellen Lebensstil eines Menschen oder einer Gesellschaft.

c) Personale Werte

Personale Werte beziehen sich radikal nicht nur auf *einen* bestimmten Menschen, sondern auch auf *eine* gegebene Situation. Es gibt nichts absolut Gutes, das für jeden Menschen in jeder Situation eine gleichbleibende Gültigkeit besitzt. Personale Werte werden in der jeweiligen

Situation vom Gewissen erspürt, sie werden also erfühlt. Das Gewissen wurde von Frankl als Sinn-Organ oder an anderer Stelle als sechster Sinn bezeichnet.
Die Bezeichnung sechster Sinn kommt daher, daß nach Frankl Wertverwirklichung bzw. in der Folge Sinnerfahrung wesentlich über die fünf Sinne des Menschen erfahrbar ist. Da nun das Erspüren von Werten über das Gewissen erfolgt, wird dieses von Frankl den Sinn-Organen hinzugereiht. Das Gewissen wurde von ihm deswegen als Sinn-Organ bezeichnet, weil sich aus der Verwirklichung der erfahrenen Werte Sinn für den Menschen ergibt.
Konsequenterweise müßte das Gewissen aber nicht als Sinn-Organ, sondern als *Wert-Organ* bezeichnet werden, denn ihm obliegt zuerst das Erfühlen von Werten und erst in weiterer Folge deren Umsetzung, indem es den Menschen nicht zur Ruhe kommen läßt, bevor das als richtig Erspürte nicht auch umgesetzt wurde.
Das Erfassen von personalen Werten erfolgt also vorrangig über das Gewissen und nicht über den Verstand. Das heißt, es geht zunächst darum, zu *spüren*, was in der Situation gut und richtig ist.
Werte können nicht immer vorher erdacht bzw. in der Situation verstandesmäßig erfaßt werden. Sie werden intuitiv erfühlt, mit dem Verstand abgeklopft und bewegen den Menschen zum Handeln. In dieser letzten Verwiesenheit auf eigenes Werten tut sich eine radikale, vielleicht sogar beängstigende Freiheit auf, die nur über die je bestmögliche Antwort des Menschen, nämlich die Verantwortung, zur Sinnerfüllung führt.

3. Die drei „Wertstraßen" nach Frankl

a) Erlebniswerte

Als Erlebniswerte werden nach Frankl diejenigen Werte bezeichnet, die über das Aufnehmen von Dingen verwirklicht werden. Dabei handelt es sich um solche Werte, die im Erleben verwirklicht werden, im Aufnehmen von Welt, z. B. im Erleben von anderen Menschen, im Naturerleben, im Erleben von Kunst, Musik, Literatur, also von Kultur und Technik, in der Wissenschaft, im Sport, von Frankl auch als „vita contemplativa" (Frankl 1986, S. 39) bezeichnet. Indem der Mensch sich beispielsweise an einer Blume oder einem Tier erfreut, erfährt er einen Wert.

„Zu den tiefsten Erlebniswerten gehört schließlich die Begegnung mit anderen Menschen. Sie kann im Gespräch stattfinden, in der Arbeit, in einer Feier, beim Tanz und besonders in der Liebe zu einem Du, wo der andere in der Einzigartigkeit seines Wesens erfaßt wird" (Längle 1989, S. 40).

In Erlebniswerten erfahren wir die Welt. Um durch Erlebniswerte angesprochen zu werden, benötigt der Mensch die Sinnesorgane, damit er die Dinge in ihrer Schönheit, Klarheit, Weisheit, u.ä. in sich aufnehmen kann. Zum Sinn werden solche Erlebnisse aber erst dann, wenn der betreffende Mensch sie auch noch innerlich nachvollzieht. Das ist nicht etwas, das in passiver, sondern in aufzunehmender Art und Weise geschieht. „Zum Sinn werden Erlebnisse dann, wenn erstens die Dinge, denen man begegnet, *an sich* schön sind, und zweitens, wenn der Erlebende sie aufnehmend zugleich *aktiv mitgestaltet* und so ihr Wesen innerlich nachvollzieht." So hängt der Sinn „vom Wert der Dinge ab wie vom Menschen, der sich in Beziehung zu ihnen setzt und sich auf sie einläßt, sich ihnen hingibt! Ohne Hingabe bleiben die Erlebnisse blasse Gegebenheiten. Hingabe ist aber niemals Passivität – in ihr geschieht ein innerer Nachvollzug der äußeren Form" (Längle 1989, S. 41). „Erlebniswerte sind in mehrfacher Hinsicht wichtig. Durch sie erfahren wir die ursprüngliche Schönheit des Lebens, durch sie erhalten wir unsere geistigen Kräfte, mit deren Hilfe wir in anderen Bereichen unser Leben wiederum sinnvoll gestalten können" (Längle 1989, S. 40 f.).

Daher sind auch Ruhe und Offenheit wichtig, um zu empfangen. Ebenso die Fähigkeit zu Hingabe und Genuß.

b) Schöpferische Werte

Schöpferische Werte werden durch (Er-)Schaffen Realität. Dort, wo wir unser Tun als gut empfinden, entstehen sie im Erschaffen eines Werkes, im Setzen einer Tat. Sie werden *in* die Welt hineingesetzt. Schöpferische Werte verwirklicht ein Mensch dort, wo er aktiv und kreativ die Welt bereichert, von Frankl als „vita activa" (Frankl 1986, S. 39) bezeichnet. Da geht es darum, etwas zu schaffen oder zu gestalten. Um welche Werte handelt es sich dabei? Es geht dabei darum, einen Beruf oder ein Engagement nach bestem Wissen und Gewissen auszuüben, ein Kind großzuziehen, für eine Familie dazusein, einen Haushalt zu besorgen, Familienangehörige zu pflegen, Kunstwerke zu schaffen, wissenschaftliche Erkenntnisse zu gewinnen oder sportliche Leistungen zu vollbringen, d. h. mit anderen Worten: seine eigene Biographie zu gestalten. Mit den Erlebniswerten bilden sie einen Kreislauf von Aufnahme, Transformieren und Wiedergeben; oder man könnte auch sagen, einen Austausch von Geben und Nehmen (vgl. Längle 1989, S. 41).

Dabei ist nicht entscheidend, um *was* für ein Werk es sich handelt und welche Bedeutung es erlangt; sondern die Art und Weise, *wie* versucht wird, dieses Werk umzusetzen, ist entscheidend. „Mit Sicherheit stehen hier die Werke der Kunst, sind die Pioniertaten der Wissenschaft und der Technik zu erwähnen. Aber ist es im Rahmen der Möglichkeiten und der Fähigkeiten des Menschen nicht genauso als ein Höchstwerk anzusehen, wenn jemand ein Kind großzieht, einen Beruf nach Kräften und gewissenhaft ausübt, eine Familie ernährt, ein Haus besorgt, einen Kranken pflegt, ein Leben meistert? Es ist niemals das Spektakuläre, das eine Leistung zum Werk macht. Es ist in erster Linie die Verbindlichkeit, die Ernsthaftigkeit, die Hingabe, die in einem Unternehmen, auch wenn es ein kleines ist, den Bestand gibt vor einem selbst, vor der eigenen Vergänglichkeit“ (Längle 1989, S. 42). Nicht umsonst spricht man von einem Lebenswerk. „Das größte Werk, an dem wir andauernd arbeiten, ist die Bewältigung des Lebens“ (Längle 1989, S. 42). Was anderes meinen wir damit, wenn wir von einem Lebenswerk des Menschen reden?

Schöpferische Werke beziehen sich aber nicht nur auf das (Er-)Schaffen von Sinnvollem, sondern sie entstehen auch, indem man entschieden zu einem Werk steht. Dies tut beispielsweise der Mensch, der eine Idee oder einen anderen Menschen öffentlich unterstützt oder sich von einer Ideologie deutlich absetzt. Er erfüllt sich selbst an einem Wert und wird in der Folge durch den Wert erfüllt.

Normalerweise wird Sinn über diese beiden Säulen der Erlebniswerte und der schöpferischen Werte gefunden. Was aber, wenn diese beiden Sinnstraßen durch Schicksalsschläge wie Krankheit oder Behinderung, Tod oder Schuld verschüttet sind?

Dann, aber erst dann ist an die Umsetzung von Einstellungswerten zu denken. *„Das Schicksal, das ein Mensch erleidet, hat also erstens den Sinn, gestaltet zu werden – wo möglich –, und zweitens, getragen zu werden – wenn nötig“* (Frankl 1987-2, S. 151).

c) *Einstellungswerte*

Einstellungswerte werden bestimmt durch die Einstellung des Menschen zu seinen Einschränkungen, zu einem unabänderlichen Schicksal, zu einer (scheinbaren) Sinnlosigkeit.
An deren Umsetzung ist dann zu denken, wenn durch unvermeidbares, unabänderliches, schicksalhaftes Leid keine oder kaum Möglichkeiten gegeben sind, Erlebniswerte oder Schöpferische Werte zu realisieren und das Leben scheinbar sinnlos wird.
Frankl spricht in diesem Zusammenhang von der tragischen Trias Leid, Schuld und Tod, die über Einstellungswerte noch zu einer menschlichen Leistung transformiert werden können.
Leid ist jedoch genau daraufhin, ob es wirklich unvermeidbar und unabänderlich ist. Wer vermeidbarem Leid nicht ausweicht, also masochistische Züge entwickelt, geht an seinem eigenen Leben vorbei.
Wie kann ein solches Schicksal ertragen werden? Welche innere Stellungnahme gibt der betreffende Mensch dazu? Im Bereich der Einstellungswerte sind wir oft hilflos und ungeübt. Ungewohnt ist vielleicht auch, nichts mehr tun zu können. Und das, was uns niederdrückt, erschwert uns zunächst den Zugang.
Unabänderliches Schicksal nimmt dem Menschen zwar seine äußere Freiheit, aber solange er bei Bewußtsein ist, nicht seine innere Freiheit, die darin besteht, zu diesem seinem Leiden Stellung zu nehmen. Dies beinhaltet zwei typisch menschliche Fähigkeiten, nämlich die Selbstdistanzierung, d. h. der Mensch geht in Abstand zu sich und bewertet seine Situation, und die Selbsttranszendenz, d. h. er kann sein Leiden noch in den Dienst eines Menschen oder einer Sache stellen. „Es geht um Haltungen wie Tapferkeit im Leiden, Würde auch noch im Untergang und im Scheitern“ (Frankl 1987-2, S. 83).
„Die größte Gefahr im Zusammenhang mit Schicksalsschlägen ist möglicherweise überhaupt die, daß man (sekundär) in einer Traurigkeit versinkt, die daher rührt, daß man sich ständig vor Augen hält, was alles anders sein könnte, was schöner und besser hätte sein können, wenn einem nur das Schicksal nicht ... Als ob Leben darin bestünde, daß man sich immer alle Bedingungen nach Plan aussuchen könnte!
Das Schicksal schlägt einem manchmal eine Türe zu, aber es läßt einem ein Fenster offen, wie es im Volksmund heißt. Man darf sich nur nicht zu gut sein, das Fenster auch zu benützen...

Konfrontiert mit der Schicksalhaftigkeit und der eigenen Unfreiheit, sie abändern zu können, zählt *weniger* das, *woran* ich leide; es wird zur Nebensache, denn es ist meiner Einflußnahme vorenthalten. Mir, und zwar ausschließlich mir vorbehalten bleibt hingegen die Art, *wie* ich leide, und das Ziel, *wofür* ich leide. Was sonst kommt in dieser Einstellung zum Ausdruck als das Wesen meiner eigenen Person?" (Längle 1989, S. 46 f.). Wenn das Leben Sinn hat, kann auch im Leiden Sinn gefunden werden (Frankl 1988, S. 94). Dennoch möchte ich nicht so weit gehen, daß das Leiden als solches Sinn habe, wie dies bei Frankl oft anklingt und bei Elisabeth Lukas zu einem Buchtitel wird: „Auch dein Leiden hat Sinn." Jedes Leiden, jede Krankheit verschüttet wichtige Ausdrucksmöglichkeiten der eigenen Person. Der Sinn jeder Krankheit kann daher nur darin liegen, sie zu überwinden. Denn das Leid selbst ist sinnlos. Gelingt die Überwindung im Sinne einer Heilung nicht, kann Sinn ggf. auch noch dadurch errungen werden, der Krankheit alle Möglichkeiten abzuzwingen im Sinne einer Überwindung der Krankheit mit anderen Mitteln. Was wir uns vor Augen zu halten haben ist folgendes: Das Leiden nimmt uns nicht alles, nimmt dem Leben nicht von vornherein Sinn, sondern läßt immer noch Möglichkeiten offen (Günter Funke, persönliche Mitschrift, 23.1.1993).

Leiden wird dann unerträglich und somit sinnlos, wenn es zur Verzweiflung führt, denn dann herrschen Hoffnungslosigkeit und Resignation. Die Gefahr der Verzweiflung ist dann gegeben, wenn ein oder mehrere Werte überbetont werden bzw. wurden, so zum Beispiel eine Beziehung, Gesundheit, materieller Wohlstand, o.ä.

Durch Einstellungswerte werden wir selbst anders, können an ihnen wachsen. Hölderlin meint: „Wenn ich auf mein Unglück trete, stehe ich höher" (zit. nach Frankl 1988, S. 93, 1990, S. 329). Und Frankl: „Tatsächlich ist dem Menschen gerade dort, wo er eine Situation nicht ändern kann, abverlangt, zu reifen, zu wachsen, über sich selbst hinauszuwachsen! Und solcherart im Leiden die *höchste* Leistung zu vollbringen, die höchste Möglichkeit in sich selbst zu verwirklichen" (Frankl 1988, S. 66). Aber: „Weil das Leiden zur Intimsphäre des Menschen gehört, soll es nicht dazu verwendet werden, Heldentum zu spielen. Es geht im Leiden bloß darum, man selbst zu bleiben" (Längle 1989, S. 47). Aber Leiden heißt für Frankl nicht nur zu leisten, zu wachsen und zu reifen, sondern auch reicher zu werden (vgl. Frankl 1990, S. 330). „Das Leiden macht den Menschen hellsichtig und die Welt durchsichtig" (Frankl 1990, S. 330 f.).

Damit Leiden aber auch sinnvoll erlebt werden kann, muß es über einen selbst hinausreichen, muß es in ein Leiden um jemandes willen umgewandelt werden (vgl. Frankl 1990, S. 333), es benötigt einen Sinn- und Wertbezug.

Solange der Mensch bei Bewußtsein ist, ist er vom Leben befragt und kann seinem Gewissen entsprechend antworten, d. h. er hat die Verantwortung für sich und sein Tun – auch wenn es „nur" die Möglichkeit gibt, Einstellungswerte zu verwirklichen. Wenn man nichts mehr tun kann, hat man immer noch die Möglichkeit, interessiert zuzuschauen, was geschieht. Daher kann das Leben letztlich nie wirklich sinnlos werden.

Außerdem besteht bis zum letzten Atemzug die Hoffnung, daß eine Wende eintreten kann. Diese mögliche Wende ist und bleibt aber ein Geschenk. Wenn ein beinahe krampfhafter Anspruch auf diese Hoffnung erhoben wird, ist der Mensch nicht mehr frei und *offen.*

Auch wenn die Verwirklichung von Einstellungswerten zum Schwersten gehört, was Menschen auferlegt sein kann, und sie dafür wenig gerüstet sind und auch, wenn diese Haltung nicht theoretisch im Vorfeld geübt werden kann, ist es doch wesentlich, der Vorstellung von möglichen tragischen Situationen nicht auszuweichen, sondern ihnen ins Gesicht zu schauen, damit man vorbereiteter damit umgehen kann. So ist es auch wichtig, der Frage nachzugehen „Was wäre denn das Schlimmste, das mir derzeit passieren könnte?" Anstatt vor Angst zu erstarren und infolgedessen das Nachdenken darüber zu verdrängen.

Besonders schwer mit Einstellungswerten tun sich auch jene Menschen, die glauben, in ihrem Leben das Schicksal bestimmen zu müssen. Das heißt, sie treten mit einer fordernden Einstellung an das Leben heran und kommen nicht zur existentiellen Wende, in der sich der Mensch als ein vom Leben Befragter erkennt. Um wieviel gelassener können wir sein, wenn wir uns vor Augen halten, daß wir nicht über die Bedingungen im Leben entscheiden müssen, sondern daß es im wesentlichen darauf ankommt, eine gute Antwort zu finden. Unser Lebensstil aber, mit seiner Überbetonung der Genuß- und Arbeitsfähigkeit, trägt auch dazu bei, uns blind für Einstellungswerte zu machen (vgl. Längle 1989, S. 49).

„Wir müssen lernen und die verzweifelnden Menschen lehren, *daß es eigentlich nie und nimmer darauf ankommt, was wir vom Leben noch zu erwarten haben, vielmehr lediglich darauf: was das Leben von uns erwartet"* (Frankl 1986, S. 173).

Innerhalb der drei Wertkategorien haben Einstellungswerte nach Frankl die größte Bedeutung, noch vor den Schöpferischen Werten und den Erlebniswerten (vgl. Frankl 1990, S. 22).

Wer Werte verwirklicht – und hier insbesondere Einstellungswerte – erhöht seinen Grund – und in der Folge auch seinen Selbstwert.

4. Wert versus Lusterleben

Wenn wir uns nochmals Frankls Personbegriff vor Augen halten, dessen somatische, psychische und Verstandesebene von einer personal-existentiellen Dimension durchdrungen wird, so sind die angestrebten Ziele der einzelnen Ebenen sehr unterschiedlich.
Die Befriedigung auf der somatischen Ebene läuft auf die Erfüllung von Bedürfnisssen und Trieben hinaus. Auf der psychischen Ebene wird Lusterleben angestrebt, und auf der personal-existentiellen Ebene, der Ebene der Geistigkeit des Menschen, geht es um die Verwirklichung eines Wertes und damit um Sinnerfüllung.

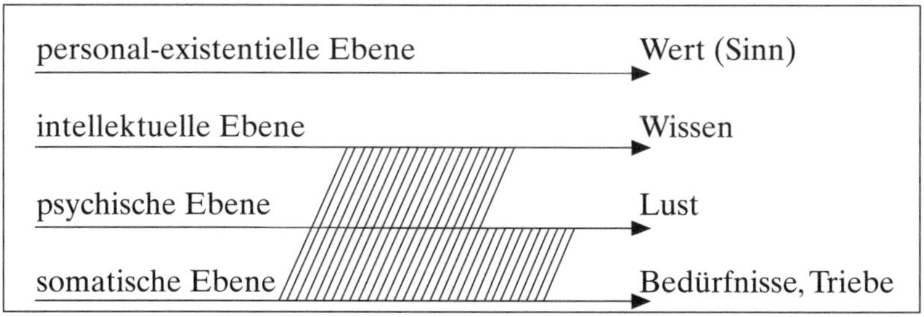

(modifiziert nach Längle, Suchtberaterlehrgang 8.12.1991, persönliche Mitschrift)

Zwischen der somatischen, psychischen und intellektuellen Ebene kann eine enge Korrelation entstehen, in der Graphik durch Schraffierung ausgedrückt. Dieser enge Zusammenhang ergibt sich aus der faktischen Nähe zwischen psychischer, somatischer und intellektueller Ebene. Psychische Befindlichkeiten sind eng an Körperlichkeit gekoppelt und umgekehrt, denn die Erfüllung von Bedürfnissen und Trieben ist eng an ein Lusterleben gekoppelt. Dies gilt ebenso für den Wissensbereich. Oft besteht sogar kein Abstand zwischen diesen drei Ebenen, so daß sie zusammenfallen. Nur mittels der personal-existentiellen Fähigkeit kann sich der Mensch von seiner körperlichen, seelischen und intellektuellen Befindlichkeit distanzieren und sich den drei Ebenen gleichsam gegenüberstellen. Indem er einen Wert verfolgt, macht er sich vom Lusterleben quasi unabhängig, d. h. es geht ihm dann nicht vorrangig um Bedürfnisse,

Lust und Wissen, sondern um einen Wert. Dies kann, muß aber kein Gegensatz sein, wie folgende Graphik zeigt:

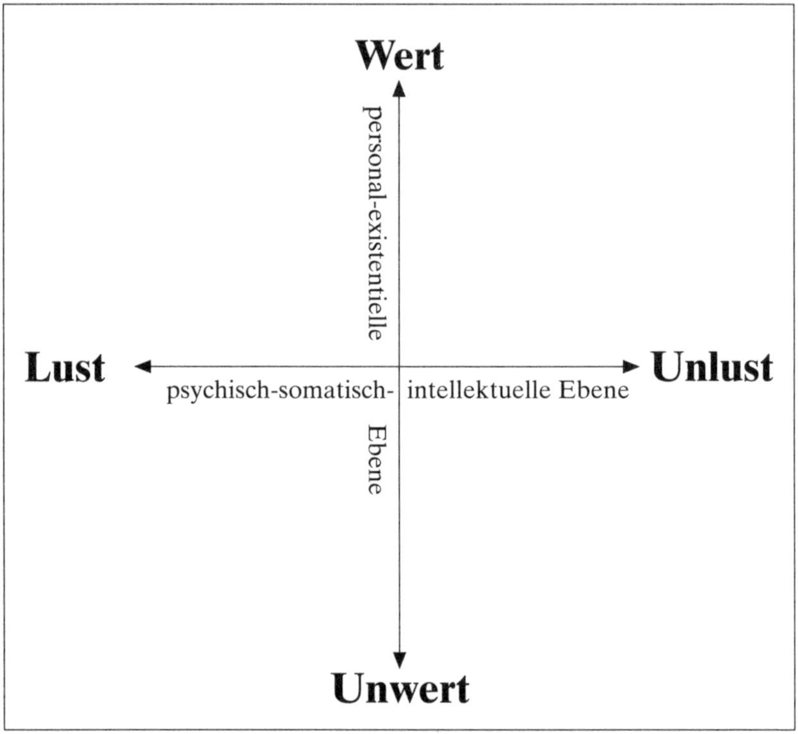

(Längle, Suchtberaterlehrgang 8.12.1991, persönliche Mitschrift, Längle 1988-4, S. 25)

Die Waagrechte stellt die (zusammengewachsene) Ebene des psychischen, somatischen *und* verstandesmäßigen Bereichs dar, die Senkrechte die personal-existentielle Ebene. Je nachdem, in welchem der vier aufgeworfenen Quadranten sich Handeln abspielt, kann es entweder mit Wert *und* Lust, mit Wert und Unlust, mit Unwert und Lust – und am schlimmsten – mit Unwert *und* Unlust verbunden sein.

Nochmal: Die Verfolgung eines Wertes kann sowohl lustvoll erlebt werden, aber auch sehr wenig lustvoll sein und trotzdem als sinnvoll erlebt werden. Diese Unlust kann entweder nur phasenweise oder in ganz bestimmten Situationen auftreten oder durchgängig vorhanden sein. Wer Berggipfel erklimmt, weiß, was gemeint ist. Nicht für alle Wanderer sind

alle Phasen des Aufstiegs mit gleichen Gefühlen und Befindlichkeiten verbunden. Der eine hat vielleicht die größten Unlustgefühle, bis er sich warmgelaufen hat, der andere besonders bei steilen oder gefährlichen Aufstiegen und wieder ein anderer, wenn der in scheinbarer Nähe befindliche Berggipfel immer wieder entschwindet, weil sich herausstellt, daß zusätzliche Täler durchquert werden müssen.
Aber auch der Weg zu einem angestrebten Berufsabschluß macht kaum jemandem durchgängig Lust und Freude. Und trotzdem werden Durststrecken aufgrund des vorhandenen Wertes in Kauf genommen und durchtaucht, auch wenn jedem lieber ist, wenn Wert und Lust zusammenfallen. Wenn aber kein Wert zieht, wird es sinnlos, schwierige und unangenehme Situationen zu überbrücken. Wer dies auf Dauer auf sich nimmt, scheint masochistische Züge zu haben.
Wem es aber hauptsächlich darum geht, angenehme Gefühle zu produzieren, auf der psychisch-somatisch-intellektuellen Ebene Lust zu erlangen, den wird eines Tages eben dieses Tun anöden, langweilen. Viele Sinnlosigkeitsgefühle entstehen daraus, daß wir nicht wertorientiert leben, sondern beispielsweise konsum-, macht- oder geldorientiert. Gerade der exzessive Konsumismus, geschürt durch eine Werbung, die auf Selbstverwöhnung ausgerichtet ist, ist etwas, das zunächst – ähnlich einer Sucht – nach immer mehr verlangt und doch im tiefsten Inneren ein unbefriedigtes Gefühl zurückläßt.
Bis zu einem gewissen Grad kann der Mensch für sein Lusterleben sorgen, zunächst auf einer niederen Stufe bei der Befriedigung seiner elementaren Bedürfnisse wie Trinken, Essen, Schlafen, Warm- bzw. Kühlhalten, u.ä. Des weiteren auf einer höheren Stufe durch Tätigkeiten, die hauptsächlich als angenehm empfunden werden. Schließlich wird Lust aber auch dadurch erzeugt, daß wir uns selbst verwöhnen, indem wir Dinge nicht deswegen tun, weil wir sie als gut und richtig empfinden, sondern weil sie einfach angenehm sind.
Ausschließlich die eigene Lust zu produzieren, gelingt selten für längere Zeit befriedigend, da ein reflektierender Mensch auf Dauer spürt, daß sein Bedürfnis nach Sinn dabei zu kurz kommt. Die eigene Lust zu produzieren, gelingt jedoch auch aus anderen Gründen nicht immer. Frankl sagt: „Wenn es einem um die Lust geht, vergeht sie einem auch schon" (Frankl 1990. S. 90).
Dabei spricht er besonders den sexuellen Bereich an. Er meint, daß gerade bei der sexuellen Vereinigung die eigene Lust ausbleibt, wenn ausschließlich diese im Auge behalten wird und daß der Mensch den höchsten Grad

an Lust erreicht, wenn er genau diese Absicht (scheinbar) aus dem Blickfeld verliert.
Um es auf den Punkt zu bringen: Lustvolles (Er-)Leben ist etwas sehr Schönes und Wertvolles. Tiefes Lusterleben entsteht aber gleichsam unbeabsichtigt als Nebenprodukt dort, wo ein Wert verfolgt wird, vielleicht nicht immer durchgängig, aber um so sicherer (Frankl 1990, S. 90 f.).

VIII. Zusammenfassung: Aufriß der Existenzanalyse und Logotherapie

> Aber auch dir selbst geneigt bleiben über die Jahre,
> kann dir Dauer geben.
> Mir freundschaftlich in die Augen blicken zu können,
> spricht mich manchmal frei.
>
> *Peter Handke*

Existenzanalyse und Logotherapie haben die Fähigkeit des Menschen, sich mit sich selbst und seiner Welt geistig auseinandersetzen zu können, zum Inhalt: Ausgehend von einem Menschenbild, das die Geistigkeit des Menschen, die noetisch-humane Dimension besonders betont, wurde die existentielle Dynamik dargelegt. In ihr liegt der spezifische „Raum des Menschlichen" (Frankl zit. nach Längle 1988-1, S. 14), in welchem die Person über das Vegetieren hinaus zur Existenz kommen kann.
Dieser Raum besteht in der Freiheit des Willens, aus dem der Wille zum Sinn erwächst. Die Freiheit des Willens ermöglicht dem Menschen die Fähigkeit zur Selbstdistanzierung. Dieser Wille zum Sinn ist die grundlegende Motivationskraft des Menschen. Sie befähigt ihn, über sich selbst hinauszulangen auf etwas anderes hin als ihn selbst, auf eine Person oder Sache, um damit Sinn im Leben zu verwirklichen. Diese Fähigkeit wird von Frankl auch mit Selbsttranszendenz umschrieben. Der Weg zum Sinn führt über Werte, nämlich Erlebniswerte, Schöpferische Werte und Einstellungswerte.
Sinn kann nach Frankls Ansicht sogar noch dann gefunden werden, wenn Leid, Schuld und Tod das Leben überschatten. Dieser tragischen Trias kann sich der Mensch mit Einstellungswerten gegenüberstellen.
Das Ziel der Existenzanalyse ist nichts anderes, als Menschen zu helfen, ein Leben in *Einverständnis*, *Zustimmung* und *Achtung* vor sich selbst zu führen.
Das Einverständnis setzt voraus, daß man „ja" sagen kann zur Welt. Die Zustimmung erfordert ein Ja zum Leben und die Achtung ein Ja zur Person, zum Selbstsein und Selbstbelassen des anderen (Längle, Vortrag 1993).

In der folgenden Graphik sind diese einzelnen Schritte übersichtlich angeordnet:

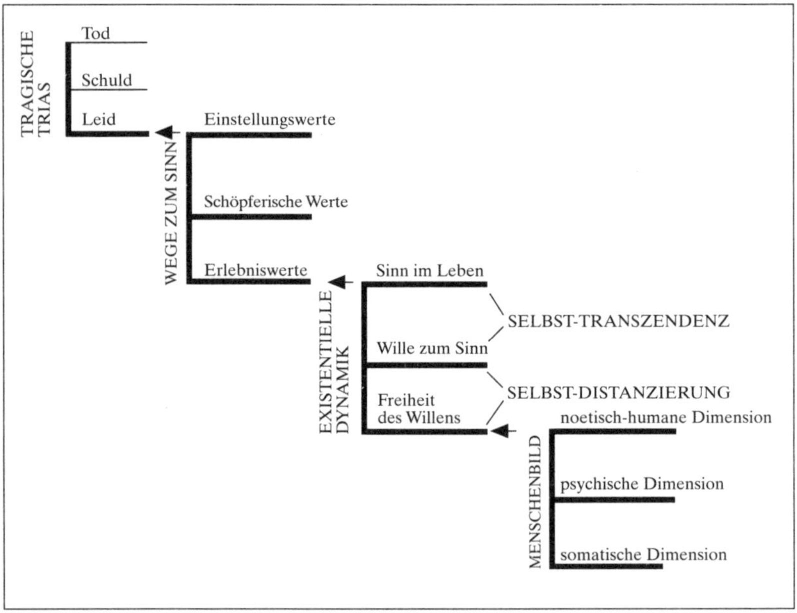

(Längle 1988-1, S. 18)

Alle Überlegungen gehen davon aus, daß der Mensch ein freies, geistbestimmtes und damit verantwortliches Wesen ist – und führen auch dorthin zurück.

IX. Das Gewissen

> Sei deines Willens Herr
> und deines Gewissens Knecht.
>
> *Marie von Ebner-Eschenbach*

1. Das Gewissen als Wert-Organ

Um Werte überhaupt als Werte wahrnehmen zu können, muß ein Spüren des Grundwertes gegeben sein. Der Grundwert ist damit die Voraussetzung dafür, daß der Mensch von Werten überhaupt berührt wird und diesen nicht etwa völlig gleichgültig gegenübersteht, wie beispielsweise in der Depression. Hier ist das Hörenlernen auf das Gewissen ein wichtiger Weg, um aus einem solchen circulus vitiosus wieder herauszukommen. Wie aber entscheidet sich der Mensch angesichts der Wertfülle in der Welt für sich ganz persönlich?

Das Wert-Organ des Menschen schlechthin ist nach Frankl sein Gewissen. Das Gewissen ist also gleichsam das Auge für die Werte.

Im Alltagsbegriff ist das Gewissen ein innerpersönliches Signalsystem, das Normen und Verhaltensregeln vorgibt und somit zum Sinnbild von Unfreiheit wird.

Laut Herder (1967, S. 709) entstand das Wort „Gewissen" aus dem Lateinischen conscientia, was soviel wie „Bewußtsein" heißt und bedeutet, „eine innerste Erfahrung des Menschen, in der er mit unumstößlicher Gewißheit dessen innewird, daß er einerseits in seinem Denken, Wollen und Handeln frei ... andererseits aber verpflichtet ist, bestimmte sittliche Gebote, die für alle Menschen gelten, einzuhalten" (Herder 1967, S. 709). Hier wird zwar – im Gegensatz zum Alltagsbegriff – Freiheit postuliert, gleichzeitig das Gewissen aber auch als Vollzugsorgan tradierter Normen gesehen und damit wieder in die Nähe des Über-Ich gerückt.

Frankl wählt das Wort Gewissen bewußt und sieht es in sehr umfassender Bedeutung als ein prämoralisches, prälogisches, ontologisches, absolut individuelles Phänomen. Es befiehlt nichts und verlangt nichts. Es ist ein menschliches Urphänomen und als solches nicht ableitbar. „Es ließe sich definieren als die Fähigkeit, den einmaligen und einzigartigen Sinn, der in jeder Situation verborgen ist, aufzuspüren" (Frankl 1986, S. 156).

Und an anderer Stelle: „Das Gewissen allein vermag das ‚ewige', allgemein gefaßte moralische Gesetz gleichsam abzustimmen auf die jeweilige konkrete Situation einer konkreten Person. Ein Leben aus dem Gewissen heraus ist nämlich immer ein absolut persönliches Leben auf eine absolut konkrete Situation hin..." (Frankl 1987-3, S. 78).
Für ihn ist das Gewissen im Bereich des Geistig-Personalen angesiedelt und stellt gewissermaßen dessen *Urbewußtes* dar. Es ist damit tiefes, wahres, ureigenstes Wissen, ein Ort der Erkenntnis. Es erinnert den Menschen an seine *Potentialität*, daran, seine Talente nicht zu vergraben bzw. sein Licht nicht unter den Scheffel zu stellen, sondern gebietet dem Menschen, seinen ihm gemäßen Möglichkeiten nachzugehen, seiner Geschichte mit der Möglichkeit zur Änderung gegenüberzutreten. Damit wird es auch zur Erinnerung an die eigene *Personalität*. Es macht den Menschen auf sich aufmerksam, damit das, was not tut, erschlossen werden kann. Es hilft, in jeder Situation selbst Mensch sein bzw. werden zu können. Es zeigt die Richtung des Weges an, nimmt einem diesen jedoch nicht ab. Der Weg muß selbst begangen werden. Dies kann ein Weg in der Gemeinschaft einiger oder mehrerer, aber auch ein einsamer Weg sein, also in die Vereinzelung führen.
Da das Gewissen das *Sinnfindungsorgan* des Menschen ist und ihm den konkreten Sinn zeigt, der in jeder Situation liegt, zeigt es ihm auch seine *Freiheit* (zumindest noch der Stellungnahme), läßt ihm aber auch die Freiheit, dieser inneren Erkenntnis nicht nachzugehen.
Das Gewissen hat weniger mit innerem Wissen als mit innerem Fühlen zu tun. Es steht in einem Nahverhältnis zur *Intuition*, indem es ständig einerseits das eigene Personsein und andererseits den jeweils einzigartigen und einmaligen Sinn der Situation einmahnt.
„Tatsächlich ist es nun auch so, daß das, was man Gewissen nennt, in eine unbewußte Tiefe hineinreicht, in einem unbewußten Grund wurzelt: Gerade die großen, echten – existentiell echten – Entscheidungen im menschlichen Dasein erfolgen allemal durchaus unreflektiert und insofern unbewußt..." (Frankl 1987-3, S. 77). Das Gewissen kennzeichnet eine tiefe innere Stimmigkeit. Ihm zu folgen, ist daher keine Frage des Alters, der Intelligenz oder der Vorbildung, die sich im Gegenteil den Gewissensentscheidungen oft in den Weg stellen, sondern eine Frage zunächst des Offenseins und schließlich des Einlassens auf das, was gespürt wird.
Der Schlüssel liegt in der Haltung des Sich-fragen-Lassens. Denn Dasein heißt Gefragtsein (Längle 1989, S. 65). Daher heißt sinnvoll leben, Antworten zu geben und Entscheidungen zu treffen. Solange man dazu

imstande ist, lebt man gewissenhaft. Dies ist sicher dort nicht so besonders schwierig, wo sich die vom Gewissen gezeigten Werte mit den Allgemeinen Werten decken, wo man daher den eigenen Weg innerhalb der Gemeinschaft gehen kann. Schwierig wird es allerdings dort, wo ein vom Gewissen aufgezeigter Wert außerhalb der gängigen Normen angesiedelt ist, und wo der Mensch daher einen einsamen Weg gehen muß. In unserer heutigen pluralistischen Gesellschaft reicht daher ein „Normgewissen" kaum mehr aus, ein personales Gewissen ist gefragt.
„Es gibt Situationen, in denen der Mensch vor eine Wertwahl gestellt wird, vor die Wahl zwischen einander widersprechenden Prinzipien. Soll dann die Wahl nicht willkürlich getroffen werden, so ist er wieder auf das Gewissen zurückgeworfen – auf das Gewissen, das es allein ausmacht, daß er frei, aber nicht willkürlich, sondern verantwortlich eine Entscheidung trifft" (Frankl 1986, S. 239).
Diese Frage stellt sich oft in Beziehungen. Bleibt man zusammen aus Angst vor der Reaktion seiner Umgebung oder der Gesellschaft, aus Angst vor den Konsequenzen oder dem Alleinsein, obwohl man erkennt, daß die Beziehung für niemanden mehr einen Wert darstellt?
Oder an einem krassen Beispiel ausgedrückt: Wie verhält man sich einem autoritären Regime gegenüber, dessen Ziele und Methoden man nicht mittragen kann? Paßt man sich an oder folgt man eigenen Wertvorstellungen?
Die Frage der Anpassung ist übrigens ebenfalls ein wichtiges Thema innerhalb der Wertefrage.
Das Gewissen zeigt dem Menschen also Werte, die zu ihm passen, nimmt ihm jedoch nicht die Entscheidung ab. Der Mensch wird von den Werten ergriffen, die er ergreifen muß. Das Gewissen ist daher das Gewisseste, worauf sich der Mensch verlassen kann. Hier ist Vertrauen wichtig. Trotzdem ist ein Irrtum möglich, bleibt ein Rest an Irrationalität, denn Irren ist eben auch zutiefst menschlich.
Wer sich von Werten ergreifen läßt und spürt, es ist insgesamt gut (für sich selbst und für die anderen), wird ganz er selbst, wird authentisch. Dann wächst auch das Vertrauen in sich selbst, denn man kann darauf vertrauen, daß man sich auf sich verlassen kann. Dies legt auch Urvertrauen frei. Wer hingegen nicht gewissenhaft lebt, entfremdet sich von sich selbst.
Auch aus der Handlung gegen sein Gewissen kann sich somit Schuld ergeben, man bleibt sich im existentiellen Sinn etwas schuldig.

2. Unterschiede zwischen Über-Ich und Gewissen

Das Über-Ich ist ein Begriff von Freud. Es entsteht seiner Lehre nach aus den internalisierten Normen, die durch Sozialisation übernommen werden. Es steht in einem ständigen Kampf mit dem Es und kontrolliert das Ich.

Es ist nach Freud die Vertretung aller moralischen Beschränkungen und somit verinnerlichte Wertvorstellung. Innere Verbote, die vom Über-Ich ausgehen, führen nach Freud entweder zu Frustration oder Angst.

Frankl meint sinngemäß, daß Gewissen – im Gegensatz zum Über-Ich - erst jenseits von gegebenen Normen zur Sprache kommt, wenn man nicht mehr aus Furcht vor der Strafe und nicht in der Hoffnung auf die Zustimmung der anderen handelt. „Ein Leben aus dem Gewissen heraus ist nämlich immer ein absolut persönliches Leben auf eine absolut konkrete Situation hin“ (Frankl 1992, S. 25).

Das heißt nun nichts anderes, als daß das Über-Ich im wesentlichen auf die Einhaltung der Allgemeinen Werte pocht und das Gewissen darauf achtet, daß dabei Personale Werte nicht zu kurz kommen.

Ganz besonders problematisch ist es dann, wenn das Über-Ich göttlich sanktioniert ist. Es wird dann zur unangreifbaren Instanz.

Worin bestehen nun die wesentlichen Unterschiede zwischen Über-Ich und Gewissen?

Während das Über-Ich eher droht, ängstigt und einschüchtert, meint es das Gewissen gut mit dem Menschen und zeigt ihm die zu ergreifenden Werte. Gegenüber dem Über-Ich muß man sich rechtfertigen, da es vorrangig die Einhaltung der Norm überwacht, gegenüber dem Gewissen verantwortet man eine Handlung, d. h. man antwortet auf einen gespürten Wert. Daher ist das Über-Ich eher der lautstarke Mahner und Forderer, der vielleicht auch unterdrückt. Während sich das Gewissen eher leise und durch eine liebevolle Begleitung bemerkbar macht, denn die Forderung geht nicht vom Gewissen, sondern von den gezeigten Werten aus.

X. Die personale Existenz als zusammenfassender Begriff

> Um wesentlich zu sehen, dazu braucht man mehr als bloß Augen, und manchmal sehen sogar die Blinden mehr als die Sehenden. Um wesentlich zu sehen, braucht man auch mehr als bloßes Wissen. Wissen kann freilich sehr hilfreich sein zum rechten Sehen, aber es kommt darauf an, daß sich das Wissen schließlich verwandle in etwas Lebendiges, das mehr ist als Wissen allein. Zum rechten Sehen braucht man auch mehr oder weniger als das, was man die Sehenswürdigkeiten nennt. Mehr, denn es gilt, das Geheimnis zu erspüren, das verborgener und größer ist als alle äußerlichen Denkmäler in ihrer Äußerlichkeit. Und weniger, weil das Auge des Herzens gerade im Unscheinbaren am ehesten sich öffnet für das verborgene Geheimnis des Wesens. Das Sehen, das hier gemeint ist, braucht aber Besinnung, es braucht Stille, es braucht bisweilen Einsamkeit und bisweilen aus der Stille und Einsamkeit sich schenkend die Begegnung, das Du und das Ich.
>
> Das Sehen mit dem Auge der Stille, mit dem Auge des Herzens. Jenes tiefere Auge im Herzen des Menschen zu öffnen, das dem Geheimnis des Ewigen entgegenblickt und dieses gerade im Glanz und in der Härte der einfachen Dinge und Wesen erspürt. Der einfachen Dinge und Wesen, die wir, weil sie einfach sind, leicht übersehen.
>
> *Bernhard Welte*

Vorauszuschicken ist, daß Frankl immer wieder betont, daß das Leben sowie überhaupt alles Menschenwerk nur ein Stückwerk sein kann, oftmals unvollendet, immer unvollkommen (vgl. Frankl 1990, S. 180). Das heißt, der Mensch muß sich mit seiner Endlichkeit bzw. seiner

Unvollkommenheit auseinandersetzen und diese letztlich akzeptieren. Trotzdem ist diese Unvollkommenheit für den Menschen sinn-notwendig. Um den Wert der Unvollkommenheit herauszustreichen, vergleicht Frankl die menschliche Situation mit einer ausdifferenzierten Zelle, die im Gegensatz zur sogenannten primitiven Zelle, die alles kann: sich bewegen, sich fortpflanzen, fressen u.ä. und damit ersetzbar und austauschbar wird, eben nicht austauschbar oder ersetzbar ist, weil sie sich spezialisiert hat auf eine hochdifferenzierte Tätigkeit. Die Einzigartigkeit des menschlichen Seins bedingt damit auch dessen Unvollkommenheit. Einzigartigkeit erhält nun aber niemals den Sinn aus sich heraus, sondern erst in der Gemeinschaft. Die Einmaligkeit hingegen bedingt das Verantwortlichsein (vgl. Frankl 1988, S. 99).

Existenz im Sinne des Zum-Vorschein-Kommens, des Ins-Leben-Tretens, kann als zutiefst menschliches Anliegen gesehen werden.

Dasein bedeutet demgegenüber: Es gibt mich in dieser Welt, ich bin da. Aber dies allein sagt noch nicht viel aus über die eigene Person, und dem Menschen genügt dies auf die Dauer nicht. Er will nicht nur dasein und sich aus dem Leben heraushalten. Er spürt, daß dies auf Dauer in die existentielle Frustration führen würde.

Existenz bedeutet, aus der Unfreiheit herauszutreten, aus dem „Geworfensein“ (Heidegger) des Menschen ins Leben zu kommen.

Existenz bedeutet, daß sich der Mensch selbst ergreift und in die Welt hineinwirft, was bedeutet, dem Leben eine eigene unverwechselbare Dynamik zu geben. Der Mensch gibt der Welt damit nicht nur etwas von sich, sondern er bereichert sich auch an ihren Möglichkeiten. So können wir verstehen, wenn Hebbel sagt, daß nicht das Leben bzw. die Welt an sich etwas sei, sondern stets nur eine Gelegenheit zu etwas.

In einem existentiellen Leben geht es darum, in Freiheit das zu gestalten, was einem selbst und nicht einer äußeren Instanz sinnvoll erscheint. Sinnvoll erscheint einem das, wozu man langfristig stehen kann. Wenn man keine Freiheit, keine Wahl mehr hat, tendiert Existenz gegen null. So hat Existenz damit zu tun, daß man aktiv wird und über sich selbst hinauswächst. Der Mensch will in und an der Welt in Erscheinung treten, indem er auf sie zu- und eingeht. Er will sich selbst am Leben erfahren. Selbstverständlich wird man nicht in der Fragehaltung zur Existenz kommen, sondern in der Antworthaltung.

Indem man sich nun mit Haut und Haar auf das Leben einläßt, geht man auf die einzig sinnvolle Art mit dem Tod um. Man kann ihm viel von seinem Schrecken nehmen, wenn man sich wirklich aufs Leben einläßt.

Dieses erfüllende Einlassen auf das Leben kann als zweite und letztlich als existentielle Geburt angesehen werden, für die der betreffende Mensch – im Gegensatz zur ersten Geburt –, selbst sorgen muß.
Wann hat man ein existentiell gutes Grundgefühl mit sich und der Welt? Dieses stimmige Grundgefühl stellt sich dann ein

- wenn es „stimmt“ zwischen dem Menschen und der Welt,
- wenn man „lebendig“ ist,
- wenn man frei und verantwortlich entscheiden kann.

Um zur Existenz zu kommen, ist zunächst *Wertfühligkeit* und schließlich *Selbsttranszendenz* unumgänglich. Man braucht aber auch *Zeit* (für die man selbst sorgen muß) und *Raum* (den man sich auch selbst geben und nehmen muß), um sich in seinen Anliegen zu entfalten. Oft sind außerdem *Vertrauen* und *Mut* notwendig, um sich auf den Weg machen zu können, um sich Zeit und Raum zu nehmen und um eigene Anliegen zu verwirklichen.
Existenz ist in der Depression daher nur sehr erschwert möglich, weil die Wertfühligkeit herabgesetzt ist und der Mensch deshalb nur schwer zur Wertverwirklichung (der Selbsttranszendenz) kommt. Auch die Angst steht der Existenz entgegen, weil Mut und Vertrauen mehr oder weniger fehlen, die anstehenden Aufgaben anzupacken. Mut wiederum erwächst aus dem Wozu. Wer ein Wozu hat, kann leichter aus sich heraustreten. Hier setzt ja auch Frankl mit der Sinnfrage an.

C. Der Selbstwert als zentraler Begriff der Persönlichkeitsstärke

Der Augenblick

Der Augenblick,
das Kostbarste, Unwiederbringlichste!
Kaum ist er da, ist er auch schon wieder vergangen -
ein Hauch vielleicht, der uns durchdringt.
Und du fragst dich:
Wie stand ich zu ihm?
Hab´ ich ihn gelebt und geliebt?
Oder so von mir zurückgewiesen,
als gehöre er nicht mir?
An manchen mag ich mich sehr gut erinnern
so voller Freude und Lust.
Doch nicht nur das Lachen war mein Freund.
An meine Tür hat auch der Schmerz geklopft.
Und beide zogen sie weiter,
und ich werde wieder Schmerz und wieder Freude
verspüren, denn ich atme, lebe!
Doch derselbe Augenblick
kehrt niemals wieder
zu mir zurück.
Milliarden neuer Augenblicke
warten darauf, von uns
entdeckt zu werden.

Ein faszinierender Gedanke!

I. Verschiedene Definitionen

1. Selbstbewußtsein

Unter dem Begriff Selbstbewußtsein, der erstmals im 18. Jahrhundert auftaucht (Duden Etymologie 1963, S. 636), ist ursprünglich das Wissen um sich als Mensch gemeint, das Wissen um physische, psychische und seelisch-geistige Vorgänge und Handlungen inmitten der gelebten Beziehungen und der bestehenden Welt (Horney, Ruppert u. a. 1970, S. 996 und Redaktion Naturwissenschaft und Medizin des Bibliographischen Instituts 1986, S. 340), und mündet im „cogito, ergo sum" von Descartes. In erkenntnistheoretischem Sinn ist der Mensch „Träger und Vollstrecker seiner 'eigenen' Bewußtseinsakte" (Kleinert u. a. 1951, S. 643 ff.).
In diesem Sinne ist Selbstbewußtsein etwas, das Menschen im Laufe ihrer geistigen Entwicklung schrittweise erwerben, aber auch wieder verlieren können (auch kurzfristig, z.B. im Rausch). Selbstbewußtsein bedeutet noch nicht, daß jemand selbstsicher auftritt, es meint auch das Bewußtsein der eigenen Schwächen und Mängel (a. a. O.), das aber noch besser durch das englische „self-consciousness" ausgedrückt wird. Eine zu große Selbstbeachtung kann jedoch dazu führen, daß eine Person sich zu sehr in sich selbst verfängt und nicht mehr über sich selbst hinauslangt und damit ihre Handlungsmöglichkeiten mit der Welt einschränkt.
Indem der Mensch sich seine Einzigartigkeit und Einmaligkeit im Hier und Jetzt immer wieder klarmacht, und indem er ein Gespür dafür bekommt, daß er für sich selbst verantwortlich ist, kann er mit Erstaunen dieses Wunder zur Kenntnis nehmen.
Aus diesem Bewußtsein des letztlich total Auf-sich-zurückgeworfen-Seins, aus dem Wissen um die innere Einsamkeit, kann sich eine Kraft entfalten, die dem eigenen Sein zum Durchbruch verhilft. Wer, wenn nicht der betroffene Mensch selbst, kann sich einbringen in die Welt? Niemand anderer kann diese Aufgabe für ihn übernehmen. Indem er dies tut, erfährt ein Mensch immer mehr von sich selbst, wird sich seiner mehr und mehr bewußt, entdeckt seine Stärken und Schwächen. Dieses Wissen ist nun zunächst wertneutral. Der Mensch weiß um sich, schätzt sich selbst deswegen nicht höher oder besser ein. Aber dieses Um-sich-Wissen vermag ein Schritt zum Selbstwert sein.
Wenn er Schwächen erkennt und diese überwindet und Stärken entwickelt, entfaltet sich seine Persönlichkeit. Somit gewinnt der Mensch aus dem ihm Gelungenem ein positives Gefühl, das heute in der Alltagssprache mit (positivem) Selbstbewußtsein umschrieben wird.

2. Selbstvertrauen

Selbstvertrauen ist ein Gefühl des Glaubens an sich und ein Sich-verlassen-Können darauf, mit auftretenden Schwierigkeiten fertig zu werden bzw. das Leben zu bewältigen, das nicht mit tatsächlichen Fähigkeiten konform gehen muß (vgl. Redaktion Naturwissenschaft und Medizin des Bibliographischen Instituts 1986, S. 340). Es ist ein Sich-verlassen-Können auf seine eigenen Fähigkeiten – und zwar deswegen, weil eine entsprechende Erfahrung vorliegt. Es ist ein Vertrauen darauf, daß aufgrund eigener Fähigkeiten Dinge erfolgreich zu Ende gebracht werden können und gleichzeitig ein Ausdruck des Selbstbewußtseins der Persönlichkeit.

Selbstvertrauen beeinflußt das eigene Handeln: Die Bewertung der Anforderungen, die Bereitschaft zur Übernahme bestimmter Aufgaben und die antizipierende „Erarbeitung eines Handlungsplanes stehen in enger Beziehung zur Höhe des Selbstvertrauens. Hohes Selbstvertrauen wirkt sich dabei im allgemeinen leistungsfördernd aus" (Clauß 1986, S. 550).

Der Mensch glaubt an sich und seine Handlungsmöglichkeiten. Dies wird ihm im allgemeinen um so leichter fallen, je größer er seinen tatsächlichen Handlungsspielraum und seine Fähigkeiten bisher erlebt hat. Dieses Gefühl erwächst also auch aus der realistischen Einschätzung des eigenen Wesens, von eigenen Anlagen und Fähigkeiten.

Das Vertrauen in sich selbst vermag ihm demnach als wichtige Komponente helfen, den Selbstwert im Handeln aufzubauen, entspricht aber noch nicht einem umfassenden Verständnis von Selbstwert.

3. Selbstachtung

Selbstachtung entspricht in einem weiteren Schritt schon sehr weitgehend dem Begriff des Selbstwertes. Selbstachtung besagt, daß man sich so verhält, daß man sich selbst ansehen und mögen und damit achten kann. Es bedeutet, sich selbst Anerkennung zusprechen zu können.

Wo dies nicht gelingt, entwickeln sich Unsicherheit, Verlegenheit, Schüchternheit, falsche Bescheidenheit, Mutlosigkeit und Minderwertigkeitsgefühle, unter Umständen sogar Selbstverachtung und Selbsthaß, die dazu führen können, daß man sich innerlich und äußerlich gehen läßt. Selbstachtung wird erleichtert durch Beachtung und Achtung durch andere bzw. erschwert, wenn dies nicht gegeben ist.

Selbstachtung setzt eine Selbst*be*achtung im Sinne eines Ansehens voraus. Nur wer sich selbst beachtet, kann zur Selbstachtung kommen. Sich beachten heißt, sich sorgfältig und sensibel wahrnehmen. Daraus kann in einem nächsten Schritt die Achtung vor sich selbst erwachsen und in einer weiteren Stufe sich der Selbstwert entwickeln.

4. Selbstsicherheit

Selbstsicherheit ist erprobtes und erfahrenes Selbstvertrauen.
Mit Selbstsicherheit ist die Fähigkeit eines Menschen gemeint, an „seine soziale Umgebung Ansprüche zu stellen und diese auch zu verwirklichen" (Redaktion Naturwissenschaft und Medizin des Bibliographischen Instituts 1986, S. 340) und läuft auf eine Selbstbehauptung hinaus.
Der Mensch erlaubt sich also, eigene Bedürfnisse und Werte zu haben, für die er auch eintritt und für deren Verwirklichung er ein angemessenes Verhaltensrepertoire entwickelt (vgl. Dorsch u.a. 1987, S. 602).
Dazu braucht er eine nicht allzu geringe und relativ sichere Selbsteinschätzung. Er muß eine Vorstellung von eigenen Werten haben und/oder sich zutrauen, die konkrete Situation zu bewältigen. Dies erwirbt man, wenn eigenes Verhalten in der Vergangenheit erfolgreich war.
Manchmal kann Selbstsicherheit in Rigidität abgleiten, dann nämlich, wenn bestimmte Verhaltensmuster immer zum Erfolg geführt haben. In diesem Falle wird man kaum bereit sein, sich auf Neues einzulassen.
Wer häufig Mißerfolge erlebt, wird meist in seiner Selbstsicherheit eingeschränkt. Selbstunsicherheit äußert sich häufig in einer unzureichenden Verteidigung des eigenen Standpunktes, in Entscheidungsschwierigkeiten, was oft in Unentschlossenheit und mangelnder Zielstrebigkeit sichtbar wird, in Anpassung, um ja nicht exponiert dazustehen, und in Zweifeln, ob das eigene Verhalten richtig sei (vgl. Clauß 1986, S. 550).

5. Selbstwert

Beim Selbstwert handelt es sich im Gegensatz zum Minderwertigkeitsgefühl um ein Erleben einer positiven Grundeinstellung, bei der sich der Mensch als wertvoll erlebt. Es ist ein erlernbares Gefühl für den eigenen Wert. Dabei geht es im Gegensatz zur Selbstachtung um die *Wert*schätzung des eigenen Wesens, der eigenen Anlagen und Fähigkeiten.

Der Selbstwert entwickelt sich nicht aus sich selbst heraus, sondern aus der Auseinandersetzung mit der Umwelt, die zur Einordnung des eigenen Wertes führt. Das heißt mit anderen Worten, daß die Wertvorstellungen der Umwelt, die sich in ganz spezifischen Erwartungen ausdrücken, entscheidend in das eigene Selbstwerterleben einfließen, aber daß es auch eine entscheidende Rolle spielt, ob und an welchen Werten sich der betreffende Mensch orientiert.
„Der Grad der *Ausgeprägtheit* kann angemessen oder unangemessen sein. *Inadäquate* Formen des Selbstwerterlebens können aus Diskrepanzen resultieren zwischen gesellschaftlichen Normen und Einstellungen der Person, die ihrer Selbstbewertung zugrunde liegen. Formen eines instabilen, leicht störbaren Selbstwerts finden sich als Übergangsform häufig bei Jugendlichen" (Clauß 1986, S. 550).
Der Selbstwert hat einen wesentlichen Einfluß auf das Sozial- und Leistungsverhalten der Person. Eine Störung des Selbstwertes liegt bei Persönlichkeitsentwicklungsstörungen und Neurosen praktisch immer vor.
Umgekehrt kann mit der Stärkung des Selbstwertes ausweichenden Verhaltensweisen vorgebeugt werden.

II. Selbstwert aus psychoanalytischer Sicht

Wenn ein Kind keine verläßlichen empathischen Reaktionen der Eltern spürt, kann es aus der Sicht vieler Psychoanalytiker sein Selbst nicht aufbauen (vgl. Kohut 1979, S. 75). Kohut führt beispielsweise weiter aus: Ein Selbst, auf das es keinen Widerhall gibt, könne kein Selbstwertgefühl aufbauen (vgl. Kohut 1979, S. 81).
Noch schärfer faßt es Wurmser: Im Sehen und Gesehenwerden, im Hören und Gehörtwerden geschehe das Zueinanderpassen von Selbstbild und Fremdbild. „Wenn dieser Austausch in den ersten Lebensmonaten gestört wird, werden Selbstbild und Selbstgefühl zutiefst beeinträchtigt, nicht nur infolge der Perzeptionsstörung selbst, sondern infolge der überwältigenden Affekte, die mit solcher Störung einhergehen" (Wurmser 1990, S. 265).
In einem ersten Schritt gehe es um die empathische Verschmelzung mit den Bezugspersonen und in einem zweiten Schritt um bedürfnisbefriedigende Handlungen, die von diesen Bezugspersonen ausgehen. Gelinge dies, bilde dies zeitlebens eine Quelle psychischer Gesundheit

(vgl. Kohut 1979, S. 86), vergleichbar einem Vorrat an Selbstvertrauen und grundlegendem Selbstwertgefühl (Kohut 1979, S. 163).
„In dem Augenblick, in dem eine Mutter ihr Baby zum ersten Mal sieht und auch mit ihm in Kontakt ist (durch taktile, olfaktorische und propriozeptive Kanäle, wenn sie es füttert, trägt und badet), findet der eigentliche Beginn eines Prozesses statt, der das Selbst einer Person bildet - er setzt sich während der ganzen Kindheit und in einem geringen Ausmaß auch im späteren Leben fort" (Kohut 1979, S. 95).
Besonders das *Kern*-Selbst werde durch bewußte Ermutigung, bewußtes Lob, aber auch bewußte Entmutigung und Mißbilligung geformt (vgl. Kohut 1979, S. 95 f.).
Selbstwert kann seiner Ansicht nach auch in späteren Jahren über Erfolg auf- und über Mißerfolg abgebaut werden (vgl. Kohut 1979, S. 93). Schließlich entwickle sich ein Mensch mit einem Selbstwertgefühl in bestimmter Höhe.
„Das gestärkte Selbst wird zum organisierenden Mittelpunkt der Fertigkeiten und Begabungen der Persönlichkeit und verbessert so die Ausnutzung dieser Funktionen; die erfolgreiche Ausnutzung von Begabungen und Fertigkeiten wiederum vergrößert die Kohärenz und damit die Kraft des Selbst" (Kohut 1979, S. 122).
Gelingt es nicht, das Selbst und damit den Selbstwert aufzubauen, rücken Triebe in den Mittelpunkt des Seelenlebens und gewinnen an Macht.
In diesen Auffassungen wird deutlich, daß sich der Selbstwert aus psychoanalytischer Sicht bereits in sehr früher Kindheit konstituiert. Den Bedürfnissen des Kindes wird nachgegangen und damit Selbstwert aufgebaut, was einer ziemlich funktionalen Anschauung gleichkommt.
Sehr frühe Entwicklungsstörungen erhalten damit den lähmenden Beigeschmack eines Determinismus'. Weil dem Kind in frühester Kindheit dieses oder jenes angetan wurde bzw. wichtige Entwicklungsbedingungen nicht gegeben waren, entsteht in der Folge beinahe zwangsläufig eine Störung, die als kaum mehr aufhebbar dargestellt wird. Wenngleich dieser Aspekt nicht vernachlässigt werden darf, so ist meiner Einschätzung nach Selbstwert nicht nur auf frühe Ermutigungen oder Versäumnisse zurückzuführen, wie auch Kohut darstellt, wenn er meint, daß Selbstwert - wenn auch in geringerem Ausmaß – auch später über Erfolg oder Mißerfolg verändert werden kann. Aber wiederum scheint mir dies dargestellt als etwas, was der Person passiv quasi als Glücksfall oder negativ als Schicksal passiert, wobei kaum Gestaltungsmöglichkeiten offenbleiben. Das ist es, was ich mit der funktionalen – im Gegensatz zur personalen –

Konstituierung des Selbstwertes meine. Diese funktionale Konstituierung läuft dementsprechend eher im unbewußten Bereich ab.
In Zweifel ziehen möchte ich daher ebenfalls die Vorstellung von Kohut, daß Selbstwert vor allem durch bewußtes Handeln der Bezugspersonen aufgebaut bzw. behindert werde. Demgegenüber steht meine Überzeugung, daß es für den Aufbau von Selbstwert nicht nur entscheidend ist, ob dieser von Außenstehenden bewußt oder unbewußt gefördert wird. Vielmehr entscheidend scheint gerade im Bereich des Selbstwertes zu sein, inwieweit sich die betreffende Person selbst in das Geschehen einzuschalten vermag.

III. Selbstwert aus systemischer Sicht

Virgina Satir definiert den Selbstwert als die Gefühle und Vorstellungen, die ein Mensch für bzw. von sich selbst hat. Und dieser kommt im Verhalten eines Menschen zum Ausdruck (Satir 1990, S. 39). Genauer gesagt, ist der Selbstwert für sie der entscheidende Faktor für das, „was sowohl den Umgang eines Menschen *mit sich selbst* als auch den Kontakt *zwischen* Menschen kennzeichnet" (Satir 1990, S. 41 f.).
Sie vergleicht den Selbstwert mit einem Bild aus ihrer Kindheit. Es gab da einen großen Eisentopf, der für verschiedene Zwecke gebraucht wurde, z. B. zur Seifenherstellung, um Eintopf zu machen, um Dünger für Blumenbeete aufzubewahren usw.
Hatte man nun diesen Topf für einen neuen Verwendungszweck ins Auge gefaßt, so mußte stets vorher abgeklärt werden, wieviel vom vorigen Inhalt denn noch im Topf sei. So einen Topf hätte auch jeder Mensch, meint Satir. Darin befänden sich Gefühle des Wertes, der Schuld, der Scham, der Nutzlosigkeit (Satir 1989, S. 37 und Satir 1990, S. 40). Auf den Selbstwert bezogen sei dieser Topf auch beim selben Menschen nicht jeden Tag gleich voll. Bei zu vielen oder zu großen Enttäuschungen werde der Selbstwert im „Topf" mehr oder weniger schnell aufgebraucht, was zu Erschöpfungen führe, die für vitale Menschen oft Krisensituationen darstellen.
Menschen mit fehlendem oder geringem Selbstwert würden von anderen, Eltern, Partnern und Kindern erwarten, daß sie bestätigt würden. Aus diesem Angewiesensein entstünde ein Problem, wenn diese Bestätigung nicht erfolge (vgl. Satir 1990, S. 54). Solche Menschen fühlten sich oft als Versager und würden anfällig für Sucht und alle Arten der Realitätsflucht,

würden oft zu Werkzeugen des Hasses und der Zerstörungwut und seien anfällig für aktive und passive Gewalt (vgl. Satir 1990, S. 44, S. 57). Sie hätten das Gefühl, daß man sie betrüge und auf ihnen herumtrample. „Indem sie mit dem Schlimmsten rechnen, beschwören sie es regelrecht herbei" (Satir 1990, S. 43). Kinder, die sich destruktiv verhalten, haben ihrer Ansicht nach einen niedrigen Selbstwert.

Im Gegensatz dazu werde die Vitalität gesteigert, wenn der „Topf" voll sei (vgl. Satir 1990, S. 42). Er werde dann zu einer Quelle persönlicher Energie. Diese Quelle werde von uns selbst gespeist, indem wir uns selbst wertschätzten (vgl. Satir 1990, S. 53 f.). Wer den eigenen Wert erkenne, könne auch den Wert anderer respektieren, strahle Vertrauen und Hoffnung aus und unterwerfe seine Gefühle nicht bestimmten Regeln. Daraus würden Integrität, Ehrlichkeit, Verantwortlichkeit, Mitgefühl, Liebe und Kompetenz erwachsen. Der Mensch könne selbständig Entscheidungen treffen und sich auf eigene Fähigkeiten und Möglichkeiten verlassen. Der positive Selbstwert helfe auch, Mißerfolge zu verkraften und die Isolation und Entfremdung zwischen Menschen, Gruppen und Nationen zu überwinden (vgl. Satir 1990, S. 42).

Hier unterscheidet Satir weiter zwischen Selbstsucht und Selbstliebe.

Selbstsucht entstehe daraus, daß man sich über sich selbst erhebe aus dem Gefühl heraus, besser als der andere zu sein.

Selbstliebe dürfe auf keinen Fall mit Egoismus verwechselt werden, denn: Wie könne ein Mensch andere lieben, wenn er sich nicht selbst lieben könne? Selbstliebe sei daher eigene Wertschätzung (vgl. Satir 1990, S. 55), indem sich der Mensch mit Liebe und Realismus behandle. Dies sei eine Vorbedingung für den Selbstwert.

Der Selbstwert wird ihrer Ansicht nach dort gestärkt, wo in den Familien

- Liebe offen ausgedrückt wird;
- offen miteinander gesprochen wird;
- die eigene Verantwortung aufgezeigt und gestärkt wird;
- die Verschiedenheit der einzelnen Familienmitglieder anerkannt wird;
- Regeln flexibel angewandt werden;
- die Möglichkeit besteht, aus Fehlern zu lernen (vgl. Satir 1990, S. 48).

Autoritäre Eltern, die vorwiegend mit Strafen arbeiten, hält Satir für kontraproduktiv. Es wäre wichtiger, Kinder zu lehren, in allen Lebenssituationen menschlich zu sein. Dies beinhalte, daß Krisen und schwierige Situationen der Kinder auch als Lernchance angenommen würden.

Das heißt, der Selbstwert der Person wird zunächst hauptsächlich durch die Eltern geprägt, die auch in der Folge sehr wichtig bleiben. Kindergarten, Schule und andere äußere Einflüsse folgen.
Virginia Satir kommt dort der Frankl'schen Auffassung nahe, wo sie annimmt, daß eine Selbstwerterhöhung nicht etwas ist, das den Menschen in die Wiege gelegt sei, sondern daß dieses Lernen prinzipiell von Geburt an bis zum Tode möglich ist (vgl. Satir 1990, S. 49).
Dieses Lernen ist deswegen prinzipiell möglich, weil jeder Mensch sich in einer ganz spezifischen Art und Weise mit seinen Gegebenheiten durch Erbanlagen und Sozialisation auseinandersetzt. Wenn wir dem Zitat von Satir „Was auch immer unser Erbe sein mag, zu etwas Einzigartigem macht uns unsere Reaktion auf das Ererbte und die Art, wie wir es nutzen" (Satir 1990, S. 59) die Stellungnahme von Frankl: „Die Charakteranlage ist daher auf keinen Fall das jeweils Entscheidende; letztlich entscheidend ist vielmehr immer die Stellungnahme der Person" (Frankl 1990, S. 229) gegenüberstellen, wird uns die weitgehende Übereinstimmung klar.
Auch dort gibt es eine große Übereinstimmung, wo Satir postuliert, daß der Selbstwert nicht aus der Gleichheit zu anderen Menschen erwächst, sondern aus der Verschiedenheit. Es ist ihr wichtig, *alle* Aspekte der Person wertzuschätzen. Sie meint, daß viele Menschen so handeln, als ob sie glauben, daß Gleichheit Liebe erzeuge und Verschiedenheit Zwietracht und Schwierigkeiten. Sie schreibt: „Wenn ich anerkenne, daß ich ein einzigartiges Wesen bin, das allen anderen Menschen ähnelt, gleichzeitig aber auch verschieden von allen anderen ist, kann ich aufhören, mich mit anderen zu vergleichen und mich selbst zu verurteilen und zu bestrafen" (Satir 1990, S. 58). Nach Frankl ist Person-sein (menschliches Dasein, Existenz) absolutes Anders-sein (vgl. 1987-2, S. 116). Aus dieser Einzigartigkeit ergibt sich aber dessen Bedeutung für die menschliche Gesellschaft. Frankl vergleicht diesen Tatbestand mit einem Orchester, bei dem es ja auch nicht darauf ankomme, daß alle das gleiche Instrument und nach gleichen Noten spielten, sondern das je eigene. Und erst dieses Zusammenspiel verschiedener Instrumente macht ein Orchester wertvoll.
Die meiner Ansicht nach vereinfachende Art, mit der Frau Satir glaubt, den Selbstwert aufbauen zu können, macht es schwer, ihr zu folgen. Diese sehr reduktionistische und mechanistische Auffassung vom Menschen vermag meiner Ansicht nach höchstens Teilaspekte von ihm zu erfassen. Immer wieder betont sie, der Mensch müsse sich selbst den Selbstwert geben, indem er sich einfach nur wertschätze und in seiner Einzigartigkeit anerkenne. Ganz abgesehen davon, daß mir dies nur *ein* möglicher Weg zu

sein scheint, kann man sich den Selbstwert doch nicht so einfach nur aus sich selbst heraus aufbauen. Wenn der Mensch nichts *tut*, was seinen Selbstwert erhöht, scheint dies reichlich schwierig zu sein. Da Satir auch nicht zwischen Grundwert und Selbstwert unterscheidet, bleibt diese Betrachtungweise recht oberflächlich. Dazu kommt, daß genau derjenige, der an mangelndem Selbstwert leidet, diesen kaum durch den bewußten Akt der Wertschätzung ausreichend aufbauen kann. Um Frankl etwas abzuwandeln: Man kann nicht wertschätzen wollen, genauso wenig wie man lieben wollen oder wollen wollen kann.
Und an diesem Punkt scheint sich Satir auch selbst zu widerlegen, wenn sie meint, daß Leute mit Minderwertigkeitsgefühlen sich diese selbst oft nicht eingestehen würden, denn es brauche bereits ein gewisses Maß an Selbstwert, um sich ehrlich zu seinem Minderwert zu stellen. Trotzdem komme man um dieses Eingeständnis nicht herum, denn sich „down" zu fühlen und es nicht zuzugeben, bedeute, sich selbst und anderen etwas vorzumachen. Und wer eigene Gefühle auf diese Art entwerte, entwerte sich selbst. Dadurch würden Minderwertigkeitsgefühle weiter verstärkt (vgl. Satir 1990, S. 44).
Damit fallen aber nun, wenn man genau hinschaut, gerade jene Menschen durch den Rost, die einen so geringen Selbstwert haben, daß sie zu ihrer subjektiv empfundenen Minderwertigkeit nicht einmal stehen können. Was für sie getan werden kann, um ihren Selbstwert zu erhöhen, darüber gibt es bei Virginia Satir keine Antwort.

IV. Die Entwicklung des Selbstwertes aus existenzanalytischer Sicht

(in Anlehnung an einen Vortrag von Alfried Längle, gehalten am 3. April 1992 in Unterägeri, Schweiz)

Die Entwicklung des Selbstwertes kann drei basalen Motivationen zugrundegelegt werden. Diese Motivationen werden einerseits von der Umwelt grundlegend bestimmt, sind aber andererseits auch eine Leistung des Menschen. Dabei handelt es sich um die *Seinsfrage*, die *Wertfrage* und die *Rechtfertigungsfrage*.
„Der Kampf ums Dasein, den Wert des Lebens zu erleben und die Behauptung der Eigenständigkeit der Person bilden die existentiellen Aufga-

ben des Menschen. In der Sinnsuche erfährt dieses Streben schließlich seine Abrundung, wenn der Mensch sich in größeren Zusammenhängen zu finden trachtet und in ihrem Horizont sein Leben vollzieht und handelt" (Längle Vortrag 1992, S. 3).
Erst wenn diese drei Motivationen weitgehend entfaltet sind, ergeben sich unverstellte Sinnmöglichkeiten im Leben und existentielles Leben wird möglich.

1. Leben als Raum nehmen („Ja zur Welt")

Da ist zunächst einmal die Tatsache, daß „ich bin". So einfach diese Feststellung auch erscheint, ob ihrer Selbstverständlichkeit wird sie oft übergangen. Diese Ungeheuerlichkeit, dieses Staunenswerte, daß „ich bin", daß es mich gibt, vermag allein schon durch diese Tatsache Grund und Halt zu vermitteln.
Wer dieses Bewußtsein des „ich bin" aus dem Auge verliert, spürt oft den tragenden Boden nicht mehr. Er spürt die Sicherheit nicht mehr, die davon ausgeht. Er übergeht sich selbst zu seinen Ungunsten in einem wichtigen Teilbereich. Wer spürt, wahrnimmt und fühlt, daß es ihn in seiner Einmaligkeit und Einzigartigkeit gibt, kommt in Kontakt zu sich.
Er fühlt: Es gibt mich! Es gibt mich in diesem Leben mit all seinen Sonn- und Schattenseiten. Es gibt mich in dieser Welt. Diese Tatsache läßt sich nicht aus der Welt schaffen. Sie vermag Kraft und Stärke zu vermitteln. Wer den Ernst dieses Tatbestands staunend erfährt, kann leichter seinen Raum im Leben beanspruchen. Jeder Mensch braucht diesen Lebensraum, um sein zu können. Und nur wer selbst genügend Raum hat, kann anderen dementsprechenden Raum zugestehen. Er kann Frieden halten. Nur wer selbst genügend Raum hat, muß nicht ständig um sein Überleben kämpfen, womöglich noch mit dem Rücken zur Wand und daher mit offener oder verdeckter Aggression agieren. „Aggression wurzelt in der Beengung des Lebensraumes" (Längle Vortrag 1992, S. 16).
Sich selbst in seiner Kostbarkeit annehmen, heißt auch, Konflikten nicht aus dem Weg zu gehen.
„Dasein heißt *Angenommensein*. Wir achten sehr auf das Angenommensein durch andere und übersehen viel zu leicht, daß das Angenommensein des reifen Menschen bei ihm selbst beginnt. [...]
Zum Glück sind wir nicht nur Opfer und abhängig. Wir können uns Raum auch selber nehmen, wenn der andere ihn nicht gibt. [...]

In dieser Fähigkeit wurzeln zwei große geistige Eigenschaften des Menschen: *Die Wahrheitsliebe und die Friedfertigkeit*" (Längle Vortrag 1992, S. 14).
Wenn der Mensch sich angenommen und geborgen fühlt, kann er auch unangenehme Wahrheiten sagen, ohne fürchten zu müssen, deswegen weniger geliebt zu werden. Eine für ihn unangenehme Wahrheit auszusprechen, fällt bekanntlich dann besonders schwer, wenn der Mensch ohnehin ständig um die Akzeptanz durch andere kämpfen muß.
Wer es schafft, sich diesen seinen Lebensraum zu nehmen, macht einen wichtigen Schritt in Richtung Selbstannahme.

Erschwerende Entwicklung in der Kindheit

Wenn dieses Gefühl, das „ich bin", in der Kindheit nicht geborgen werden konnte, kann dies als Erwachsener nur erschwert eingeholt werden. Nicht geborgen werden kann dieses Gefühl, wenn das Kind erlebt und erfährt, daß ihm dieser Lebensraum verwehrt wird, indem es von seinen Bezugspersonen nicht oder nicht genügend angenommen wurde, wenn es immer wieder erfährt, daß es eine Last ist, die Eltern (Bezugspersonen) einengt und sie sich womöglich seinetwegen streiten, wenn es immer wieder erlebt, daß sein Tun keine oder kaum Resonanz bei den Eltern (Bezugspersonen) auslöst.
Auch wenn Kinder einen scheinbar unbegrenzten Raum für sich beanspruchen können, weil ihnen beinahe alles erlaubt und beinahe nichts verwehrt wird, kann für sie der innere Lebensraum dadurch eingeschränkt sein, daß es an eben dieser Resonanz der Erwachsenen fehlt, daß sie keine Rückmeldung von den Erwachsenen über ihr Tun bekommen, kurz gesagt, daß sie keine Grenzen erfahren.
In einer grenzenlosen Welt zu leben ist eine riesige Überforderung, weil persönliche Grenzen später mühsam und oft unter schmerzlichen Erfahrungen selbst ausgelotet werden müssen. Nicht zu beengende Grenzen geben ja auch Schutz und Sicherheit. Die Sicherheit nämlich, daß man sich innerhalb der Grenzen relativ frei und ungehindert bewegen kann. Denn grenzenlos zu leben kann manchmal große Angst machen. Grenzen geben auch Orientierung im unwegsamen Gelände des Lebens.
Grenzen sind oft Reibebäume, an denen Kraft geschöpft werden kann. In einer grenzenlosen Welt – ohne Widerstände – können eigene Kräfte nicht entwickelt werden. Der Sparringspartner fehlt. Es ist daher schwierig, Vertrauen in sich selbst zu finden. Das kann aggressiv, depressiv oder

ängstlich machen und dazu führen, daß man mit anderen Menschen nicht zurecht kommt.
Wenn das Kind außerdem immer wieder erfährt, daß Leben ausschließlich Mühsal ist, kann keine Geborgenheit in sich selbst, mit Mitwelt und Umwelt entstehen. Das Agieren aus der Ungeborgenheit ist oft von Angst durchmischt bzw. von Angst gekennzeichnet. Angst vor existentieller Vernichtung, aber auch Angst vor konkreten Dingen und Situationen.
Wenn nun zusätzlich äußeres Leid hinzukommt, wird die Angst noch bedrohlicher. Der Abgrund tut sich um so größer auf, je tiefer der Mensch im Leid steckt, denn Krisen führen noch stärker in die Verunsicherung.

2. Leben als Wert („Ja zum Leben")

Wenn das Leben eines Menschen nur auf sein Dasein beschränkt wird, so hat er zwar ein Dach über dem Kopf, aber es fehlt seinem Leben Wärme und Farbe. Sein Leben ist grau, öde und trostlos. Der Mensch will auch spüren, daß es *gut* ist, daß er da ist. Er sucht nach dem, was es lebens**wert** macht.
Um diese Befindlichkeit zu spüren, bedarf der Mensch wiederum zunächst der anderen. Er braucht Menschen, die ihn gewollt haben, die ihm vermittelt haben und vermitteln: „Es ist gut, daß es dich gibt." „Dieses Spüren kann ich mir natürlich nicht aus den Fingern ziehen. Dazu bedarf es zunächst anderer Menschen, die mich gewollt haben und immer noch wollen. Es ist fundamental, von anderen zu erfahren: ´Gut, daß es dich gibt!´ Es wärmt ein Leben lang, wenn man zu spüren bekommen hat, daß da eine Mutter ist, die gewollt hat, daß ich lebe. Daß da ein Vater ist, dem es wichtig ist, daß es mich gibt. Diese *Wertschätzung* durch andere ist ein Funke, an dem sich die eigene Wertschätzung des Lebens entzünden kann" (Längle Vortrag 1992, S. 17). Dieses Bewußtsein vom eigenen Wertsein ist einem starken Samenkorn vergleichbar, aus dem sich später eine kräftige Pflanze entwickeln kann.
Die Samenkörner können zwar von der Umgebung bezogen werden, für die Entwicklung der Pflanzen muß jedoch auch noch selbst Sorge getragen werden, indem sie in ein entsprechendes Klima verpflanzt werden. Ein solches Klima entspricht einem Leben, aus dem dieses Wertvoll-Sein immer wieder neue Nahrung bekommt, denn die eigene Wertschätzung ist nicht etwas, das ein für allemal von anderen Personen ausgeht. Es bleibt auch ein immerwährender eigener Lebensauftrag, sich selbst Wert zuzu-

schreiben und sein Leben so zu leben, daß es als etwas Wertvolles empfunden werden kann.
Aus dem Gefühl, daß das eigene Leben sich in eine Richtung entwickelt, die der Mensch als gut empfindet, bezieht er für sich selbst durch dieses Leben Wert und Wohlwollen für sich selbst. Außerdem muß er das Gefühl haben, daß er in seinem Leben selbstbestimmt handelt. Damit ist der *Grundwert* des Menschen angesprochen. Er geht allen Werten voran. Alle Werte werden an ihm gemessen.
Wann ist für den Menschen sein Leben gut?
Er wird sein Leben dann als gut gelingend erfahren, wenn er in weitgehendem Einverständnis damit leben kann, wenn er ja sagen kann zu dem, was er tut. Dabei genügt es nicht, sich nach den vorhandenen tradierten, vielleicht auch erprobten Werten und Normen quasi automatisch auszurichten oder sich auch einfach gegen sie zu stellen. Normen und Werte müssen nochmals auf den konkreten Menschen in einer konkreten Situation bezogen und auf die eigene Zustimmung hin abgeklopft werden. Die Stimmigkeit kann im Gewissen erspürt werden. Erfahren werden kann sie nur im Handeln, indem der Mensch in die Welt hinauslangt, und nicht im Nachdenken, indem er sich selbst auf sich zurückzieht und theoretisch Wertvolles betrachtet. Dazu kommt, daß die Gefahr des Bestimmtwerdens bzw. Gelebtwerdens in der Passivität viel größer ist als in der aktiven Bewegung auf ein Ziel hin.
Wird das Leben nicht nach persönlichen Lebenswerten gelebt, werden Menschen abhängig von Autoritäten, die den Lebensweg ausdrücklich, aber auch subtil vorzeichnen, abhängig von äußeren Einflüssen, wie beispielsweise den Medien, oder abhängig vom momentan Angenehmen, wie beispielsweise bei der Ausrichtung nach Komfort und Konsum.
Daher ist immer wieder ein Innehalten erforderlich, um einmal gewählte Wege neu zu überdenken und dort Kurskorrekturen vorzunehmen, wo es notwendig ist. Um das, was gut ist, aber auch ins Bewußtsein zu heben, sind Zeit zum In-Sich-Hineinhören, zum Fühlen dessen, was das eigene Leben ausmacht, und Muße zum Erleben nötig. So braucht z. B. jede Beziehung Zeit, um erhalten zu werden bzw. zu wachsen. Jede Freude und jedes Genießen ist ohne ausreichend Zeit nicht denkbar. „Wenn für eine Kultur der Lebenswerte keine Zeit ist, stellt sich Ersatz ein: Invasion von äußeren Einflüssen; Autoritäten bekommen totalitäre Macht. Selbstlos versucht man, anderen Menschen oder normativen Ansprüchen zu genügen. Leben wird *Abschrift* oder *Vorschrift*. Die ständige Anstrengung, überall genügen zu wollen, wird zum Streß“ (Längle, Vortrag 1992, S. 26).

Erschwerende Entwicklung in der Kindheit

Wenn in der Kindheit selten oder nie das Gefühl vermittelt wurde, es ist gut, daß du da bist, kann später nur mehr sehr schwer das Empfinden des eigenen Wertseins entwickelt werden. Wem auf diese Art und Weise ein negatives Bild von sich aufgebaut wurde, tut sich schwer, sich selbst wertzuschätzen, auch wenn später ausdrücklich und vielfach positive Rückmeldungen über einen selbst zurückgespiegelt werden. Er wird diesen Rückmeldungen nur sehr schwer trauen können können und sie werden kaum ausreichend sein.
Trotzdem versucht dieser Mensch immer mehr an positiver Wertschätzung zu bekommen, ähnlich wie ein Ertrinkender nach jedem rettenden Strohhalm greift. In der Folge richtet er vielleicht sein Leben so ein, daß ihm permanente Wertschätzung sicher scheint, indem er (oft ausschließlich) für andere da ist und in ihnen aufgeht. In diesen unermüdlichen Aufgaben für andere verausgabt er sich allzu leicht, wird leer und erschöpft, wenn er dabei sich selbst aus dem Auge verliert. So kann Streß entstehen. Denn der eigene Selbstwert hängt ganz stark auch davon ab, wie das eigene Tun im Inneren bewertet wird. Eine Voraussetzung dafür ist, das eigene Leben so anzulegen, daß es auf etwas Gutes hinauslaufen kann.
Wenn Menschen immer erfahren haben, daß sie nur geliebt werden, wenn sie ganz bestimmte (von anderen Menschen vorgegebene, oft unerreichbare) Leistungen vorweisen können, so wird es ihnen schwerfallen, sich selbst zu mögen, sobald sie diesen Anforderungen nicht entsprechen. Es wird ihnen überhaupt schwerfallen, Eigenes zu entdecken und es als wertvoll anzusehen, wenn dies systematisch immer unterdrückt wurde. Solche Menschen werden nur dann (scheinbar!) Befriedigung erfahren, wenn sie ihrem fordernden Über-Ich gehorchen. Aus dieser unhinterfragten Anpassung resultiert oft eine innere Unstimmigkeit. Wer immer allen von außen gestellten Anforderungen gerecht werden will, ohne daß er diese mittragen kann, laugt sich auf Dauer selbst aus.

3. Leben als Recht, so zu sein, wie ich bin („Ja zu mir als Person“)

Wer sich seinen Raum nehmen kann und sein Leben so ausgerichtet hat, daß es auf etwas Wertvolles hinauslaufen kann, dem geht es in wesentlichen Bereichen nicht schlecht. Es fehlt aber noch etwas Wichtiges:
Der Mensch will so sein, wie er ist. Er will weder seine Stärken noch seine Schwächen verstecken müssen. Er will seine Eigenheiten entfalten und

damit unverwechselbar sein. Er will einmalig und einzigartig sein. Er strebt nach Anerkennung, Achtung, Rechtfertigung, vor sich und vor den anderen. Jemanden achten können beinhaltet, zu ihm sagen zu können: Es ist gut so, wie du bist.
Der Mensch will so handeln, daß er jederzeit öffentlich zu eben diesem Handeln stehen kann. Kann er aber jederzeit zu sich selbst stehen, wenn er angepaßt lebt und eigene Werte übergeht? Vom Wohlwollen der anderen abhängig ist?
„Diese dritte Motivationskraft der Person stößt in die Ebene der *Verantwortung* und der *Rechtfertigung* des eigenen Lebens vor. Was ist erlaubt – was darf ich mir erlauben? Wo sind meine Grenzen, wo sind die Grenzen der Verbote? Diese Motivation bringt uns vor die kultursoziologische Frage nach dem Ort und Stellenwert des Individuums in der Gesellschaft" (Längle Vortrag 1992, S. 26).
In diesem Bereich stößt man zu der Frage vor: Unterwirft man sich gesellschaftlichen Normen auch auf die Gefahr hin, daß damit Eigenes nicht gelebt werden kann? Eigenes, das sich auch in einer inneren starken und fordernden Stimme, nämlich dem Gewissen, artikuliert und damit in krassem Gegensatz zu internalisierten Über-Ich-Forderungen treten kann. Wenn der Mensch nicht hinter seinem Handeln stehen kann, kann er sich auch nicht achten. Folglich kann es zu schweren inneren Spannungen kommen. Wenn er aber zu seinem Sosein „ja" sagen kann, bekommt er Achtung und Respekt vor sich selbst, aber auch Achtung und Respekt vor anderen, die ihr Sosein ebenfalls leben. Das, was da gespürt wird, ist die Quelle der Toleranz: Wenn wenn man so sein darf, wie man ist, wenn man sich dieses Recht zugestehen kann, kann man es auch anderen zugestehen. Hier liegt aber auch eine Quelle der Gerechtigkeit. Wer sich selbst gerecht wird, kann anderen dieses Recht zugestehen bzw. gerecht werden.
Auch der Ruf nach einer Autorität, die alle Probleme lösen soll, kann in diesen Zusammenhang gestellt werden. Der Druck, der durch Unterdrükkung des eigenen Soseins entstehen kann, weil der Mensch spürt, daß in ihm wertvolle Lebensbereiche brachliegen, kann schnell umschlagen und als Druck an andere weitergegeben werden, indem selbst autoritäre Unterdrückung ausgeübt wird.

Erschwerende Entwicklung in der Kindheit

Wenn „Bravsein" – sprich „Angepaßtsein" – zum zentralen Erziehungsziel wird, ist eine mögliche Gefährdung der dritten Säule, das Recht, so zu sein, wie man ist, gegeben. Was verstehen Erzieher unter „Bravsein?“ Doch wohl in den meisten Fällen ein Anpassen an gesellschaftliche und familiäre Normen: höflich und nicht frech sein, sauber und nicht ungepflegt daherkommen, hilfsbereit und zuvorkommend sein, ruhig zuhören können, nicht streiten, oft sogar möglichst leise und unauffällig sein, gute (Schul-)Leistungen vorweisen, offen und aufgeschlossen sein, aber nicht ausgefallen sein und auffallende Neigungen haben, usw.

Die Aufzählung ließe sich noch lange fortsetzen. Dabei fällt auf, daß unter „Bravsein“ meist ein „Angepaßtsein“ verstanden wird. Vielen Eltern ist es ganz wichtig, daß ihre Kinder „tuand wia d'Lüt“, was in etwa heißt, daß sie sich so verhalten sollen, daß sie in ihrer Umgebung nicht auffallen. „Unter dem Druck des Liebesentzuges lernt es (das Kind, E. W.) Anpassung statt Mut zur Eigenständigkeit. Es beginnt, seinen eigenen Gefühlen zu mißtrauen, wenn es erlebt, daß die Eltern immer recht haben und immer wissen, was das Richtige für es ist“ (Längle Vortrag 1992, S. 29).

Anpassung ist die Klemme zwischen dem Erwarteten (durch andere) und dem Gefühlten (durch sich selbst) und man geht den Weg des Erwarteten. Anpassung schafft daher keinen Lebensraum, denn dieser entsteht nur durch Auseinandersetzung! Statt dessen erwächst oft eine innere Aggression sich selbst gegenüber. Für die Anpassung nach außen straft man sich in seinem Inneren. Angepaßte Menschen sind häufig angespannt, aggressiv geladen, und nicht selten entstehen daraus Depressionen.

Die geforderte Anpassung läßt sich meiner Meinung nach noch einmal differenzieren in Anpassung an „äußere“ und „innere“ Normen.

„Äußere“ Normen sind solche, die eher an der Oberfläche bleiben und deren Einhaltung entweder nicht oder kaum tiefere Persönlichkeitsschichten berührt, wie z. B. ordentlich zu essen, grundsätzliche Hygienevorstellungen zu befolgen und Ordnung zu halten.

Unter „inneren“ Normen können solche verstanden werden, die nur über eine große innere Anpassung befolgt werden können und die tief in die Persönlichkeitsstruktur reichen. So ist z. B. die Forderung nach nicht aggressiv bzw. nicht böse sein nur zu erfüllen, wenn wesentliche Gefühle und Regungen unterdrückt werden. Dazu kommt, daß diese „inneren“ Normen oft nur durch ganz massive erzieherische Interventionen aufrecht erhalten werden können, weil nicht auf die Ursachen von beispielsweise Aggression, mangelnder Leistungsbereitschaft, Angst oder Depression eingegangen und nur das Erziehungsziel Anpassung im Auge behalten wird. Wenn der Wert des Friedens um jeden Preis in den Mittelpunkt rückt, werden Konflikte unter Umständen umgangen oder gar unterdrückt.

Konfliktfähigkeit kann so nicht gelernt werden. Wenn Kinder möglichst nicht ungefragt reden sollen, vor allem negative Gefühle nicht ausdrücken dürfen, so lernen sie nicht, miteinander ins Gespräch zu kommen und ihre Meinung offen zu äußern.
Wenn Kinder erfahren, daß es gewünscht wird, möglichst unauffällig zu sein, werden sie versuchen, diesem Ideal nahezukommen.
Wenn Leistungen, besonders Schulleistungen, sehr hoch bewertet werden, werden andere Lebensbereiche oft gar nicht mehr als möglicherweise erfüllend in Betracht gezogen. Kritisch wird dieses Denken, sobald man sich nur mehr über seine Leistung definieren kann, wenn man sich „das tägliche Eintrittsticket ins Leben durch Leistung“ (Längle Vortrag 1992, S. 31) erkaufen muß. Das Ergebnis „braves Kind“ wird gewünscht, notwendige voraussetzende Verhaltensweisen aber nicht angebahnt.
Böse formuliert: Den Bezugspersonen ist egal, ob ein Mensch von starken inneren Aggressionen fast zerrissen wird, ob er niedergedrückt und traurig ist und ob er ängstlich und schüchtern ist. Hauptsache, er verhält sich familienkonform, rollenkonform, gesellschaftskonform.
Diese Frage wird besonders dort ganz aktuell, wo liebende Eltern Kinder auf eine sehr schwer zu durchbrechende Art und Weise an ihre Norm- und Wertvorstellungen binden und ganz besonders schlimm wird die Situation, wenn Eltern ihre Liebe von Bedingungen abhängig machen. Das Kind versucht, sein Verhalten den Eltern zuliebe auszurichten und verlernt dabei, auf seine eigenen Gefühle zu hören, wenn es erlebt, daß Eltern immer recht haben und immer wissen, was das Richtige ist (vgl. Längle Vortag 1992, S. 29).
Ist uns eigentlich bewußt, was wir da anrichten, wenn statt Persönlichkeitsstärkung mehr oder weniger viele Persönlichkeitsanteile unterdrückt werden (müssen), um im Endeffekt angepaßte, aber vielleicht unglückliche Menschen zu erziehen? Dieses Unglücklichsein ist und bleibt ja dann nicht Einzelschicksal, sondern ist etwas, das sich in der Gesellschaft fortpflanzt.
Was tragen wir unter dem Mantel der Liebe an unsere Kinder heran? Dazu erscheint notwendig, einmal näher zu durchleuchten, was mit „Liebe“ eigentlich gemeint ist.

V. Selbstwert aus existenzanalytischer Sicht

1. Was versteht die Existenzanalyse unter Selbstwert?

Selbstwert aus der Sicht der Existenzanalyse ist nicht etwas, das über eine Technik oder eine Methode erreicht werden kann. Aber auch nicht im Kreisen um die eigene Person in einer Art Nabelschau.
Unter Selbstwert wird in der Existenzanalyse verstanden, daß man sich selbst in seinem Leben als wertvoll erlebt, daß man spürt, dies auch für andere zu sein und daß man eigene Erlebnisse und Handlungen als wertvoll ansehen kann. Um dies zu erreichen, müssen zwei wesentliche Voraussetzungen erfüllt sein: zum einen die Überzeugung von der unbedingten Würde des Menschen – und dies unter allen Bedingungen. Zum anderen bildet der Grundwert eine Basis, aus der heraus sich Selbstwert erst entwickeln kann.

2. Erlangung und Verbreiterung des Grundwertes
(nach Längle, Seminar 1992)

Zunächst einmal ist es wichtig, zur *Ruhe* zu kommen, diese zu ertragen und zu lernen, es darin auszuhalten und nicht dem Impuls zur Flucht in die Beschäftigung nachzugeben.

Ganz wichtig ist es, *Ausschau zu halten nach der Welt.* Gibt es Menschen, bei denen ich erlebe, daß es gut für sie ist, daß es mich gibt? Für die ich keine Bedrohung bin? Dieses Du muß nun nicht an einen konkreten Menschen gebunden sein. Gibt es ein zwar abstraktes, unfaßbares, aber spürbares Du, das „Gott“ heißen kann, vielleicht auch in der Form des Naturerlebens? Oder gibt es Aufgaben in der Welt, die auf mich warten?

Durch Gespräche mit sich selbst und anderen kann der Frage nachgegangen werden: „Finde ich es gut, daß es mich gibt?“
Denn jeder Wert nimmt nun – wie schon dargelegt – Bezug auf etwas – und das ist der *Grundwert.*

Ohne zumindest eine bescheidene Basis durch den Grundwert kann kein Wert als solcher erlebt werden. Wenn ich selbst keinen Wert darstelle, wozu soll ich mich dann Erlebniswerten hingeben oder Schöpferische Werte verwirklichen?

Alle Werte sind für mich sinnlos, wenn sie nicht einen Bezug zu mir aufweisen. Es geht letztlich darum, sich selbst im wertbezogenen Handeln immer wieder als wertvoll zu erfahren. Wenn die eigene Person dazu völlig nebensächlich wäre, könnte ja wahllos jede x-beliebige Handlung durchgeführt werden oder auch gar keine. Diese Beliebigkeit steht dem Wertbezug geradezu diametral gegenüber. Sinnvoll ist eine Handlung ja erst, wenn *ich* sie als wertvoll einstufe. Dazu bedarf es einer Vorbedingung, die ich selbst bin, die nicht von den Dingen selbst ausgehen kann.

Wie bei der Entwicklung des Selbstwertes dargelegt, kann sich aus dem Wert des Menschen an sich sein mehr oder weniger bedingtes Ja zum Leben entwickeln, das sich darin ausdrückt, daß er etwas wert sein will. Erst daraus kann das Ja zu mir entstehen, das hier als Selbstwert bezeichnet wird und in der Frage gipfelt: „Was an mir kann ich achten?“ (Mitschrift A. Längle, 12.4.1992)

Der Selbstwert hat einerseits den Wert des Menschen zur Grundlage, andererseits aber auch den Grundwert. Darauf aufbauend kann Selbstwert entwickelt werden.

Der Selbstwert geht nun aus der Sicht der Existenzanalyse eine ganz enge Beziehung zum Werterleben und zur Wertverwirklichung des Menschen ein. Aus diesem Tun schöpft der Mensch ein Bewußtsein von innerer Stärke.

Der Selbstwert setzt aus existenzanalytischer Sicht also ganz nah beim Erleben und Handeln des einzelnen Menschen an und kann einerseits nicht theoretisch eingeholt und andererseits nur zum Teil aus der Vergangenheit konstituiert werden.

Im Zugehen auf Werterleben und Wertverwirklichung sind Vertrauen und Mut wichtige Voraussetzungen. Vertrauen hat mit „trauen“ zu tun und resultiert sicherlich zu einem Teil aus frühkindlichen positiven Erfahrungen.

3. Der Selbstwert im Zusammenhang

a) Selbstwert und Vertrauen

Es gibt ein *Vertrauen* in das eigene emotionale Empfinden, darauf, daß man sich auf seine Empfindungen verlassen kann. Wenn dieses Vertrauen nicht da ist, ist der Selbstwert gestört. Aber nicht nur: Indem man sich überwindet und über sich hinauswächst, werden (neben negativen) auch positive Erfahrungen möglich, die nun wiederum zur Erhöhung des Selbstvertrauens der betreffenden Person beitragen. Vertrauen ist aber neben diesem grundgelegten, positiven Gefühl auch etwas, was der Mensch aus sich heraus ganz bewußt schaffen kann. Es entsteht in der Auseinandersetzung mit Widerständen und vermittelt dabei ein Gefühl existentieller Stärke. Vertrauen läßt sich mit anderen Worten nicht von vorneherein dort entwickeln, wo dem Menschen die Dinge in den Schoß fallen, sondern dort, wo er um sie ringt und sich im Widerstand erfährt. Vertrauen, das mehr ist als ein Gefühlskonstrukt, kann der Mensch sich also dadurch selbst vermitteln, indem er sich mit der Welt auseinandersetzt und auf seine Freiheit baut.

b) Selbstwert und Mut

Mut als Begleiter des Vertrauens ist eine innere Kraft, die durch Überwinden der Angst wächst. Mut und Vertrauen bauen sich so gegenseitig auf. Indem der Mensch sich in seinem Erleben und seinen Handlungen selbst achten kann, baut er seinen Selbstwert auf.

Selbst achten kann er sich dann, wenn er Werte verfolgt, die einen inneren Bezug zu ihm selbst haben und zu denen er stehen kann. Seinen Selbstwert untergräbt er eher, wenn er sich unhinterfragt an überlieferte Werte und Normen ausliefert, wenn er sich anpaßt. Nicht zu sich selbst stehen zu können, ist eine der tiefsten Selbstverletzungen.

c) Selbstwert im Zusammenhang mit den drei Wertkategorien

Die einzelnen Wertkategorien tragen nicht in gleicher Weise zur Erhöhung des Selbstwertes bei. Laut einer empirischen Untersuchung von Petra Eckhardt (1992) besteht hierbei der signifikanteste Zusammenhang geschlechtsunabhängig zwischen Erlebniswerten und Selbstwert.

Selbstwert und Erlebniswerte

In diesem Zusammenhang spielen die Beziehungsfragen die größte Rolle, also die Fragen, ob der betreffende Mensch anerkannt und geliebt wird.

Geliebt zu werden, scheint der bedeutendste Einzelfaktor im Bereich der Erlebniswerte zu sein, der zur Hebung des Selbstwertes beiträgt. Besonders wenn Liebe in diesem Sinne verstanden wird, wie in Teil C, Kap. VI, S. 202 ff. ausgeführt. Eine Liebe unter Bedingungen wird vermutlich diesen positiven Aspekt stark einschränken. Wer zum Beispiel eigene Interessen und Stärken zurückstellen muß, um die Liebe der Eltern, des Partners oder auch der Umgebung zu erhalten, wird den eigenen Selbstwert nicht so leicht entfalten können. Diesbezüglich werden m. E. in der Erziehung Unterschiede zwischen den Geschlechtern bereits dadurch geschaffen, daß den Jungen meist von vorneherein weniger Grenzen gesetzt werden, ihnen eine größere Autonomie bei Schöpferischen Werten zugebilligt wird, d. h., daß eher akzeptiert wird, wenn sie eigene Wege gehen. Hinzu kommt, daß die Angst der Eltern um sie meist weniger groß ist. Weiterhin wird von Mädchen zumindest immer noch erwartet, daß weitgehend sie sich um Haushalt, Familie und Beziehungsarbeit zu kümmern haben, was einer Wertvorschreibung gleichkommt, Jungen werden, auch dann, wenn sie eigenen Interessen nachgehen, eher geliebt und akzeptiert. Dies scheint mir bei Mädchen weniger der Fall zu sein. Sie werden mehr zur Anpassung erzogen, was in der Folge bedeutet, daß sie vermehrt Liebe unter Bedingungen erleben. Ihr Handlungsspielraum und damit ihre Möglichkeiten, eigenständig Selbstwert zu entwickeln, werden dadurch stark eingeschränkt, und daraus entwickelt sich m. E. zum Teil auch ihre größere Abhängigkeit in bezug auf Beziehungen.
Zu den Erlebniswerten gehören weiterhin Erlebnisse im Bereich von Kultur, Natur und Technik. Fehlen solche echten Erlebniswerte, fühlt sich der Mensch früher oder später ausgebrannt und leer.

Selbstwert und Schöpferische Werte

An nächster Stelle der Rückwirkungen auf den Selbstwert steht die Verwirklichung Schöpferischer Werte.
Wer mit seiner Person in die Welt hinauslangt und in seinen Augen für die Welt Wertvolles schafft, erfährt dieses Tun als Aufwertung seiner Person. Er vermag der Welt etwas Einzigartiges und Einmaliges von sich zur Verfügung zu stellen und bereichert damit die Welt.
Er erfährt dabei auch etwas von sich selbst, was ihm Freude macht, Befriedigung verschafft, was für ihn sinnvoll ist, bei welchen Beschäftigungen er sich ganz lebendig fühlt, was er weniger gut oder besonders gut

kann. Indem er das ausbaut, was er besonders gut kann, wiederholt sich die positive Bestätigung und wird zur Verstärkung.
Da diese Werte sehr subjektiv sein können, resultiert der Selbstwert auch aus einer inneren Unabhängigkeit, nämlich der Orientierung an eigenen Wertvorstellungen und nicht an den Wertvorstellungen anderer, auch überlieferter Normen.
Wer sein Leben nach Werten ausrichtet, ist auch bereit, dafür Konflikte in Kauf zu nehmen. Wer von einer Sache ganz überzeugt ist, wer spürt, daß er in dieser Sache ganz er selbst ist bzw. werden könnte, dem wird diese Sache so wichtig, daß er sich auf sie ausrichtet und bereit ist, dafür zu kämpfen. Die Konfliktfähigkeit wird erhöht. Im dabei vielleicht erforderlichen Neinsagen zu anderen Ansinnen und in der nötigen Abgrenzung von anderen Dingen, um ganz für die eine Sache dazusein, wird auch wiederum persönliche Freiheit erlebt.

Selbstwert und Einstellungswerte

Für Frankl sind die Einstellungswerte die Königsstraße zum Selbstwert. Sie sind am schwierigsten umzusetzen und kommen bei unabänderlichem Leiden zur Anwendung. Wer es schafft – so seine Auffassung – diese umzusetzen, vermag zur letzten, existentiellen Freiheit vorzudringen, daran als Mensch ganz zu reifen und damit seinen Wert im letzten zu begreifen. Frankl berichtete beispielsweise, daß er während seiner KZ-Aufenthalte einmal selektioniert worden sei. Er wurde ausgewählt für einen Transport, der am nächsten Morgen ins Gas gehen sollte. Er berichtete ferner, daß er am Abend zuvor mit sich im reinen war, innerlich von allem Abschied genommen habe und geradezu von einem inneren Glücksgefühl erfüllt gewesen sei, das daraus resultierte, daß er seine Angelegenheiten mit sich abgemacht hatte und in Frieden von dieser Welt scheiden hätte können und daß er eine unendliche Befreiung von der Verantwortung gespürt hatte.
Er hätte sich sogar noch überlegt, ob er – um sich weitere Qualen zu ersparen – „in den Draht" gehen sollte. Das bedeutete, einen ernst gemeinten oder vorgetäuschten Fluchtversuch zu machen und dabei erschossen zu werden. Er entschied sich dann aber dafür, das bevorstehende Leiden bewußt in Kauf zu nehmen und nicht „in den Draht zu gehen" und sich damit auch eine letzte – wenn auch höchst unwahrscheinliche Möglichkeit zum Weiterleben – offenzulassen. Aus bis auf den heutigen

Tag für ihn unerfindlichen Gründen fiel genau jener für ihn bestimmte Transport ins Gas tatsächlich aus, was sonst offenbar noch nie vorgekommen war. Damit entkam er seinem sicher scheinenden Tod. Dieses Erlebnis ebenso wie andere Vorfälle in seiner ärztlichen Tätigkeit bestätigten ihn immer wieder in seiner Auffassung, daß bis zum letzten Atemzug im menschlichen Leben noch alles offen sei.
Frankl hat nicht nur durch dieses Erlebnis, sondern überhaupt durch seinen jahrelangen KZ-Aufenthalt am eigenen Leib erfahren, wie überlebenswichtig diese Einstellungswerte sind, und auch, wie an ihnen ein existentielles Selbstvertrauen aufgebaut werden kann.
In der Untersuchung von Eckhardt (1992) erwiesen sich die Einstellungswerte zwar als von geringerer Bedeutung zur Erhöhung des Selbstwertes wie Erlebnis- und Schöpferische Werte, d. h. über die Realisierung von Einstellungswerten wird der Selbstwert nach der Selbsteinschätzung der befragten Personen in geringstem Maße angehoben. Dies könnte damit zusammenhängen, daß Einstellungswerte, bei denen die sehr gering verbleibende Freiheit zunächst kaum gesehen und die als kaum gestaltbar erlebt werden, tatsächlich kaum gelebt werden und daß dies zunächst gelernt werden muß. Und daß das Lernen in diesem Bereich ein sehr schwieriges ist.
Wer aber nicht zu dieser Einstellung finden kann, kann die von Frankl postulierte Superiorität sicherlich nicht nachempfinden, denn im üblichen widerstrebenden Hinnehmen von Schicksal läßt sich kaum Erfüllung finden.
Echte Trauerarbeit beispielsweise ist nichts anderes als Wertpflege. Weil durch den Verlust des Wertes dieser überwältigend wird, geht es darum, diesen Wert nochmals anzuschauen und ihn zu verinnerlichen. Trauer ist damit ein Ausdruck des Wertverlustes.

d) Wertvergötzung

Jedoch kann die Werterfüllung in bester Absicht problematisch werden, wenn Werte überbewertet oder geradezu vergötzt werden. Wenn beispielsweise Gesundheit zu einem solchen vergötzten Wert gemacht wird, stellt der Mensch sich selbst in Frage. Wenn Gesundheit so wichtig wird, daß ohne Gesundheit alles nichts ist, sagen wir damit nicht mehr und nicht weniger, als daß Leben nur dann einen Wert hat, wenn wir gesund sind. Diese Aussage hebt den (vermeintlich) gesunden Menschen von den

anderen ab und stellt ihn als (nachahmenswertes) Ideal dar. Was bedeutet dies für all jene, die tatsächlich nicht gesund sind, vielleicht körperlich oder geistig behindert, akut oder chronisch krank, psychisch (und eventuell sozial) gehandikappt? Wir werten sie mit dieser Aussage ab. Wo sie es ohnehin schon besonders schwer haben, weil sie nicht dem Ideal des jugendlich-gesunden Durchschnittsmenschen entsprechen. Wir verweigern diesen betroffenen Menschen Sinn. Viel düsterer können wir Sinnmöglichkeiten für diese Menschen, die vermutlich ohnehin an ihrer Krankheit leiden, nicht ausschließen.
„Hauptsache gesund" stimmt nicht. Was nützt einem Menschen seine ganze Gesundheit, wenn er nichts damit anfangen kann, wenn er nicht entlang seiner Gesundheit darüber hinausweisende Sinnperspektiven entwickeln kann?
Und umgekehrt: Wenn jemand sein Leben als sinnvoll erfährt, obwohl er krank oder behindert ist, wird er mit dem gängigen Gesundheitsbegriff kaum etwas anfangen können. Sinn kann also kaum in der Gesundheit selbst liegen. Die entscheidende Frage ist doch, wozu die Gesundheit verwendet wird. Günter Funke sagt dazu: „ So wichtig sie auch ist, so kostbar sie auch ist, ihren wirklichen Wert erhält sie von ihrem WOZU. Gesundheit an sich ist kein hinreichender Motivationsgrund für sinnvolles Leben ... [...]. Menschsein geht nicht auf im Gesundsein, es ist unendlich viel mehr" (Funke, Vortrag 1991).
Eine Wertvergötzung liegt auch vor, wenn Menschen nach Verlusten in eine abgrundtiefe Verzweiflung verfallen. Im Unterschied zur Trauer, die ein Ausdruck des Wertverlustes ist, resultiert die Verzweiflung auf der Überhöhung und Ausschließlichkeit *eines* Wertes.
Vollends zum Problem wird die Wertvergötzung dann, wenn der Selbstwert an diesen vergötzten Wert gekoppelt wird, wenn der Selbstwert also von der eigenen Gesundheit abhängt, wenn jemand sich z. B. deswegen nicht mehr wertschätzen kann, weil er alt, krank oder behindert ist.

4. Förderung des Selbstwertes

a) Der Bereich der Wertverwirklichung

Wer schon in verschiedensten Situationen, insbesondere auch solchen, in denen Einstellungswerte zu verwirklichen waren, die Erfahrung gemacht

hat, solchen Herausforderungen gewachsen zu sein und an ihnen gewachsen ist, bekommt für sich das Gefühl, das Leben meistern zu können. Auch wenn es sich ihm nicht so zeigt, wie es der eigenen Wunschvorstellung entspricht. Daraus erwächst ihm jene innere Unabhängigkeit und Freiheit, die als existentielle Stärke bezeichnet werden kann.
Selbstwert resultiert daher auch aus dem Wissen, der Zuversicht und der eigenen erspürten Kraft und bereits gemachten Erfahrung, daß es möglich ist, mit schwierigen Lebenssituationen umzugehen.
Wesentlich gefördert wird der Selbstwert also durch die Verwirklichung der oben dargelegten drei Wertstraßen zum Sinn. Der eigene Wert wird angereichert mit verwirklichten Werten. Wert und Selbstwert lassen sich daher nicht trennen. Der Glaube des Menschen an Werte beinhaltet auch den Glauben an den eigenen Selbstwert.

b) Der Bereich der Freiheit

Ein weiterer selbstwertsteigernder Punkt liegt meiner Ansicht nach in der Freiheit selbst. Für das Erkennen und Spüren des eigenen Wertes ist das Sehen und Fühlen der eigenen Freiheit wichtig. Dort, wo der Mensch erkennt, daß es ganz wesentlich auf ihn ankommt, wird er *die* Handlungen setzen, die ihm wichtig und richtig erscheinen. Dort, wo es ganz wesentlich auf ihn ankommt, wird er sein ganzes existentielles Gewicht in die Waagschale werfen, um eine Situation möglichst befriedigend zu gestalten.
Frankl meint in diesem Zusammenhang: „Im Gegensatz zum faktischen Ich ist das Selbst ein fakultatives. Es repräsentiert den Inbegriff der Möglichkeiten des Ich. Diese Möglichkeiten sind solche der Sinnerfüllung. Wer einen Menschen um diese Möglichkeiten betrügt, beraubt ihn des Selbst als des Spielraums, in dem das Ich atmet“ (Frankl 1975, S. 253).
Die Freiheit der Entscheidung im Gegensatz zum Determinismus wertet den Menschen auf, aus dieser Freiheit läßt sich der Selbstwert geradezu herausschälen.
Wenn der Mensch sich als kleines Rädchen einer übermächtigen Maschinerie erlebt, in der er nur so und nicht anders funktionieren kann, wird er für sich kaum Freiheit orten können. Er erlebt sich als austauschbar und hat vermutlich das Bestreben, kaum aufzufallen, um nicht ausgewechselt zu werden. Vermutlich glaubt er nicht daran, daß es gut sein könnte, die eigene Individualität zu entwickeln oder sich gegebenen Bedingungen

gegenüberzustellen. In einem Wechselspiel von Festgeschrieben-werden und Festgeschrieben-fühlen würde der Mensch damit in eine passive Rolle geradezu gedrängt, was nicht zu einer Erhöhung des Selbstwertes beiträgt, selbst dann, wenn er sich als bedingt von äußeren Umständen ansieht.
Wie kann jemand, der sich selbst als beinahe total abhängig, vielleicht bedingt von einem unbeeinflußbaren, äußeren Geschehen, bestimmt sieht, sich selbst einen eigenen, unverwechselbaren Wert beimessen?
Damit sind wir auch schon bei dem, was Frankl als Pandeterminismus (Frankl 1987-2, S. 45) geißelt. Er meint damit eine Weltanschauung, die den Menschen in übertriebener Form als ein unbeeinflußbaren Bedingungen unterworfenes Wesen sieht. Er schreibt: „Gegen einen gesunden Determinismus wäre ja nichts einzuwenden, wogegen wir uns jedoch zu wenden haben, ist, was ich als Pandeterminismus zu bezeichnen pflege. Selbstverständlich ist der Mensch determiniert, d. h. Bedingungen unterworfen, mag es sich um biologische, psychologische oder soziologische Bedingungen handeln, und in diesem Sinne ist er keineswegs frei – er ist nicht frei von Bedingungen; er ist überhaupt nicht frei von etwas, sondern frei zu etwas, will heißen frei zu einer *Stellungnahme* gegenüber all den Bedingungen, und eben diese eigentliche menschliche Möglichkeit ist es, die der Pandeterminismus eben so ganz und gar übersieht und vergißt" (Frankl 1987-2. S. 45).
Dieses Zitat von Frankl an dieser Stelle soll noch einmal die Bedeutung zumindest der Stellungnahme aufzeigen und bekräftigen. Menschen, die diese Kraft spüren, freilegen und anwenden können, die Frankl als „Trotzmacht des Geistes" (Frankl 1987-2, S. 46) umschreibt, die den Wind der Freiheit wahrzunehmen vermögen, legen auch nach und nach ihren eigenen Wert frei. Je mehr sich ein Mensch seiner Geistigkeit und damit seiner Trotzmacht des Geistes bewußt wird, desto mehr kann er sich freisprechen und freiwerden.

c) Der Bereich der Verantwortung

Im Raum dieser Freiheit wird der eigene Wert nochmals klarer und greifbarer, vor allem wenn man sich der eigenen Verantwortung bewußt wird. Der Mensch spürt, daß er ganz allein auf sich zurückgeworfen ist in der Frage, wie er diese seine Freiheit gestalten soll. Er spürt, was auch immer er tut, es fällt auf ihn zurück. Es liegt in seiner Verantwortung. Deren Größe zu spüren, mag einerseits bedrückend sein, andererseits

vermag der eigene Wert darin verspürt werden. „Kein äußerer Erfolg, kein Effekt, ..., da draußen in der Welt – hat die Gewähr, uns zu überdauern oder gar ewig zu dauern. Der innere Erfolg jedoch, die innere Sinnerfüllung des Lebens, ist etwas, das, wenn überhaupt, dann ‚ein für allemal' erreicht wurde" (Frankl 1988, S. 111).
Dies tritt auch dort deutlich zutage, wo sich die Person gegenüber dem Charakter durchsetzt. Diese Freilegung wird – wie schon früher dargelegt – in der Persönlichkeit greif- und spürbar.

d) Das Überwinden des Reduktionismus

In diesem Zusammenhang wird von Frankl ein weiteres Phänomen beschrieben, das die Geistigkeit des Menschen und damit den Selbstwert unterhöhlt, nämlich der Reduktionsmus, den er aus diesem Grund als Subhumanismus bezeichnet (Frankl 1987-2, S. 42). Dieser kommt für ihn dort zum Tragen, wo sich der Mensch nicht anders sehen kann als eine mehr oder weniger organisierte Zellansammlung. Damit wird in seinen Augen ein Mensch in seiner Geistigkeit, in seinem Streben auf Sinn und Werte hin nicht mehr ernst genommen. Daher ist auch diese Vorstellung vom Menschen – ganz abgesehen davon, daß sie nicht haltbar ist – nicht dazu angetan, seinen tatsächlichen Wert zu untermauern. Deswegen gilt es, dem Reduktionismus auch dort entgegenzutreten, wo ein solcherart verkürztes Menschenbild dem Selbstwert des Menschen entgegensteht.
Trotzdem finden wir diese Haltung vornehmlich in naturwissenschaftlich forschenden Wissenschaftsbereichen in mehr oder weniger großen Ansätzen immer noch zur Genüge. Das, was jedoch das spezifisch Humane ausmacht, ist das Personale, das durch Freiheit und Verantwortung gekennzeichnet ist.

e) Der Bereich des Antwortens

Sich selbst in die aktive Antworthaltung zu bringen, zu wissen, daß jede Situation eine geeignete Antwort vom Menschen verlangt, erhöht die Aufmerksamkeit für das eigene Leben und damit den Selbstwert. Das Leben fragt, und in der Antwort entsteht individueller Spielraum. Leben heißt ja antworten, sein eigenes Dasein verantworten. „Das Leben erscheint so nicht mehr als eine Gegebenheit, sondern als eine Aufgegebenheit – es ist in jedem Moment Aufgabe" (Frankl 1988, S. 100).

In der vorkopernikanischen Haltung, mit anderen Worten: in der Wunschhaltung an das Leben, sind Menschen bzw. deren Selbstwert davon abhängig, ob und welche Wünsche das Leben uns erfüllt. Wenn wir Glück haben, scheint das Leben uns gnädig gestimmt und zeigt sich von seiner besten Seite. Vielleicht macht es uns das Leben leicht und „schenkt“ uns Gesundheit, befriedigende persönliche Beziehungen und angemessene Betätigungsfelder.
Aber ist nicht auch das, was uns sozusagen ohne (allzugroße) Anstrengungen in den Schoß fällt, weniger wert? Können wir es immer schätzen? Das, was als weniger wertvoll bzw. ohnehin selbstverständlich angesehen wird, verhilft – so wage ich zu behaupten – daher nicht zur Erhöhung des Selbstwertes. Daß Leben in einer Wohlstandsgesellschaft nicht automatisch glücklichere Menschen schafft, wissen wir mittlerweile zur Genüge. Sinn- und Wertfragen werden akut, psychische Krankheiten treten vermehrt auf.
Selbstwert kann nur durch eigenes als sinnvoll erlebtes Tun erhöht werden, nicht dadurch, daß einem die Dinge zufallen. Dies bedeutet: Wenn der Mensch sich in eine Haltung zu bringen vermag, aus der heraus er das Leben als Aufgabe sehen kann und er sich daranmacht, dieser auch gegen äußere Widerstände gerecht zu werden, wird dies zur Stärkung seines Selbstwertes beitragen.

Vorgaben aus der Kindheit

Wenn auch der Grundwert zusammengefaßt das ist, was zum Tragenden und zum Grund für einen Menschen wird, sozusagen eine sichere Festung für ihn, von der aus die Stürme des Lebens (Angst, Trauer, Niedergeschlagenheit, Konflikte, u.ä.) leichter bewältigt werden können, so ist der Selbstwert nochmals eine Überhöhung dessen. Es geht um den Wert seiner selbst. Bei hohem Selbstwert können viele Mißerfolge verkraftet werden. Bei niedrigem Selbstwert können trotz vieler Erfolge nagende Zweifel über den eigenen Wert bestehen bleiben.
Sicher gibt es zu jedem Zeitpunkt im Leben eines Menschen schon eine mehr oder weniger prägende Vorgeschichte, können Grund- und Selbstwert in jedem Alter, besonders schlimm jedoch in der Kindheit, unterdrückt oder aufgebaut oder auch erschüttert worden sein. Trotzdem ist dieser Selbstwert nichts Statisches, Unveränderbares, Ungestaltbares.
Wenn Kinder nicht um ihrer selbst willen geliebt worden sind, kann es sein,

daß sie ihr Selbst verleugnen und keines entwickeln. Solche Kinder leiden meist unter mangelndem Selbstwert. Für sie ist es nicht einfach, trotz dieser schlechten Voraussetzung, Selbstwert aufzubauen. Oder Kinder, denen immer wieder rückgespiegelt wurde, daß sie dies oder jenes nicht schaffen würden, daß sie auf diesem oder jenem Bereich besonders schwach wären, tun sich nicht sehr leicht, ihren Selbstwert aufrechtzuerhalten.
Trotzdem kann noch aus dieser Situation heraus gestaltet, kann stückweise Territorium gewonnen werden, das trägt.

Exkurs: Unterscheidung zum Narzißmus

Der Narzißt hat eine (zu) enge Beziehung zu seinem Selbstbild, die unter Umständen sogar zu einer Liebesbeziehung zu sich selbst auswächst. Man könnte fast von einer Liebesbeziehung zum Selbstwert sprechen. Er konzentriert seine seelischen Interessen auf sich *selbst* (vgl. Klußmann 1988, S. 27). Dabei bildet er ein labiles Selbstwertgefühl aus, das sich besonders im Umgang mit Kränkungen zeigt. Eine reife Reaktion auf eine Kränkung ist die Realitätsprüfung, indem man sich fragt, ob der ausgesprochene Vorwurf tatsächlich zutrifft und weiter, ob denn der Vorwurf tatsächlich so schlimm ist. In einer solchen Situation wird man sich die Möglichkeit zur Korrektur genauso offen lassen wie die Möglichkeit, sich angemessen zu wehren. Der Narzißt, dessen Kränkbarkeit durch sein labiles Selbstwertgefühl sehr groß ist, versucht, diese Kränkung zu kompensieren, indem er sie verleugnet oder idealisiert, indem er Größenphantasien aufbaut, von Minderwertigkeitskomplexen geplagt wird oder sich auf einen harmonischen Primärzustand zurückzieht.
Er ist oft nicht er selbst und baut ein hohes Ich-Ideal auf, das durch Perfektionismus gestützt wird. Aufgrund seiner großen Angst vor Liebesverlust entwickelt er eine hohe Anpassungsbereitschaft (vgl. Klußmann 1988, S. 35 f.) und Abhängigkeit von Personen. Durch die starke Beschäftigung mit sich selbst, ist er nicht von vorneherein jemand, der durch Taten über sich selbst hinausgreift, Werte verwirklicht und damit seinen Selbstwert hochhält. Er hat genug mit sich selbst zu tun.
Ein Mensch mit einer narzißtischen Persönlichkeitsstruktur hat also nicht von vorneherein ein hohes Selbstwertgefühl. Wenn er es entwickeln kann, ist viel an Projektion, Verdrängung und Verleugnung notwendig. In den seltensten Fällen ist dieses Selbstwertgefühl konstant. Im Gegenteil, es ist

durch Labilität gekennzeichnet. Oder es kommt gar zur Ausprägung von Minderwertigkeitsgefühlen.

5. Zusammenfassung

Der Selbstwert umfaßt also einerseits den Grundwert des Menschen, in dem er erlebt, wertvoll zu sein, auch für andere, und andererseits seine existentielle Fähigkeit, an der Welt zu wachsen und reicher zu werden, indem er Wertvolles erfährt und Wertvolles umsetzt. Er erlebt, daß es gut ist, zu sein, und daß er aufgrund seines Wirkens in die Welt Positives bewirken kann. Er ist jemand, weil er Wertvolles bewirkt. „Der Selbstwert hat somit eine doppelte Wurzel. Er ist personal und existentiell verankert.

1. Das personal verankerte ‚Standbein' des Selbstwertes fußt im ... Grundwert. [...]
2. Das existentielle ‚Spielbein' des Selbstwertes besteht in der Fähigkeit, sich selbst zum Vollzug zu bringen. Mit anderen Worten: zu wissen und zu erleben, für etwas gut zu sein.

Unter ‚Selbstwert' versteht man daher aus existenzanalytischer Sicht die Erfahrung eigener Werthaftigkeit im Erleben von Wertvollem und durch Schaffen von Wertvollem" (Eckhardt 1993, S. 9).

Wie auch immer er zustandegekommen ist, er wird zu einem eigenen Antriebszentrum.

Wie kann der Selbstwert erhöht werden?

- Eine wichtige Voraussetzung ist zunächst, daß ein grundsätzlicher Wille zum Leben da ist. Hier wird sicher vieles in der frühen Kindheit grundgelegt. Trotzdem ist und bleibt es auch von einem steten Bemühen abhängig, diesen Grundwert immer wieder neu selbst zu beleben und ihm Inhalte zu geben.

- Auf der Basis des zumindest teilweise erspürten Grundwertes, wächst der Wille zum Wert, die starke innere Kraft, die den Menschen zu Werten führt und die ihn dazu bringt, diese Werte auch zu verwirklichen.

- Wer als richtig empfundene Werte im Erlebnis- bzw. im Schöpferischen Bereich verwirklicht, spürt sich selbst als wertvoll, weil er Wertvolles verwirklicht.

- Indem der Mensch Wertvolles verwirklicht, schafft er sich Sinn.

Andererseits weist Eckhardt in ihrer Studie nach, daß Menschen mit hohem Selbstwert in erheblich höherem Maße zur eigenen Sinnerfüllung beitragen.
Dies ist vermutlich über ein zirkuläres Geschehen erklärbar, bei dem - ähnlich einer aufgestellten Spirale - der Selbstwert über sinnerfüllte Tätigkeiten erhöht wird, ein erhöhter Selbstwert wiederum in einer Aufwärtsbewegung zu verstärkten sinnvollen Tätigkeiten führt.

D. Pädagogische Umsetzung der Existenzanalyse: Erziehung zum Selbstwert

I. Vorbemerkung

> Denn wir können die Kinder
> nach unserem Sinne nicht formen:
> So wie Gott sie uns gab,
> so muß man sie haben und lieben.
> Sie erziehen aufs beste
> und jeglichen lassen gewähren.
> Denn der eine hat die,
> die anderen andere Gaben.
>
> *Johann Wolfgang von Goethe*

Frankl selbst äußerte sich selten direkt zu pädagogischen Fragestellungen, mit Ausnahme zum Erziehungsverständnis. Auch Längle beschäftigte sich bisher kaum mit Erziehungsfragen. Existenzanalytische Vordenker auf diesem Gebiet sind bislang G. Funke, W. Winklhofer und B. Wicki.
Erziehung will stets auf der Grundlage bestimmter Wertvorstellungen zu als richtig empfundenen Lebensweisen hinführen.
Deshalb soll hier der Versuch gemacht werden, aus dem von Frankl zusammengetragenen Gedankengut einige (unvollständige) Überlegungen zur Pädagogik anzuschließen, zu einer Pädagogik, die per se den Selbstwert steigern hilft. Der Selbstwert wird durch taktlose Behandlung, beleidigendes Strafen, notorische Überforderung, despotische Strenge, Entmutigung, Vernachlässigung u.ä. untergraben. Er wird zur Entwicklung gebracht durch respektvolle Behandlung, ernstnehmendes Verstehen, Ermutigung und Anteilnahme und auch durch alle Bemühungen, die darauf abzielen, befriedigende Erlebnisse und Tätigkeiten zu ermöglichen. Aus existenzanalytischen Aussagen über den Menschen im allgemeinen wird versucht, Rückschlüsse auf das Kind zu ziehen. Dabei bilden die drei „Existentialien“ Frankls, nämlich Geistigkeit, Freiheit und Verantwortlichkeit die Grundlage einer „existentiellen“ Pädagogik (vgl. Winklhofer 1991, S. 30 f.).

Die Herangehensweise der Existenzanalyse ist phänomenologisch orientiert, indem vorurteilslos und ohne theoretisches Deutungsrepertoire gefragt wird: „Was sehe, höre und fühle ich? Was will mir dieses Kind mit seiner Art sagen?“ Die phänomenologische Vorgehensweise schließt aus, daß der Erzieher mit einem vorgefertigten Erziehungskonzept an den Heranwachsenden herangeht. Im Gegenteil: Er muß versuchen, eine kreative Antwort auf das Verhalten des Kindes zu finden, eine Art „Existentielle Wende“ in der Erziehung. Dabei geht es weniger darum, eigene Erziehungsvorstellungen zu verwirklichen, als auf die Fragen des Kindes – im doppelten Wortsinn – zu antworten. Erziehen ist somit weniger ein Ziehen im Sinne des Forderns als ein aktives Hineinhorchen und Einfühlen in den anderen, also mehr ein feinfühliges Begleiten.
Dabei geht es nicht um ein Beschreiben des Menschen oder um Wertsetzungen von außen. Denn Menschen geht es vor allem darum, wahrgenommen zu werden in ihren tiefsten Beweggründen, und nicht beispielsweise übersehen, verwöhnt oder verwahrlost zu werden.
Pädagogik muß sich somit primär der Personalität des anderen annehmen, nicht seiner Funktionalität. Personales muß lebbar gemacht werden. Personsein ist ja die Fähigkeit des Menschen, zu dem, was er antrifft, Stellung nehmen zu können, und kulminiert im Willen zu Sinn. Dabei geht es nicht um Anleitung, sondern um Wahrnehmung. Das bedeutet, Wahrnehmen dessen, was der andere meint, und gipfelt im Nachfühlen.
Das gelingt nicht dadurch, indem man viele Erziehungsbücher liest und deren Theorien übernimmt, sondern indem man sich fragt, was jetzt in dieser Situation für diesen Menschen (und mich) richtig ist.
Verstehen wird somit zu einer Schlüsselqualifikation. Frankl meinte einmal, daß man dort zu Hause sei, wo man verstanden werde.

II. Erziehung als Wagnis

> Fühle mit allem Leid der Welt,
> aber richte Deine Kräfte nicht dorthin,
> wo Du machtlos bist,
> sondern zum Nächsten,
> dem Du helfen,
> den Du lieben und erfreuen kannst.
>
> *Hermann Hesse*

Erziehung als Wagnis ist ein traditionsreiches Thema in der Erziehungsgeschichte.

Auch für Frankl widersetzt sich Erziehung genauso wie Psychotherapie dem direkten manipulativen Zugriff. Sie ist nicht machbar und daher nicht wirklich planbar. Dies leitet sich aus seinem Personverständnis ab, denn über das Geistige im Menschen kann man nicht verfügen.

Wäre Erziehung kein Wagnis, würde sich ihr Ergebnis berechnen lassen, hätten wir es nicht mit Menschen zu tun bzw. würden wir sie zu passiven Subjekten degradieren. Der Mensch ist jedoch dadurch gekennzeichnet, daß er durch Erbanlagen und soziokulturelle Voraussetzungen *bedingt*, aber nicht von diesen *bestimmt* ist. Auch von der Gemeinschaft ist der Mensch bestimmt, und zwar in zweifacher Hinsicht, insofern „er vom sozialen Gesamtorganismus bedingt wird und andererseits gleichzeitig auf diesen Gesamtorganismus hin ausgerichtet ist" (Frankl 1987-2, S. 133). Aber schließlich haben die Bedingungen nicht das letzte Wort. Das Wesen des Menschen ist nach Frankl daher unbedingt.

Von einem solchen Menschen sagt Frankl: „Niemals nämlich ist er ‚so', wie er will – so, wie er sich gewählt hätte im Falle, daß er sich hätte entscheiden können für eine bestimmte Weise seines eigenen Soseins. Ja, dieses Sosein des Menschen ist nicht einmal so, wie seine Eltern es gewünscht haben: denn sie können ihn eben nur zum Dasein bestimmen, aber nicht zu bestimmtem Sosein. *Nicht nur seine Eltern kann man sich nicht aussuchen: man kann sich ebenso wenig seine Kinder aussuchen"* (Frankl 1990, S. 177).

Und an anderer Stelle: „Die Eltern geben bei der Zeugung eines Kindes die Chromosomen her – aber sie hauchen nicht den Geist ein" (Frankl 1990, S. 181). Von den Eltern kommt somit nur das „Existenz-Minimum", das zwar notwendig, aber für Menschsein nicht hinreichend ist. Eltern spielen Gott, wenn sie ihre Kinder nach eigenen Bildern formen wollen. „Du sollst dir kein Bildnis machen", könnte hier im übertragenen Sinn Anwendung finden.

Das Sosein der eigenen Kinder kann man sich daher nicht aussuchen, es ist absolut unvorhersehbar und unberechenbar. Hier könnte eingewendet werden, daß das Sosein des Kindes pädagogisch und psychologisch korrigiert werden könnte. „Dem ist beizupflichten: Tatsächlich ist auch hier ein ‚Umbruch' möglich, und zwar in Form einer Umerziehung des Kindes. Diese Umerziehung wandelt das Sosein in ein Anderssein. Aber dieses Anderswerden richtet sich letztlich nicht nach dem Wollen der Eltern, sondern nach einem Sollen, das vom Kind als je eigenes erlebt wird. Mit anderen Worten: Diese Nacherziehung eines Menschen ist eigentlich Selbsterziehung, Selbstbestimmung" (Frankl 1990, S. 181).

Damit ist die gelebte Biographie eines Menschen im Gegensatz zu seiner Biologie sein eigenes Lebenswerk. Darin wird seine Person sicht- und greifbar. Denn Person ist nicht vorherbestimmt. Deshalb ist es auch wichtig, Kindern und Jugendlichen die Möglichkeit der Trotzmacht des Geistes aufzuzeigen, denn „wer sein Schicksal für besiegelt hält, ist außerstande, es zu besiegen" (Frankl 1987-2, S. 125).

Die Person ist ja das, was sich gegenüber Erbe und Umwelt auseinandersetzt. Gäbe es diese Auseinandersetzung nicht, gäbe es auch keine Umstellung im Sinne von Erziehung, Nacherziehung und Selbsterziehung (vgl. Frankl 1987-2, S. 124).

Und gerade weil eine Person die Möglichkeit zur Stellungnahme und damit zur Umstellung hat, lassen sich aus den sogenannten „harten Fakten" einer Biographie weder eine Voraussage über die Persönlichkeitsentwicklung treffen noch im nachhinein Deutungen hineininterpretieren. Es ist auch nicht möglich, allgemeine Grundsätze aufzustellen, was bei diesen oder jenen Gegebenheiten für spezifische Störungsbilder auftreten, da selbst objektiv schwerste traumatische Ereignisse bei unterschiedlichen Personen völlig verschiedene Auswirkungen haben können, je nachdem, wie sich die entsprechende Person zu den Geschehnissen zum Zeitpunkt des Geschehens, aber auch im nachhinein, einstellen konnte (vgl. Titze 1988-1, S. 29).

Dies gilt auch für persönliche Schwächen, die zum einen als gegeben hingenommen, aber auch als persönliche Aufgabe der Selbsterziehung angesehen werden können. Menschen, die sich hinter dem sogenannten Typischen (des Einzelkindes, des Nachzüglers, von bestimmten Charak-

terzügen, Rassen oder Klassen, ...) verstecken, weichen ihrer Einzigartigkeit und Einmaligkeit aus. Frankl bezeichnet dies als „neurotischen Fatalismus“ (Frankl 1987-2, S. 130).
Person ist *grundsätzlich immer frei zur persönlichen Stellungnahme.* Das heißt: Der Erzieher ist wesentlich auf die Mitwirkung des zu Erziehenden angewiesen, der sich positiv, negativ oder passiv zur eingeschlagenen Richtung verhalten kann. Dennoch gehen viele Erziehungsratgeber auch heute noch nach dem Motto vor: „Was muß ich tun, damit mein Kind (nicht) ...?“ Dies verleitet zu einer sehr technischen Auffassung von Erziehung, die eigentlich schon Manipulation ist. Und genau dies spüren junge Menschen auch.
Die Kunst der Erziehung besteht nun darin, den zu Erziehenden so anzusprechen, daß er sich als Person angenommen fühlt, daß das in ihm berührt wird, was Stellung nehmen kann. Die Kunst besteht weiterhin darin, daß es gelingt, Handlungsfreiheiten aufzuzeigen, innerhalb derer eigene Werte verwirklicht werden können, was in weiterer Folge den Willen stärkt, eigene als sinnvoll empfundene Tätigkeiten umzusetzen. So kommen Menschen zu Engagement und zur Erhöhung des Selbstwertes.
Aus existenzanalytischer Sicht ist daher nicht vorstellbar, daß sich Eltern *in* ihren Kindern verwirklichen. Es kann nur jeweils die eigene Existenz zur Entfaltung gebracht werden. Der Anspruch, die eigene Entfaltung *im* anderen zu erreichen, ist ein durch nichts zu rechtfertigender Übergriff auf den anderen, der diesem nur dann gerecht werden könnte, wenn er nun seinerseits die eigene Existenz zurückstellen würde. Diese Übergriffe finden wir meistens dann, wenn durch Überverantwortlichkeit für andere die eigene Verantwortungslosigkeit überdeckt werden soll. Das heißt mit anderen Worten: Wenn Erzieher spüren, daß sie nicht das aus ihren Möglichkeiten gemacht haben, was sein hätte sollen, geraten sie in die Gefahr, das Versäumte den Kindern aufzubürden – ohne zu fragen, ob sie damit diesen auch gerecht werden. Indem sie also die Verantwortung für das eigene Leben mehr oder weniger zuwenig wahrgenommen haben, vermeinen sie, dies an ihren Kindern gutmachen zu müssen. Das ist ein Phänomen, dem wir häufig bei ehrgeizigen Müttern oder Vätern begegnen, die aus ihren Kindern Spitzensportler oder Topmusiker machen oder sie in solchen beruflichen Positionen sehen wollen, die ihnen verwehrt geblieben sind. Aber auch aus ethischen Überlegungen ist dieses Erziehungsverständnis abzulehnen, weil es dem zu Erziehenden Gewalt antut (vgl. Wicki 1991, S. 230).

Letztlich kann es aber nur darum gehen, daß Eltern, indem sie Kinder in die Welt setzen, in diesen deren eigene Potentialität erkennen und sich als Hebammen verstehen, um deren Begabungen zur Welt zu verhelfen. Wir können sonach wie folgt formulieren: „Leibliches wird durch Vererbung geschenkt – Seelisches wird durch Erziehung gelenkt; Geistiges kann jedoch nicht erzogen werden: Geistiges muß vollzogen werden ..." (Frankl 1990, S. 189). Das bedeutet für Erzieher, daß es nur darum gehen kann, diesen sehr spezifischen, geistigen Selbstvollzug zu ermöglichen und zu unterstützen. Dabei muß zu diesem Geistigen vorgedrungen werden. Es muß durch viel Vordergründiges hindurch erspürt und angesprochen werden.
Eine Erziehung aber, die nicht zu diesem geistigen Kern des Kindes vordringt „wird ihrerseits in ihrer Möglichkeit und Wirksamkeit durch das Geistige im Kind begrenzt" (Wicki 1991, S. 230), weil sie sein Veränderungspotential gar nicht anspricht und am Äußeren hängenbleibt. „Wenn der Heranwachsende ... ein stellungnehmendes Subjekt ist und seinerseits intentional handelt, dann ist die Wirkung nicht verfügbar, die erzieherische Einflüsse in ihm auslösen sollten. Erziehung kann deshalb beabsichtigte Effekte nicht garantieren und oft nicht einmal hinreichend kontrollieren" (Wicki 1991, S. 245). Das Dilemma in der Erziehung entsteht aus der Diskrepanz zwischen Absicht und Wirkung.
Frankl hat mehr als einmal deutlich darauf verwiesen, daß, je mehr ein Ziel absichtsvoll verfolgt wird – es auch um so leichter aus den Augen verloren werden kann. Dies gilt für Glück, sexuelle Erfüllung, Erfolg u.ä., die sich nur als Effekte einer Handlung einstellen. Je mehr diese reine Absicht verfolgt wird – sei es von der betroffenen Person selbst oder von einer außenstehenden Person, desto mehr verliert man sich oder den anderen aus dem Auge.
Heranwachsende spüren die Absicht oft sehr feinfühlig und entziehen sich ihr. Sie möchten statt dessen in ihrer Person, in ihren tiefen Beweggründen wahrgenommen werden. Daher wird auch verständlich, daß sie gegen das Nichtgesehenwerden als Person oft mit Abwehr oder Renitenz reagieren, wohingegen ein Eingehen auf ihre Person gegenteilige Effekte hätte. Befehle und Kontrollen sind beispielsweise solche Erziehungsmittel, die häufig an der Absicht vorbeiführen, auch deshalb, weil Heranwachsende gegen dieses indirekte Mißtrauen rebellieren (vgl. Wicki 1991, S. 246). Befehle haben mit Machtübergreifung auf andere Menschen zu tun und haben daher oft dieselben Wirkungen. Der Angesprochene fühlt sich „der Zuständigkeit für sein eigenes Leben" beraubt (a. a. O., S. 247).

Das heißt nun nicht, Erziehungsziele seien nicht notwendig. Selbstverständlich ist eigenes erzieherisches Handeln auch im Hinblick auf dessen Wirkung zu bedenken. Das Verhältnis zwischen Erziehungszielen und deren Realisierungsmöglichkeiten erweist sich nach Wicki als sehr unterschiedlich. Er meint, es gäbe unterschiedliche erzieherische und psychische Vorgänge, die

- nicht absichtlich erreicht werden können, gerade dann nicht, wenn sie beabsichtigt werden;
- nicht beabsichtigt werden könnten, für die man aber entsprechende Bedingungen schaffen könnte;
- vom Heranwachsenden bereits verfolgt würden und damit nur mehr der Stützung und Begleitung bedürfen;
- ohnehin nur dann verfolgt werden könnten, wenn Heranwachsende und Erzieher dasselbe Ziel ansteuern;
- sich unter Umgehung der zu erziehenden Person durch Erzieher verwirklichen ließen.

Dasselbe gelte auch für das Verhindern unerwünschten Verhaltens (vgl. Wicki 1991, S. 254).

III. Die Person des Kindes

> Erfahrung
> ist nicht das, was
> mit einem geschieht.
> Sie ist das,
> was ein Mensch
> aus dem macht,
> was mit ihm geschieht.
>
> *A. Huxley*

In dem vorher dargelegten Erziehungsverständnis wird das Kind grundsätzlich schon als geistiges Wesen angesehen, zwar der Entwicklung und Reifung bedürftig, aber im Grunde Person. Trotzdem soll an dieser Stelle die Debatte über Für und Wider der Geistigkeit des Kindes kurz nachgedacht werden.

Wenn wir neugeborene Kinder betrachten, so erwecken sie oft den Eindruck, als wären sie ein einziges Triebbündel, ausschließlich darauf ausgerichtet, ihre primären Bedürfnisse nach Essen, Schlafen und Zuwendung zu befriedigen. Inwieweit kann da bereits von Person gesprochen werden?

Wer je mit neugeborenen Kindern zu tun hatte, weiß, daß es sich hierbei um ganz unterschiedliche Personen handelt, denen es nur an entsprechenden, allgemein verständlichen Ausdrucksmöglichkeiten mangelt. Das heißt, daß Neugeborene nicht differenziert auf ihre Wünsche hinweisen können. Wer aber hinspürt, vermag gänzlich unterschiedliche Personen wahrzunehmen, was sich nicht nur aus den biologischen Erbanlagen erklären läßt. Neugeborene äußern und leben nämlich ihre Bedürfnisse auf sehr unterschiedliche Art und Weise. Handelt es sich um eher ruhige oder eher unruhige Kinder? In welcher Form holen sie sich den notwendigen Schlaf? Eher unspektakulär, indem sie einfach einschlafen, oder in der Form, daß sie sich dem Schlaf nur nach völliger Erschöpfung ergeben? Essen bzw. trinken sie mit Freude, vielleicht sogar gierig, oder nuckeln sie mehr oder weniger lustlos an der Brust oder an der Flasche herum? Die Beispiele ließen sich noch lange fortsetzen. Jeder, der sich mit Neugeborenen beschäftigt hat, wird bestätigen, wie unterschiedlich diese reagieren,

aber auch agieren, sofern er nur bereit ist, sich auf diesen Lebensbereich einzulassen.
Aber auch schon im Mutterleib verhalten sich Babys bereits sehr unterschiedlich. Manche schlafen viel, sind eher ruhig und reagieren kaum auf Außenreize, bei anderen ist es genau umgekehrt. Deshalb meine ich: Person ist von Anfang an da. Zunächst drückt sie sich über ihre Leiblichkeit aus. Dies postuliert auch Frankl, wenn er Portmann zitiert: „In unserem Entwicklungsgang läßt sich nirgends ein Stadium finden, in dem spät erst jene Merkmale hervorträten, die wir als ‚geistig' abheben" (Portmann zit. nach Frankl 1987, S. 110). An anderer Stelle meint er, daß vom Augenblick der Zeugung an zumindest eine fakultative Person vorhanden sei (vgl. Frankl 1990, S. 179), die sich mit dem ersten Lächeln anmelde, ja im ersten Lächeln gleichsam aufblitze, um dann wieder zurückzutreten hinter ein von unbedingten und bedingten Reflexen gesteuertes Neugeborenes (vgl. Frankl 1990, S. 186 f.).
Dieses erste (bewußte) (Zurück-)Lächeln des Kindes ist sicherlich auch deshalb erschütternd, weil hier die Person des Kindes *sichtbar* wird. Person ist meiner Meinung nach aber dennoch schon vorher vorhanden und auch ohne Lächeln spürbar. Daher kann man zwar vom Werden der Persönlichkeit sprechen, aber nicht vom Werden der Person.
Frankl äußerte sich andererseits auch sehr kritisch gegenüber der Geistigkeit des Kindes: „In principle, it would be justified to assume, as Ungersma does, that the Freudian pleasure principle is the guiding principle of the small child, the Adlerian power principle is that of the adolescent, and the will to meaning is the guiding principle of the mature adult ... However the main reason for stipulating such a sequence would be the fact that in the earliest stages of development there is no indication of a will to meaning" (Frankl zit. nach Wicki 1991, S. 203).
Dennoch legen alle seine Aussagen zum Erziehungsverständnis die Geistigkeit des Kindes zugrunde. Seine Aussagen zur Würde der Person, zur Geistigkeit des Menschen bei den sogenannten Geisteskrankheiten, zur Euthanasie und zur Abtreibung lassen sich auch auf die Geistigkeit des Kindes übertragen.
Wer in der Erziehung nicht von dieser Geistigkeit ausgeht, wird mechanistische Vorstellungen entwickeln, und wer diese Geistigkeit voraussetzt, wird dem Kind mit Achtung und Offenheit begegnen, wie dies beispielsweise Pestalozzi, Montessori und Korczak machten.
Wenn Person sich durch den Willen zum Sinn auszeichnet, so ist dieser Wille zum Sinn bereits in einem sehr frühen Entwicklungsstadium nach-

weisbar. Die Sinnausgerichtetheit des Tuns erweist sich ja nicht erst dann als sinnvoll, wenn sie reflektiert oder wenn ein bestimmtes Tun von außen als sinnvoll eingestuft werden kann. Wenn Sinn ist, ad personam und ad situationem das Richtige zu tun, so wird dies dem Kind nicht abgesprochen werden können, nur weil vielleicht seine Person noch nicht so ganz sicht- und greifbar geworden ist. Frankl belegt in vielen eindrücklichen Beispielen, wie Person noch hinter sogenannten Geisteskrankheiten erfaßt werden kann. Sein ärztliches Credo ist ja, daß die Person durch die Krankheit nur verstellt ist. Könnte es nicht auch beim Kinde sein, daß Person einfach nicht zur Kenntnis genommen wird, weil die gewohnten und selbstverständlichen Ausdrucksmöglichkeiten fehlen? Das Zum-Ausdruck-Bringen der Person kann doch nicht mit objektivierten Maßstäben, sondern muß an den eigenen Möglichkeiten gemessen werden. Diese Entwicklung des sich Zum-Ausdruck-Bringens erstreckt sich über ein ganzes Leben. Wieviele Erwachsene haben ihrer Person bereits in vollem Umfang zum Durchbruch verholfen?

Als sichtbare Zeichen von Personalität beim Kind – so weist Wicki nach – können der „Gebrauch der Sprache als Darstellungsmittel, das Selbstbewußtsein, der Wille, die Fähigkeit zur Selbstdistanzierung, Selbsttranszendenz, das Verfügen über innere Freiheit und die Ausrichtung auf Sinn" (Wicki 1991, S. 207) gelten (vgl. Wicki 1991, S. 207 - 224). Dies darf jedoch nicht so verstanden werden, daß sich diese Zeichen von Personalität in derselben Form äußern wie bei Erwachsenen.

Wenn Wicki beispielsweise auf die verkürzte Verantwortung beim Kind hinweist, so deutet dies auf einen bestimmten Entwicklungsstand hin (Wicki 1991, S. 205), der eben noch nicht die volle geistige Reife umfaßt. Aber übernimmt ein Kind nicht dadurch für sich Verantwortung, daß es in der Hingabe an eine Sache z. B. im Spiel genau das verwirklicht, was ihm ein persönliches Anliegen ist, und damit seiner Einmaligkeit gerecht wird? Nimmt es damit nicht mehr Verantwortung für sich wahr, als dies vielleicht ein Erwachsener tut, der genau dies wegen tausenderlei gesellschaftlicher Rücksichten unterläßt? Das Kind handelt verantwortungsvoll, auch wenn es über seine Verantwortlichkeit in der Handlung erst in etwa ab der Vorpubertät nachdenken kann. Es ist schon mehrmals gesagt worden, daß es nicht Zeichen von Geistigkeit ist, daß einem diese bewußt wird oder daß darüber reflektiert wird. Daß eine Handlung aus dem geistig Unbewußten gesetzt wird, heißt ja nicht, daß sie weniger richtig, weniger verantwortungsvoll, weniger wertvoll ist. Bewußtheit ist ja nicht das Kriterium des Richtigen oder gar des Guten.

Auf das Geistige können wir uns als Erzieher verlassen. Wir müssen ihm aber auch vertrauen. Das erfordert wiederum Mut. „Pädagogisch handeln bedeutet dabei, dem Geistigen Raum zur Entfaltung bereiten, es ermutigen, sich zu zeigen, es herausholen im Sinn des behutsamen Erziehens" (Winklhofer 1991, S. 30), im Sinne der Hebammenkunst, bei der es darum geht, das schon von je her Gewußte ans Licht zu holen, so daß sich nach und nach Persönlichkeit in der Auseinandersetzung mit Charakter (Erbanlagen) und soziokulturellem Umfeld entwickeln kann.

„Alles in allem läßt sich somit füglich sagen, daß das Kind wohl ‚Fleisch vom Fleische' seiner Eltern ist, aber nicht Geist von ihrem Geiste. Immer ist es nur ein ‚leibliches' Kind – und zwar im wahrsten Sinne des Wortes: im physio-logischen Wortsinn; im metaphysischen Sinne hingegen ist eigentlich jedes Kind – Adoptivkind. Wir adoptieren es in die Welt, ins Sein hinein. [...] In Wahrheit erzeugen wir keinen Menschen – wir bezeugen nur ebendieses Wunder; personale Existenz, ..., läßt sich ja überhaupt nicht erzeugen, sondern nur ermöglichen" (Frankl 1990, S. 187 f.).

Erziehung aus der Sicht der Existenzanalyse müßte vom Selbstverständnis und Selbsterleben des Kindes ausgehen und keinerlei Behauptungen über das Kind aufstellen, sondern nur versuchen, das Kind zu *verstehen*. Denn seine Art und Weise, an seinen Sinn heranzukommen, ist nicht dieselbe Zugangsform wie sie der Erwachsene hat. Deshalb muß der Erzieher die Welt des Kindes verstehen lernen. Kinder verstehen lernen – so weist auch Harecker (1991, S. 47 f.) nach – geht nicht vorwiegend über den Verstand. Ebenso sind Fragen nach dem Warum zu sehr an den Ursachen orientiert und weniger am Grund. Besser geeignet sind Fragen nach dem Wozu sowie Fragen nach der eigenen Befindlichkeit. „Wie ist es dir ergangen? Wie ist es dazu gekommen? Wie war das für dich?"

Auf jeden Fall sollten Erzieher auf das *persönliche Erleben* von Kindern und Jugendlichen eingehen, aber auch ihr eigenes Erleben einbringen, dies nach Möglichkeit absichtslos – ohne pädagogisches Ziel – und ohne überstülpende Wertung.

IV. Die Selbstgestaltung der Person

> Der Mensch ist ganz er selbst durch
> die Sache, die er zur seinen macht.
>
> *Carl Jaspers*

Je älter ein Kind wird, desto mehr trägt es zu seiner Selbstgestaltung bei, desto mehr können Erbanlagen und Umwelteinflüsse in den Hintergrund treten. „Als entscheidendes Sein, das der Mensch ist, entscheidet er niemals nur etwas, vielmehr auch sich selbst. Alle Entscheidung ist Selbstentscheidung; und Selbstentscheidung allemal Selbstgestaltung. Während ich das Schicksal gestalte, gestaltet die Person, die ich bin, den Charakter, den ich habe“ (Frankl zit. nach Wicki 1991, S. 231 f.).
Trotzdem ist auch dies kein deterministisches Geschehen. Durch jeweils neue Entscheidungen kann der Mensch sich immer wieder in eine andere Richtung orientieren. Deshalb läßt sich mit Frankl sagen: „Vererbung erklärt nichts Eigentliches und insofern eigentlich nichts“ (Frankl 1990, S. 191).
Laut Frankl ist jedes Anderswerden der Person, sei es durch pädagogische oder psychologische Intervention, nicht ohne Mitwirken dieser Person denkbar. Immer mehr wird der Mensch durch seine Entscheidungen geprägt. Er handelt nicht nur gemäß dem, was er ist, sondern er wird auch so, wie er handelt (Frankl 1987, S. 97).
Die Erbanlagen, die ein Mensch mitbekommt, sind mit verschiedenen Baumaterialien zu vergleichen, mit Holz, Stein, Ziegel, Marmor u.ä. Was die Person mit diesen Materialien gestaltet, hat zuletzt und zutiefst mit der Person selbst zu tun. „Ganz genau so wie ein Baumeister zwar abhängig ist vom Baumaterial, aber trotz alledem frei im Gebrauch dieses Materials, so verhält es sich auch mit der geistigen Person bzw. mit deren (freiem) Verhalten ‚zu‘ den vererbten psychophysischen Anlagen“ (Frankl 1990, S. 189). Weiters führt Frankl aus, daß gerade die Forschungsergebnisse der Erbpathologie und der Zwillingsforschung sehr für diese Annahme sprächen, wo in einem in der Literatur dokumentierten Beispiel der eine (eineiige) Zwillingsbruder ein gerissener Gewohnheitsverbrecher und der andere ein sehr erfahrener Kriminalbeamter geworden sei (vgl. Frankl 1990, S. 189 f.). Aus den gleichen Anlagen wurde somit Verschiedenes

gestaltet. Dabei relativiert Frankl die Erbanlagen weitgehend. Es könnten die schönsten Bauwerke aus einfachem Holz entstehen und auch kostbarer Marmor brachliegen. Den Wert eines Kunstwerks messe man nicht an seinem Materialwert, sonst müßten Bilder van Goghs relativ billig sein, beträgt der reine Materialwert doch nur einen sehr kleinen Bruchteil des tatsächlichen Wertes.

Dieses Werden der Person ist jedoch nicht immer ein kontinuierliches Fortschreiten. Umbrüche, Einbrüche und Quantensprünge sind möglich. „Das Moment des plötzlichen Aufbruchs im Sinne der Intensivierung, der Erweiterung des Blickwinkels oder neu gewonnener Zielsetzungen gehört als Charakteristikum dazu und damit tiefgehende Veränderungen des ganzen Menschen, die sich sprungartig ereignen“ (Wicki 1991, S. 232). Die Selbstgestaltung des Menschen erfolgt jedoch nicht im luftleeren Raum, „sondern in erlebendem und handelndem Bezug zu seiner konkreten wirklichen Lebensumwelt“ (Wicki 1991, S. 233), indem er sich ganz konkreten Werten verschreibt, und zwar sowohl im Bereich des Wissenserwerbs als auch des Erwerbs von Einstellungen und Fähigkeiten. Ohne diese innere Beteiligung kann keine wirkliche Selbstgestaltung erfolgen, das Tun bleibt hohl und erreicht die Person nicht mehr. Mit dieser inneren Beteiligung hingegen schafft es der Heranwachsende, sich selbst wirklich zur Existenz zu bringen.

„Solches inneres Beteiligtsein ist auch die Voraussetzung für Sinnfindung und Sinnerfüllung. Ist das Tun eines Heranwachsenden jedoch lediglich ein mechanisches Tätigsein ohne innere Beteiligung, so mag er sich dadurch einzelne Fertigkeiten aneignen, erzieherische Bedeutung kommt jedoch dem nicht zu, weil in einer mechanischen Daseinsweise die Durchsetzungskraft des Geistigen verkümmert und das Geistige seine Bedeutung als tragende Mitte verliert und dadurch Einheit und Ganzheit des Menschen zerfallen“ (Wicki 1991, S. 234).

Wie kommt es nun zu dieser inneren Beteiligung?

Aus der Sicht der Existenzanalyse liegt in der diskrepanten Spannung zwischen Sein und Sollen, der sogenannten Noodynamik, der Grund, sich mit der Welt einzulassen. Im Vermindern dieser Spannung zwischen Sein und Sollen liegt der Sinn des menschlichen Lebens. Sich von verschiedenen Aufrufen ansprechen zu lassen und schließlich den einen, einem gemäßen Weg zu wählen, führt zu dieser inneren Motivation, sich auf den Weg zu machen.

In der Erziehung käme es nun darauf an, mögliche Wege aufzuzeigen und Heranwachsende zu ermutigen, sich auf den als richtig erkannten Weg zu

machen. In diesem Sinne ist der Erzieher Begleiter, Ermutiger, aber auch „advocatus diaboli“ mit dem Mut zur Konfrontation.
Solche Hilfestellung „kann sehr verschiedene Formen annehmen, z. B. eine Problemstellung, ein Hinweis zur Überwindung von Angst, eine Rückmeldung, das Verdeutlichen einer Wahl und damit Herausforderung zu einer Entscheidung, eine übertragene Aufgabe, die den Menschen zum Einsatz und zum Erproben der eigenen Fähigkeiten herausfordert usw.“ (Wicki 1991, S. 235).
Wichtig jedoch ist, daß alle diese Handlungen einen persönlich wünschenswerten Zukunftsaspekt aufweisen können, zu dem der Heranwachsende auch wirklich „ja“ sagen kann. Je nachdem, wieviel an Selbstwert der entsprechende Mensch bereits entwickelt hat, wird er vielleicht größere Zeitspannen zu übersehen vermögen, oder aber vielleicht zunächst nur kleine, überschaubare Schritte wagen können.
Nochmals Wicki: „Kommt die Eigenaktivität des Heranwachsenden in Bewegung und ist sie mit innerer Erfüllung verbunden, so kann sich im Heranwachsenden eine Aufgabenhaltung entwickeln, die aus existenzanalytischer Sicht grundlegend ist für ein gelingendes und erfülltes Leben“ (Wicki 1991, S. 236). Das heißt mit anderen Worten: Die Selbstgestaltung des Heranwachsenden braucht neben der Auseinandersetzung mit sich selbst die Anregung von außen. Diese kann bewußt oder unbewußt erfolgen. Damit kann ein Prozeß, der Energie aus sich selbst erhält, in Gang gesetzt werden. Bewußt sind vor allem die Herstellung optimaler äußerer Bedingungen und gezieltes erzieherisches Handeln. Den Heranwachsenden darf in der Erziehung auch etwas zugemutet werden, wenn der Erzieher erkennt oder meint, daß die zu bewältigende Aufgabe gut für sie seien. Denn viele Menschen (und da sind die Heranwachsenden keine Ausnahme) wählen – vor die Alternative gestellt – eher den leichteren bzw. bequemeren Weg. Nur, wer einmal oder mehrmals die sehr tiefe Befriedigung nach erfolgter Anstrengung kennengelernt hat, wird bereit sein, diese in Zukunft auf sich zu nehmen.
Der Erzieher muß sich jedoch immer vor Augen halten, daß verfolgte Absicht (Intention) und Wirkung auseinanderklaffen können, weil die verfolgte Absicht vom Heranwachsenden aufgenommen, verändert oder verworfen werden kann.

V. Die Person des Erziehers

> Erziehen kann nur, wer etwas ist,
> und nur durch das, was er ist.
>
> *Kuckartz*

Da Erziehung sich als gemeinsame Aufgabe von Erziehern und Heranwachsenden darstellt, bestimmt auch die Person des Erziehers diese Interaktion zu einem großen Teil, d. h. ihr Sein aber auch ihr Handeln hat direkten erzieherischen Einfluß. Deshalb muß dieses Sein bzw. Handeln auch immer wieder Gegenstand der Reflexion sein. Aus dieser Hinterfragung der eigenen Tätigkeit kann und soll ein Selbsterziehungsprozeß in die Wege geleitet werden. Nichts spiegelt deutlicher – wenn auch manchmal verzerrt – eigene Unzulänglichkeiten als dieser Erziehungsprozeß. Es ist dies auch eine Möglichkeit der Selbsterfahrung. Man kann nicht wirklich erziehen, ohne sich selbst zu verändern und die Fallen der eigenen Erziehungsgeschichte zu entwirren.
Den anderen als Person wahrnehmen kann man außerdem nur, wenn man sich selbst als Person wahrnehmen kann.

Wichtige Grundlagen für Erzieher aus existenzanalytischer Sicht sind somit

1. Die Wertklarheit des Erziehers

Damit ist zum einen gemeint, eine eigene Wertklarheit für sich selbst zu haben, das heißt, zu wissen, nach welchen Werten das eigene Leben ausgerichtet ist, woraus sich Wertengagement ergibt, und zum anderen, sich über erzieherischen Werte im klaren zu sein. Dies wird um so leichter sein, wenn es im eigenen Leben gelungen ist, persönliche Werte zu entdecken und auch auf sie zuzugehen. In der Erziehung ist aus der Sicht der Existenzanalyse die Zielklarheit nicht so bedeutungsvoll wie die Wertklarheit der Erzieher, weil es nicht darum geht, unter allen Umständen ein Ziel zu erreichen, sondern auch sehen zu lernen, daß der Weg in Richtung Ziel, also in der „richtigen Ausgerichtetheit“ sich als wichtiger

und praktikabler erweist. Wert vermittelt mehr als Ziel die Bedeutsamkeit des Hier und Jetzt. Es ist sinnvoller, zu jedem Zeitpunkt wertausgerichtet zu leben und nicht nur auf ein Ziel ausgerichtet zu sein, nach dem Motto: Wenn wir dies oder jenes erreicht haben, können wir endlich beginnen zu leben. Dies könnte beispielsweise eine Berufsausbildung sein, eine bestimmte Menge Geld, ein gewisser Status, eine vorgestellte Kinderzahl u.ä. Das heißt, in der Verfolgung der genannten Ziele wird alles Gegenwärtige ausgeblendet. Wer gleichsam mit Scheuklappen auf ein Ziel hinsteuert, verliert leicht den Sinn für die Gegenwart. Dies kann in der doppelten Bedeutung des Wortes gesehen werden: Er sieht nicht mehr die vielen kleinen und wichtigen Anfragen der Gegenwart. Damit werden auch die Sinne(sorgane) abgestumpft und für das ferne Ziel weniger empfänglich.
Wenn man Werte immer vor sich herschiebt, bleiben sie letztlich unerreichbar.

2. Die Offenheit für das, was jetzt ist

Bilder und Bildnisse von anderen Menschen und ganz konkrete Vorstellungen von bestimmten Situationen sind oft eher hinderlich als hilfreich, wenn wir uns gleichsam an ihnen festkrallen und sie nicht mehr loslassen können. Daher ist die Fähigkeit des Loslassenkönnens ein wesentlicher Bestandteil der Offenheit.
Die ausschließliche Zielfixiertheit verhindert sehr häufig die Beziehungsaufnahme zu Wertvollem. Sie verschließt den Menschen gleichsam, nur damit es zu keiner Geschwindigkeitsverminderung beim Ansteuern auf dieses Ziel kommt. Es ist eine Fahrt auf dem schnellsten Weg auf der Autobahn zum Urlaubsort, ohne ein bewußtes Aufnehmen der Landschaft, der kulturellen und sozialen Möglichkeiten auf dem Weg dorthin. Dabei geht es nicht darum, seine Zeit wochenlang bei der Anreise zu vertrödeln, so daß am Urlaubsort keine Zeitreserven mehr vorhanden sind, sondern offen zu sein und zu bleiben für die Möglichkeien diesseits und jenseits der Straße. Selbstverständlich müssen und sollen nicht alle diese Möglichkeiten aufgegriffen und verwirklicht werden, sondern nur das, was besonders anspricht. Dies hat mit Verweilen und Langsamkeit zu tun (Sten Nadolny) und damit vielleicht auch mit Gründlichkeit und Gewissenhaftigkeit (im existenzanalytischen Sinne).
Offenheit ist also bewußtes Wahrnehmen dessen, was sich im Hier und

Jetzt auftut, ist ein Hinspüren auf die Forderung der Stunde. Und geht es in der Erziehung nicht vorrangig darum, zu verstehen, welche Aufforderung in der ganz konkreten Situation steckt, aufgeblendet auf die Zukunft? Nicht umsonst hat Frankl einmal gesagt: „Wir schematisieren zuviel. Wir können nicht genug individualisieren und improvisieren." Das verlangt ein weitgehendes Einlassen auf die Person des anderen und damit die Fähigkeit zur personalen Begegnung, die Zeit, Mut, Vertrauen und Offenheit den Erziehern abverlangt.

Folgende Fragen helfen, die phänomenologische Betrachtungsweise im Auge zu behalten:

- Was ist zu sehen?
  Dabei geht es darum, dieses staunende Sehen möglichst vorurteilsfrei, unverstellt durch Theorien und eigene Vorstellungen zu kultivieren.
- Was verbirgt sich auf der Rückseite, hinter der Oberfläche, der „Ansicht" der Menschen und der Dinge?
  Das heißt, es ist wesentlich nicht nur das zur Schau Gestellte wahrzunehmen, sondern tieferliegende Gründe aufzuspüren. Dies erfordert Zurückhaltung gegenüber vordergründigem Wissen. Es geht darum, den anderen oder das Andere zu *verstehen* und damit diesem dazu zu verhelfen, sich selbst besser zu verstehen lernen.
- Wo sind beim anderen Freiheit, Verantwortung und Gewissen zu spüren?
  Daraus könnte sich ein fördernder Dialog entwickeln.
  (vgl. Amann 1992, S. 194 ff.)

3. Die Fähigkeit zur personalen Begegnung

Die Fähigkeit zur personalen Begegnung ist dadurch gekennzeichnet, daß wir ganz auf die Person des anderen eingehen. Dennoch müssen wir uns davor schützen, im anderen aufzugehen, das heißt, wir müssen uns selbst treu bleiben. Wir müssen lernen, unsere Person auch scharf gegenüber anderen abzugrenzen. Dazu ist Bewußtsein von sich selbst und eigener Selbstwert nötig, sonst entwickelt sich eine Hergabe und keine Hingabe an den anderen. Erstere ist für den anderen eher erdrückend als befreiend.
Bei der personalen Begegnung ist auch eine Balance zwischen dem eher passiven Einlassen und dem eher aktiven Eingehen auf eine Person nötig.

Im Einlassen nimmt der Mensch mit all seinen Sinnen und vielleicht mit großer Sensibilität auf, was der andere braucht, im Eingehen wird er zupackend. Daß man beides braucht, ist offensichtlich. Das Einlassen ist ein Ausfahren aller Antennen, um zu spüren, was nötig ist. Diesem Spüren muß jedoch auch die darauf abgestimmte Tat folgen, denn der zu Erziehende ist oft auch auf die tatkräftige Hilfe des Erziehers angewiesen ist, um mit ihm gemeinsam eine (schwierige) Situation zu überwinden. Erfolgt andererseits dieses Zupacken aber ohne wirkliches Verstehen des zu Erziehenden, führt es an der Person vorbei und kann von ihr nicht als hilfreich erlebt werden.
Personale Begegnung heißt nun nichts anderes, als die Person des anderen auch durch Verstocktheit, Aggressivität, Depressivität, Angst, Frustration u.ä. hindurch zu orten und im ganz konkreten Fall in Erfahrung zu bringen, was diese Person im Augenblick bewegt. Vom Erzieher kann aber nur der Raum geschaffen werden, denn jede echte Begegnung ist ein schöpferischer Akt (vgl. Winklhofer 1991, S. 31), zu dem alle Beteiligten ihren Teil beitragen müssen, damit er gelingt. Daher muß in diesem Akt auch die Person des Erziehers klar sicht- und greifbar werden.
Personale Begegnung, die darin gipfelt, den anderen in seiner Kostbarkeit anzunehmen, ihn nicht auf seine Funktion oder Rolle hin anzusprechen, sondern auf seine Person hin, heißt nun nicht, Konflikten aus dem Weg zu gehen. Im Gegenteil: In der personalen Begegnung nimmt die Konfrontation einen wichtigen Stellenwert ein, weil sie das Gegenüber zur personalen Stellungnahme herausfordert.
Zusammengefaßt läßt sich sagen: Es geht nicht vordergründig um Kommunikation, denn Kommunikationsstrategien können wirkliche Begegnung oft geradezu verhindern, sondern es geht um das Eintreten in einen fördernden Dialog.

4. Das Aufarbeiten der eigenen Verwobenheit in bestimmten Situationen

Die Fähigkeit, ganz beim anderen und doch gleichzeitig bei sich selbst zu sein, kann annähernd nur dann erreicht werden, wenn Erzieher bei ihrem Sein und Handeln mit Heranwachsenden ihren eigenen behindernden Anteil erkennen und ihn aufzuarbeiten bereit sind.
Was besagt das? Wer in bestimmten, konkreten Erziehungssituationen bewußt oder unbewußt an eigene erlebte Erziehungswirklichkeiten erinnert wird, wird mit seinen persönlichen Erfahrungen auch gegen

seinen Willen in jede ähnliche Erziehungssituation hineingezogen und eventuell darin verstrickt. Wer beispielsweise – aus welchen Gründen auch immer –, Autoritätsprobleme hat, sei es, weil er sich zu sehr an Autoritäten anlehnt, oder sei es, weil er innerlich keinerlei Autorität dulden kann, wird als Lehrer, der per se eine mehr oder weniger große Autorität darstellt, mit hoher Wahrscheinlichkeit in diesbezügliche Konflikte hineingezogen werden. Ein anderes Beispiel: Welche Erfahrungen wir auch immer in unserer Kindheit mit Verboten, Grenzen, Anpassung u.ä. gemacht haben, wir geben diese – wenn auch in unterschiedlicher Form – weiter.
Außerdem: Wieviele, von den Erziehern ungelebten Anteile werden auf Kinder übertragen, damit diese von jenen ausgelebt werden?

5. Der Respekt vor der Personalität des anderen

Ein ganz wesentlicher Punkt für Erzieher ist nicht nur, die Personalität des anderen zu erkennen, sondern diese auch zu respektieren. Dies zeigt sich vor allem darin, daß die *Freiheit* des anderen respektiert wird. Jene Freiheit, die darin besteht, sich gegenüber Wünschen und Forderungen der Erzieher zu distanzieren und einen eigenen Weg zu gehen. Die Freiheit, die darin besteht, auch anders sein zu dürfen als es den Vorstellungen der Umwelt entspricht, mit anderen Worten: sein eigenes Sosein leben zu dürfen. Dem zu Erziehenden muß die Freiheit zugestanden werden – trotz aller Bemühungen der Erzieher ihn für eine bestimmte Sache zu gewinnen –, sich auch anders entscheiden zu dürfen. So banal das klingt, es ist genau das, was in der Erziehung vielfach nicht geschieht, weil Eltern ihre ganzen Hoffnungen in ihre Kinder legen.
Das bedeutet aber auch, daß Erziehung – wie schon dargelegt – Grenzen hat, Grenzen, die durch die beteiligten Personen bedingt sind. Daher übernimmt ein Erzieher eine Verantwortung für sich und sein Handeln, aber keine allumfassende Verantwortung für das gesamte Erziehungsgeschehen, insbesondere für den zu Erziehenden. Wenn er nach bestem Wissen und Gewissen und entsprechend dem Alter des Edukanden seine Verantwortung wahrnimmt, kann er dem anderen getrost die seine überlassen. Ja, er *muß* sie ihm sogar überlassen, wenn er keinen Übergriff auf den anderen machen will. Aber genau aus der gutgemeinten, bzw. überzogenen Übernahme der Verantwortung durch den anderen entstehen viele Erziehungskonflikte. Die Verantwortung beim anderen belassen zu kön-

nen braucht Zeit, Mut, Vertrauen und Offenheit. Dazu kommt noch, daß, wenn wir Kinder immer anders haben wollen als sie sind, wir sie nicht mehr wirklich erreichen, weil sie sich nicht verstanden und akzeptiert fühlen. Es kann nicht zur personalen Begegnung kommen, die eine ganz wesentliche Keimzelle für Erziehung darstellt.

Weil Personalität und personale Begegnung wesentliche Elemente des Erziehungsgeschehens sind, haben Fehlentwicklungen in Kindheit und Jugendzeit nicht automatisch immer einen Erziehungsfehler als Ursache, denn der Edukand hat – je nach Alter weniger oder mehr – bewußte oder unbewußte Selbstgestaltung in den Erziehungsprozeß eingebracht.

Aber auch für die Zukunft können keine Prognosen gestellt werden. „Denn Erziehung kann einen Menschen – von Grenzfällen abgesehen – nicht so formen, daß er für die Zukunft festgelegt ist“ (Wicki 1991, S. 242), denn spätere Erfahrungen bauen frühkindliche Erfahrungen immer wieder um. Außerdem hat der Mensch die Fähigkeit zur Veränderung während seines ganzen Lebens – und Erziehung wird überschätzt, wenn man von ihr wundersame Dauereffekte erwartet. Trotzdem hat Erziehung ihren Platz. Wenn auch Erziehung nicht lebenslang determiniert, so kann sie doch einen wertvollen Grundstock legen, von dem aus ein eigenverantwortliches Weiterschreiten möglich ist (vgl. Wicki 1991, S. 243 f.).

Der Personalität widersprechen auch sämtliche Überlegungen zur Wirkungsweise dieser oder jener Erziehungsmaßnahme, die fast mit naturwissenschaftlichen Gesetzmäßigkeiten arbeiten. Wer sich auf die Wirkung konzentriert, verliert sie.

„Wer sich aber mit der Wirkung beschäftigt, die er auf andere ausübt, das gilt für jegliches Handeln, für Politiker ebenso wie für Schulen, der verliert seine Glaubwürdigkeit“ (Muth zit. nach Wicki 1991, S. 248). Ansichten und Anliegen sollten deshalb vertreten werden, weil man selbst von ihnen überzeugt ist, nicht, weil man hofft, daß sie vom Gegenüber eher als anderes akzeptiert werden.

Dies gilt auch für heimliche Absichten, die dem zu Erziehenden nicht von vorneherein klar werden. „Erziehung verträgt keine Politik. Auch wenn der Schüler die verheimlichte Absicht nicht merkt, wirkt sie auf das Tun des Lehrers zurück und entzieht ihm die Unmittelbarkeit, die seine Kraft ist. Auf die Ganzheit des Zöglings wirkt nur die Ganzheit des Erziehers wahrhaft ein, seine ganze unwillkürliche Existenz ... Er (sc. der Erzieher) muß ein ganz lebendiger Mensch sein, der sich seinen Mitmenschen unmittelbar mitteilt: Seine Lebendigkeit strahlt auf sie aus und beeinflußt

sie gerade dann am stärksten und reinsten, wenn er gar nicht daran denkt, sie beeinflussen zu wollen" (Buber zit. nach Wicki 1991, S. 252).
Das heißt mit anderen Worten: Erzieherisches Handeln lebt wesentlich von der Person des Erziehers. Und der Erzieher muß dafür Sorge tragen, daß er seine Person lebendig erhält, damit sie ausstrahlen kann. Er trägt somit die Verantwortung für die eigene Existenz nicht nur vor sich selbst, sondern auch vor den Heranwachsenden.
Daher ist *nicht* wesentlich entscheidend und vielleicht nicht einmal besonders sinnvoll, sich Erziehungs- und Unterrichtsstile anzueignen, die von anderen Menschen als deren persönliche Stile entwickelt wurden, im Übernehmen jedoch vielleicht aufgesetzt wirken und alles andere als authentisch sind. „Das, worum man sich absichtlich bemüht, kann jedoch nicht mehr dasselbe sein wie das, was von selbst geschieht" (Wicki 1991, S. 253).
Noch von einem anderen Aspekt her ist diese Absicht nicht besonders glücklich: Wer dies tut, ist auf einen bestimmten Effekt aus – und dessen mehr oder weniger geradlinige Verfolgung führt in vielen Fällen am Ziel vorbei. Es geht nun allerdings nicht darum, alle diese Übungen in Bausch und Bogen zu verdammen. Sinnvoll eingesetzt sind sie dort, wo es darum geht, der eigenen Person noch klarer zum Durchbruch zu verhelfen und wo Wahrnehmungsprozesse verfeinert werden. Dabei mag die Selbsterfahrung, bei der Menschen über Rückmeldungen durch andere größere Klarheit über sich selbst gewinnen, eine wichtige Hilfe sein (vgl. auch Wicki 1991, S. 252 f.).
Junge Menschen wünschen sich nicht Erzieher, die sie manipulieren mit technischen Vorstellungen von Erziehung, sondern Menschen, die als Personen auf sie zugehen und sie selbst als Personen wahrnehmen. Dabei sollte es nicht nur um die Frage gehen, *wie* die Beziehung gestaltet wird, sondern auch um die Frage, *was* an gemeinsamen Inhalten zusammen gestaltet werden kann (vgl. Wicki 1991, S. 254).

6. Der Anspruch des Vorbilds

Auf die Bedeutung des Vorbilds wird vor allem in der pädagogischen Literatur immer wieder verwiesen. Sich auf die Suche nach einem Vorbild machen, heißt, sich jemanden gegenüberstellen, an dem man sich orientieren kann. Dies ist entwicklungspsychologisch von großer Bedeutung.
Die beinahe euphorische Vorbildgläubigkeit muß allerdings relativiert werden:

Vorbild sein zu wollen, kann man nicht beabsichtigen. Man wird es dadurch, daß man weiß, was man will, indem man Werte verwirklicht. Im Gegenteil: Wer unbedingt auf eine solche Wirkung konzentriert ist, verliert seine Lebendigkeit und damit eine starke Kraft. Beides wirkt dann am stärksten, wenn man gar nicht daran denkt, am wenigsten darauf aus ist, Vorbild sein zu wollen und sich mit einer Sache authentisch auseinandersetzt. Auch deshalb ist die eigene Auseinandersetzung für Erzieher so eminent wichtig.

Ein Vorbild ist deshalb gekennzeichnet durch die Art und Weise, wie es mit dem umgeht, was es begeistert.
Erzieher werden also da am ehesten Vorbild, wo sie eingestehen, es nicht vollkommen sein zu können und wo jeder solche Anspruch aufgegeben wird.

Vorbild wird man dadurch, daß man von jemandem dazu ausersehen wird. Es liegt daher nicht im eigenen Einflußbereich.

Hinzu kommt, daß ein Vorbild selten völlig kritiklos übernommen wird, sondern derjenige, der das Vorbild auswählt, denkt sich etwas dabei. Modellernen erfolgt demnach nicht automatisch, sondern auch kognitiv. Dabei ist auch ein gegenteiliger Effekt möglich, so etwas wie ein „negatives" Vorbild, das die „Trotzmacht des Geistes" herausfordert, z. B. wenn sich etwa jemand entscheidet, trotz rauchender Eltern keinesfalls mit dem Rauchen zu beginnen, was einer bewußten Absetzbewegung gleichkommt.

Außerdem kann man auch im Abgrenzen, im In-Frage-Stellen und Auseinandersetzen zum Vorbild werden.
Gerade wer beispielsweise Probleme mit dem eigenen Suchtmittelumgang hat, kann, wenn er diese mit jungen Menschen ehrlich reflektiert und sich selbst als Lernenden einbringt, an Glaubwürdigkeit und damit erzieherischer Wirkung gewinnen. Denn Jugendliche lernen dabei, die reflektierende Auseinandersetzung mit dem Thema zum Vorbild zu nehmen. So kann der positive Einfluß größer sein als der eines Asketen, der perfekt vorbildhaft wirkt und von einem erhöhten Podest mit Unverständnis und moralisierend agiert. So lernen Kinder und Jugendliche, auch eigene Handlungen und Haltungen in Frage zu stellen.

Dabei scheint noch entscheidender als die Vorbildwirkung in „veräußerlichten Belangen“ (wie Kleidung, Essen u.ä.) die Vorbildhaltung in Richtung wert- und sinnbezogenes Leben, auf eigene Konfliktumgangsfähigkeit, also auf den eigenen Lebensstil insgesamt zu sein.

Ein Vorbild wird demnach höchst selten im gesamten, im Verhältnis 1 : 1 übernommen, sondern einzelne Eigenschaften oder Handlungen des betreffenden Menschen werden als erstrebenswert angesehen.

Totale Vorbilder, solche, denen in allen Lebensbereichen höhere Kompetenz zugesprochen wird als man dies für sich selbst tut, haben oft den Nebenaspekt, auch entmutigend zu wirken, weil einem die eigene Unzulänglichkeit verstärkt zurückgespiegelt wird.

VI. Was für eine Rolle spielt die Liebe im Erziehungsgeschehen?

> Einen Menschen lieben heißt, ihn so zu sehen, wie Gott ihn gemeint hat.
>
> *Dostojewski*

„Liebe ist nachgerade das Erleben des anderen Menschen in dessen ganzer Einzigartigkeit und Einmaligkeit“ (Frankl 1987-2, S. 165 f.). Oder anders ausgedrückt: Liebe ist Gespür für die innere Gestalt des anderen (Handke). Liebe ist nach Frankl ein Beispiel der Selbsttranszendenz des Menschen. Sie verweist auf etwas, das man nicht selbst ist, ist intentional auf jemand anderen gerichtet und verlangt ein Über-Sich-Hinausgreifen als wesentlich menschlichen Akt. Sie setzt die Beziehung zu einem Du voraus. „Gegenüber der Begegnung scheint mir nun die Liebe einen Schritt weiter zu gehen, und zwar insofern, als sie den Partner nicht nur in seiner ganzen Menschlichkeit erfaßt, sondern darüber hinaus auch in all seiner Einmaligkeit und Einzigartigkeit, und das heißt: als Person“ (Frankl 1990, S. 74). Mit anderen Worten: Der geliebte Mensch wird „wesentlich als *das in seinem Da-sein einmalige und in seinem So-sein einzigartige Wesen* erfaßt“ (Frankl 1987-2, S. 167). Liebe heißt, den anderen annehmen, so wie er ist, nicht so, wie man ihn gerne hätte. Liebe unter Bedingungen kann knebeln und macht unfrei, wenn man sich nicht zeigen kann, mit seinen „ungeliebten“ Eigenschaften. Wer hingegen erlebt, daß er auch mit seinen Schatten angenommen wird, kann sie leichter selbst annehmen.
Somit sieht Liebe den Wert der Person und wahrt auch deren Würde. Wo sich der Mensch auf einen anderen einläßt, kann er sich für den anderen öffnen. Daher ist Liebe im ursprünglichen Sinne nicht von vorneherein auf Gegenleistung aus. Echte Liebe schließt sogar aus, nur dort zu lieben, wo man wiedergeliebt wird. Im Gegenteil: Dieser Forderungscharakter kann dazu führen, daß sich der andere entzieht. Es ist nicht so schlimm, nicht wiedergeliebt zu werden, als nicht lieben zu können. „Die Hölle ist, nicht lieben zu können“ sagt Sartre. Liebe ist ein Geschenk, eine Gabe, eine Gnade sowohl für den Liebenden als auch den Geliebten. Unbestritten wichtig ist es für Kinder, daß sie sich angenommen und geliebt fühlen und daß sie Vertrauen und Bestätigung erfahren.

Aus der Sicht des zu Erziehenden geht es zunächst einmal darum, um seiner selbst willen geliebt zu werden und nicht wegen irgendwelcher Leistungen, Fähigkeiten, Gegebenheiten oder für seine Anpassung als „braves“ Kind. Es ist noch wichtiger, Vertrauen und Bestätigung gerade dann zu erfahren, wenn man seinen eigenen Weg geht.

Lieben heißt also:

- *den anderen in seiner Eigenheit belassen.* Das setzt voraus, daß wir ihn nicht nach einem eigenen Wunschbild formen, daß wir ihn nicht festschreiben, ihm nicht eigene Vorstellungen aufdrücken, ihn nicht festlegen auf bestimmte Lebensformen und Lebensinhalte.
- *den anderen verstehen.* In einem tiefen Sinne verstehen wir den anderen, wenn wir wissen, was ihn in Bewegung bringt bzw. bringen kann, wenn wir also wissen, worin seine tiefe innere und letzte Motivationskraft besteht. Dies geschieht nicht über vorgegebene, starre Verhaltensregeln und Erziehungstheorien. So kommt es also letztlich darauf an, zu begreifen, was dieser *eine* Mensch *jetzt* (von mir) will.
- *den anderen in seinen (noch nicht gelebten) Möglichkeiten erkennen.* Lieben heißt, den anderen umfassend wahrnehmen, auch und besonders die noch nicht gelebten Bereiche des anderen. Können wir erfassen, welche Begabungen und Anlagen im anderen noch schlummern, die er selbst oftmals noch nicht erkennt oder zu erkennen wagt? Lieben heißt, den anderen auf sein Wesen hin ansprechen. Eine solche Liebe macht weitsichtig und ist daher eine „sehende“ Liebe.

Liebe bringt in ihrer reifen und reichen Form alle Anlagen des Menschen zur größtmöglichen Entfaltung. Dazu meint Wurmser: „In gewissem Sinn bedeutet Liebe auf ihrem Höhepunkt die größtmögliche menschliche Anerkennung des Wunsches nach bereicherndem Selbstausdruck sowie des Verlangens, herrlich (gloriously) und anhaltend fasziniert und beeindruckt zu sein - und darin auf unzähligen Ebenen von Kommunikation und Aufmerksamkeit Gegenseitigkeit zu erleben“ (Wurmser 1990, S. 267).
In der „sehenden“ Liebe wird der andere in seiner Selbständigkeit wahrgenommen und gefördert, was – um es noch einmal zu erwähnen –, ganz wesentlich zur Hebung des Selbstwertes beiträgt. Neben einer falsch verstandenen Liebe, die Menschen in die Sackgasse führen kann, sind es Forderungen oder Wünsche nach Anpassung, die dem Menschen sein „ja“ zum Sosein erschweren. Sie machen es zwar nicht unmöglich, denn es ist

und bleibt immer noch eine lebenslange Entscheidung des Menschen, sich selbst zur Geburt zu bringen und dieses „ja" auch zu sich zu sagen und zu leben, erschweren es aber dennoch sehr.
Wer immer erst beweisen muß, daß er etwas wert ist, lebt in einer permanenten Streßsituation. Wenn wir also Kindern über einen langen Zeitraum ständig zu verstehen geben, daß unsere Liebe zu ihnen von ihrem Wohlverhalten abhängt, bringen wir sie in eine schwierige Situation.
Sie können dann mitunter das, was ihnen wirklich wichtig ist, nicht umsetzen, ohne daß sie Angst haben müssen, den eigenen Eltern nicht zu entsprechen bzw. gar deren Liebe zu verlieren und dann verlassen und allein zu sein.
Unter dem (vielleicht auch sehr subtilen) Druck zur Anpassung erlernen sie es nicht bzw. verlernen sie, auf ihr Eigenes zu vertrauen, oder sie haben keinen Mut, dies gegen den Willen der Eltern durch- und umzusetzen. In der Anpassung erstickt das Lebendige, aus ihr heraus ist es schwer zu leben. So wird das Leben zur Last. Nicht umsonst heißt es im Volksmund: „Allen Leuten recht getan, ist eine Kunst, die niemand kann." Dies kann schließlich dazu führen, daß ein Kind etwas ganz Wichtiges ganz oder teilweise verliert: nämlich seinen Willen zum Sinn, der letztlich dazu verhilft, dem persönlichen Lebensweg zu folgen. Diesen Willen zu fördern, eigenen Interessen nachzugehen und in ihnen aufzugehen, ist eine eminent wichtige Aufgabe. Denn daraus können sich erst Erlebnisfähigkeit und Engagement entwickeln.
Das Gefühl zu bekommen, so wie man ist, liebesunwert zu sein, verstärkt sich nach Wurmser besonders dann, wenn man selbst Liebe anbietet, aber nicht wiedergeliebt wird. Wer sich in der Kindheit Eltern anpassen muß, um überhaupt angenommen zu werden, wird sich schwer tun, sich später selbst anzunehmen (vgl. Wurmser 1990, S. 158).
Hingegen jemandem zu verdeutlichen, daß er genau wegen und in seiner Einzigartigkeit und Einmaligkeit wertgeschätzt wird, ist eines der größtmöglichen Geschenke, setzt ungeheure Energien frei und stimuliert Entfaltung und Wachstum. Erst diese Erfahrung ermöglicht echte menschliche Begegnung, weil man so genügend Raum für sich selbst bekommt und damit offen für den anderen sein kann, ihm den nötigen Raum geben kann. Liebe heißt nun nicht, dem anderen alles abzunehmen, alles für ihn zu erledigen, manchmal auch aus der irrigen Angst des Erziehers heraus, in der Erziehung nicht gut genug zu sein. Liebe heißt auch nicht, den anderen nach dem eigenen Wunschbild zu formen. Lieben heißt auch nicht, den anderen in seinem Fehlverhalten und in seiner Fehlhaltung anzunehmen,

sondern ihn in einer Form darauf hinzuweisen, daß er sich von sich aus bemüht, diesem entgegenzutreten.
Daneben gibt es aber auch noch eine „blinde" Liebe, eine Liebe, die den anderen nicht so sieht, wie er sein könnte oder wie er ist, sondern wie sich ihn die außenstehende Person wünscht. Die „blinde Liebe" des Erziehers ist auf sich selbst und nicht auf den zu Erziehenden bezogen. Ihr geht es weniger um die Person des anderen, sondern mehr um sich selbst und eigene Gefühle. „Blinde Liebe" kann auch übergroße emotionale Nähe sein, die nicht danach fragt, was dies für den anderen bedeuten kann. Sie kann z. B. Gutes tun und die Entwicklung des anderen behindern, manchmal vielleicht aus der Angst heraus, für einen selbständigen und selbstdenkenden Menschen nicht liebenswert genug zu sein.
„Blinde Liebe" in der Erziehung ist auch deswegen problematisch, weil sie dem anderen ein möglicherweise falsches Bild von sich selbst aufstülpt und ihm Dinge abnimmt, die er selbst sehr gut erledigen könnte. Letzteres führt häufig in die Verwöhnung, die zusätzlich noch materiell sein kann. Oder die Kinder entwickeln narzißtische, unrealistische Größenphantasien, weil ihnen von ihrer Umgebung immer wieder zurückgespiegelt wird, wie außergewöhnlich „gut" sie sind. Dazu kommt vielleicht der Druck, dem Kinder ausgesetzt sind, wenn sie spüren, daß sie die Liebe der Bezugsperson verlieren, sobald sie anders sind als diese erwartet, indem sie eigene Vorstellungen entwickeln. „Blinde Liebe" hat auch die Tendenz, zu fürsorglich zu sein, den anderen besitzen zu wollen und ihn in die Abhängigkeit zu drängen – und genau dieses ist ein inhumaner Akt mit teilweise schwerwiegenden Folgen.
Wie sagt Khalil Gibran? „Deine Kinder sind nicht deine Kinder, sie sind die Söhne und Töchter der Sehnsucht des Lebens nach sich selbst. Sie kommen durch dich, aber nicht von dir und obwohl sie bei dir sind, gehören sie dir nicht, du kannst ihnen deine Liebe geben, aber nicht deine Gedanken, denn sie haben ihre eigenen Gedanken, du kannst ihrem Körper ein Heim geben, aber nicht ihrer Seele, denn ihre Seele wohnt im Haus von morgen, das du nicht besuchen kannst, nicht einmal in deinen Träumen. Du kannst versuchen, ihnen gleich zu sein, aber suche nicht, sie dir gleich zu machen..." (Gibran 1973). Das, worauf es nun ankommt, ist, sich selbst instand zu setzen bzw. instand gesetzt zu werden, sich dem Status der „sehenden" Liebe zu nähern. Dies setzt voraus, daß nicht die eigenen Anteile, Wünsche und Sehnsüchte das Erziehungsgeschehen behindern, daß man zu sich selbst finden konnte. Erst dann kann man dies auch anderen zugestehen.

VII. Verwahrlosung und Verwöhnung

> Jeder beurteilt nur das richtig, was er versteht.
>
> *Aristoteles*

Verwahrlosung aus existenzanalytischer Sicht ist dadurch gekennzeichnet, daß die Person des Heranwachsenden ignoriert und übergangen, d. h. sich selbst überlassen und nicht angesprochen wird. Hier ist vor allem die „innere" Verwahrlosung gemeint ist, zu der noch eine äußere Verwahrlosung hinzukommen kann, wie z. B. mangelnde Bereitstellung von Essen, sauberer Kleidung und Umgebung, von Rhythmus und Ordnung etc.
Meist kommt in unseren Ländern noch eine Überkompensation der Eltern hinzu: Die Kinder sind mit genügend oder übergenügend Geld ausgestattet, der Zugang zur Erwachsenenwelt (beispielsweise via unbeschränktem Medienkonsum, aber auch via Konfrontation mit den realen Abgründen des menschlichen Lebens) ist beinahe unbeschränkt offen. Dazu kommt sehr häufig eine Erziehung, die eigentlich gar keine ist: ein Tun- und Machenlassen, das sogenannte Laissez-faire oder manchmal auch die vielleicht noch problematischere Schaukelerziehung, ein Schwanken zwischen übergroßer Strenge und übergroßer Nachgiebigkeit, die unberechenbar ist und nicht eingeschätzt werden kann.
Mit anderen Worten: Die Ansichten und Einstellungen der Kinder interessieren niemanden. Zudem sind sie noch einem Milieu ausgesetzt, das sie meist emotional überfordert, und sie bekommen auch keine Hilfe und Anleitung, was sie dem entgegensetzen können.
Da auch Vorbilder, die Halt geben könnten, meist weitgehend fehlen, ist diese Situation durch Lethargie- und Mutlosigkeit gekennzeichnet. Hier zeigt sich meist existentielles Vakuum pur und deshalb sind alle ausweichenden Verhaltensformen wie Sucht, Depression, Suizidgefährdung, Anfälligkeit für Ideologien z. B. dem Rechtsextremismus, Delinquenz u. a. gehäuft anzutreffen. Fast ergibt sich noch ein Hoffnungsschimmer, wenn sich Aggressivität zeigt, da darin noch eine Rebellion gegen den derzeitigen Zustand spürbar ist und somit eine Kraft.
Grundwert und Selbstwert können in dieser Situation nur schwer entwickelt werden, sie ersticken in Lieblosigkeit.

Verwöhnung ist ein weitverbreitetes Erzieherverhalten in unserer Wohlstandsgesellschaft, das beispielsweise der Suchtmittelkonsumierende intensiv auslebt, indem er sich mit der Droge ständig belohnt, verwöhnt. Möglich auch, daß er andere Formen des Umgangs mit schwierigen Situationen nicht gelernt hat. Eine starke Konsumorientierung ist meist der Wegbereiter einer verwöhnenden Erziehung. Die verwöhnende Erziehung ist oft gekennzeichnet durch einen Überfluß von außen und einen Mangel nach innen. Die Bedürfnisse der Kinder nach Liebe, Anerkennung, Freiraum, Gespräch, Auseinandersetzung werden nicht oder zu wenig befriedigt.

Verwöhnung ist allgemein gesagt: mehr zu bekommen als notwendig ist und/oder vielleicht auch das Falsche. Jemand wird daran gewöhnt, daß ihm jeder Wunsch von den Augen abgelesen wird, aber es wird nicht genau hingehört auf das, was der andere wirklich braucht, was tatsächlich gefragt ist.

Daher können verwöhnte Kinder kaum etwas genießen, werten angebotene Dinge ab, zeigen eine starke Erwartungshaltung gepaart mit Konsumorientierung bei geringer Frustrationstoleranz. Sie wollen ständig im Mittelpunkt stehen und sind doch gemeinschaftsunwillig bzw. wenig freundschaftsfähig (vgl. Winklhofer 1991, S. 142).

Verwöhnung hat mit Überbehütung zu tun und ist aus existenzanalytischer Sicht ebenfalls ein Nichtwahrnehmen der Person des Kindes, indem es aus Überfürsorglichkeit und falsch verstandener Liebe unselbständig gehalten und ihm daher immer alles abgenommen wird. Damit müssen eigene Kräfte nicht entfaltet werden. Aber sie können auch nur noch sehr schwer entfaltet werden.

Zu dieser „inneren" Verwöhnung kommt analog wie bei der Verwahrlosung noch die „äußere" Verwöhnung hinzu. Das heißt, Kinder werden noch zusätzlich mit materiellen Gütern überschüttet, wie (oft unnütze) Spielsachen, Modellkleidung, die nicht schmutzig gemacht werden darf, Süßigkeiten, Geld u.ä., vielleicht aus einem Gefühl der Unzulänglichkeit von seiten der Erzieher, der „Verwendung" der Kinder als Prestigeobjekte oder für eigene Interessen oder des Besitzenwollens des Kindes. Da stellt sich sehr wohl die Frage: Wessen Bedürfnisse werden hier erfüllt, die der Kinder oder die der Erzieher?

Das Kind wird in Abhängigkeit gehalten, damit Eltern keine Verlustängste bekommen. Die Selbsttäuschung und Selbstverleugnung besteht in dem Glauben, alles für die zu Erziehenden geopfert zu haben. Nun besteht große Angst, diese vielleicht als undankbar zu erleben.

Innere Verwöhnung ist dadurch gekennzeichnet, daß Kinder spüren, die anderen nehmen mich auch in meinen Fehlhaltungen und Fehlhandlungen immer an, egal wie ich bin und wie ich handle. Es gibt daher überhaupt keinen Grund, mich selbst zu bemühen, mich selbst zu verändern, oder gar mich selbst anzunehmen und vielleicht in die Hand zu nehmen.
Innere Verwöhnung ist auch dadurch gekennzeichnet, daß Kindern immer alles abgenommen wird, z. B. wenn wir als Erzieher immer für Kinder antworten – und dies in doppeltem Wortsinn –, wenn sie selbst gefragt sind und wir ihnen damit die Möglichkeiten zur eigenen Stellungnahme entziehen, wie dies in vielen zu beobachtenden Situationen geschieht. Kinder lernen dadurch nicht, zu sich selbst zu stehen. Sie entwickeln oft eine Unfähigkeit, selbst zu antworten und können sich mit diesem Unvermögen immer hinter den Erziehern verstecken, die für sie tätig werden. Dies führt nicht selten zu Ängstlichkeit und Schüchternheit.
Genauso verhält es sich, wenn Kinder nie gelernt haben, an Konflikte selbständig heranzugehen und sie im einen oder anderen Fall auch zu lösen, wenn beispielsweise bei Auseinandersetzungen Erzieher oft vermeintlich helfend eingreifen und entsetzt oder bemitleidend darauf reagieren, daß dem eigenen Kind dies oder jenes zugemutet, es vielleicht sogar geschlagen wird (auch im Sinn mißglückter Friedenserziehung). Hier können eigene Umgangsmöglichkeiten mit Konflikten nicht erprobt und eigene Stärke nicht entwickelt werden.
Verschärfend kommt in solchen Fällen oft noch hinzu, daß Erzieher aus Angst vor weiteren Widerwärtigkeiten ihr Kind nun erst recht von anderen Kindern fernhalten, wobei dann noch nicht einmal der Umgang mit anderen Kindern gelernt werden kann. So werden verwöhnte Kinder leicht zu Außenseitern. Die Nähe der/des Erwachsenen – oft durch Überfürsorglichkeit kompensiert – überdeckt zunächst die Einsamkeit des Kindes.
Aber genau die Fähigkeit zum Umgang mit anderen Menschen und mit sich selbst, die in der Konfliktfähigkeit gipfelt, ist etwas, das nicht früh genug gelernt werden kann, weil dies Voraussetzungen für gelingendes Leben sind. Andererseits entsteht aus dem Bewußtsein, diesen Situationen gewachsen zu sein, ein tiefes Gefühl innerer existentieller Stärke, das ganz wesentlich am Aufbau des Selbstwertes beteiligt ist.
Auch mit eigenen Spannungen und Belastungen umzugehen, kann und muß möglichst frühzeitig gelernt werden.
Verwöhnende scheuen sich oft auch selbst vor Konflikten, weil sie sich Auseinandersetzungen nicht gewachsen fühlen. Aus Harmoniebedürfnis

werden Probleme einfach ignoriert, besonders die dunklen Seiten des Lebens (tragische Trias). Daraus entsteht ein Wirklichkeitsverlust.
Wenn Erzieher für ihre „Zöglinge“ nicht nur verbal im Bereich des Gesprächs antworten, sondern auch bei den Fragen des Lebens für die Heranwachsenden antworten, so daß diese nicht ihrem eigenen Willen zum Sinn nachgehen können, der ihnen den Weg zum Wert zeigt, geraten Heranwachsende erst recht in die Defensive und können dem Leben nicht mehr offen gegenüberstehen. Angst und Depression können Folgen sein, wenn Heranwachsende in ihrem eigenen Willen und damit in ihrer Wertwahrnehmung und Wertverwirklichung behindert und eingeschränkt werden. Durch die Überfürsorge in der Erziehung kommt es zu verminderter Werterfahrung und Werterkenntnis. Damit kann sich der Wille zum Sinn nicht entfalten. Und in der Folge kann die Hingabe an eine Sache nur sehr erschwert stattfinden. Erlebnisfähigkeit und Engagement können sich nicht entwickeln. Damit können sich Verwöhnte selbst kaum entfalten. Sie kommen nicht zu Selbstwert und Authentizität. Sie lernen nicht, Stellung zu nehmen, Entscheidungen zu treffen und selbständig zu werden.
Damit wird auch ihre *Freiheit* beschnitten, wenn Verantwortung *für* sie anstatt *durch sie* übernommen wird. Die Überfürsorge durch die Erzieher verhindert die Eigenverantwortlichkeit der Heranwachsenden und deren möglichst sofortige Erfüllung jedes Wunsches läßt ihre Fähigkeit verkümmern, „die Spannung zwischen Sein und Sollen zu ertragen oder durch eigenes Tun ... zu verringern“ (Winklhofer 1991, S. 141).
Der Verwöhnende geht von seinen eigenen Vorstellungen aus und übersieht dabei diejenigen des Kindes. Er weiß nicht, was dieses Kind wirklich braucht, was es empfindet und denkt. „Darüber findet kein Austausch statt, es wird nicht gesprochen (oft wird eine fiktive Wirklichkeit im ritualisierten Scheindialog aufrechterhalten, wie im absurden Theater). Der apersonale, meist an den Dingen orientierte Umgang führt in die Sprachlosigkeit, in die Ratlosigkeit, in die Entfremdung, in die Kraftlosigkeit.
„Der Verwöhnende mutet dem Kind nichts zu, weil er es unterschätzt. Er traut ihm nichts zu, d. h., er schenkt ihm kein Vertrauen. Das könnte er nur schenken, wenn er es selber hätte“ (Winklhofer 1991, S. 143 f.). Oft trauen Erwachsene Kindern einfach nicht zu, eigenständige Entscheidungen zu treffen. Dadurch, daß dieses nie gefordert wird, kann es auch nicht eingeübt werden und fällt den Betroffenen dann ziemlich schwer.
In der überbehütenden bzw. verwöhnenden Erziehung wird außerdem vielen Kindern ein unrealistisches Größenbild von sich selbst durch die Erzieher vermittelt, weil eigene Unzulänglichkeiten und eigenes Versagen

unter den Teppich gekehrt werden und ein unrealistisch perfektioniertes Bild idealisiert wird. Dies führt zu einer verzerrten Wahrnehmung der Wirklichkeit und spätestens im direkten Kontakt mit anderen, besonders im Leistungsbereich in der Schule, wie ein Kartenhaus zusammenfällt. Gerade verwöhnte Kinder können oft mit Spannungen, Belastungen, der eigenen Unzulänglichkeit und dem eigenen Versagen nur schlecht umgehen, weil ihnen die Auseinandersetzung damit immer von den Erwachsenen abgenommen wurde. Aus Angst und Unsicherheit können sie sich nicht auf das Leben einlassen.
Verwöhnung ist demnach – zusammengefaßt nach Kohut – das Beharren auf vollkommener Bemutterung (Kohut 1979, S. 79) von seiten der Erzieher aber auch der zu Erziehenden.

VIII. Erziehung zur Anpassung

> Handle so, daß du durch die Bestimmungsgründe deines Wollens dich jederzeit selbst als Person achten kannst.
>
> *Helmut Danner*

Selbstverständlich scheint es kein erstrebenswertes Ziel, wenn Heranwachsende und schließlich Erwachsene allgemeine Normen aus Langeweile, Sinnverlust oder Provokation mit Füßen treten. Aber es kann ebenfalls nicht erstrebenswert sein, alle Normen kritiklos zu übernehmen, besonders dann, wenn es damit nicht zur Lebensentfaltung, sondern zur Lebensunterdrückung kommt.

Zwischen diesen beiden Positionen sind alle Schattierungen anzutreffen. Wer aus der Anpassung heraus lebt – sei es aus Angst, sich zu exponieren bzw. die Zuneigung anderer zu verlieren oder einfach aus Bequemlichkeit –, lebt in vielen Bereichen vielleicht nicht wertorientiert und damit gegen sein Gewissen. So kann personale Existenz nicht entfaltet werden. Ist das wesentliche Kennzeichen von verwöhnender Erziehung, daß durch das „Zuviel" die Person erstickt und damit an der Entfaltung gehindert wird, wird in der Erziehung zu Gehorsam und Anpassung durch meist strenge Autorität gleichzeitig, aber oft auch über eine an sich liebevolle Eltern-Kind-Beziehung, subtil die Person auf ein festgeschriebenes Bild festgelegt.

Kinder und Jugendliche sollen den Erwartungen ihrer Umgebung weitgehend entsprechen, was alle Lebensbereiche – zwar nicht immer gleichgewichtet – betrifft, wie Schulleistungen, Hobbys, Freundschaften, Benehmen, Rollen, Berufswahl u.ä. Diese Vorstellung geht in weiten Teilen mit der konservativ-traditionalistischen Erziehung konform und ist daher – neben Verwöhnung und Verwahrlosung – weit verbreitet. Nach meinen Beobachtungen betrifft sie mehr Mädchen als Jungen und ist damit auch die Erziehung, die das klassische Rollenbild aufrechtzuerhalten verhilft.

Aus dem bisher Dargelegten ergibt sich bereits recht klar, daß Erziehung, die über eine andere Person verfügt, für diese sehr einschränkend und einengend sein kann, auch wenn dies nicht immer bewußt wird.

Was heißt das, in die Sprache der Existenzanalyse übersetzt?

Der Erzieher erhebt den Anspruch, daß seine Werte, die für ihn durchaus wichtig und richtig sein können (im erziehlichen Bereich in vielen Fällen jedoch nicht hinterfragt wurden), auch für andere gelten. Er vermeint, genau um seine erzieherische Wahrheit zu wissen. Damit umgibt er sich mit einem unmenschlichen Absolutheitsanspruch, dem man sich entweder fügen oder gegen den man nur rebellieren kann. Es wäre jetzt allerdings ein Mißverständnis, zu glauben, daß *alle* übernommenen Werte über Bord geworfen werden sollen. Ein Anliegen der Erziehung muß es auch immer wieder sein, Kindern und Jugendlichen einen Zugang zu tragenden Inhalten zu eröffnen. Daß Werte vorgelebt werden sollen (aber dann wirklich), daß Menschen gerade aber auch über Werte ins Gespräch kommen sollen, versteht sich hoffentlich aus dem bisher Dargelegten. Es geht darum, die Wertverschreibung, wie sie gerade in der traditionellen Erziehung gang und gäbe ist, kritisch zu durchleuchten.
In der traditionell-autoritären Erziehung wird eine Stellungnahme der betroffenen Person weder erwartet noch erwünscht. Auch hier wird folglich Person nicht gesehen und nicht ernst genommen. Am besten, sie ist besonders „pflegeleicht“, d. h. sie wehrt sich möglichst wenig gegenüber den Wertverschreibungen. Nichts anderes geschieht hier.
Was bedeutet es, wenn eigene Werte nicht gelebt werden können? Die Anpassung ist die Klemme zwischen dem, was erwartet, und dem, was gefühlt wird. Anpassung geschieht dann, wenn man den Weg des Erwarteten geht. Das Gewissen als unerbittliches Wert-Organ läßt sich nicht täuschen und meldet seine Bedenken an. Eine tiefe Kluft tut sich auf. Der Wertekonflikt ist damit vorprogrammiert. Angst, Aggression und/oder (neurotische) Depression sind oft die Folge.
Warum so viele Frauen unter Angst und Depression leiden, liegt meines Erachtens zu einem großen Teil daran, daß sie mehr als Männer Lebens- und damit Wertkonzepte unhinterfragt übernommen und auch engere Lebenskonzepte vorgelegt bekommen haben und schließlich mehr oder weniger plötzlich deren Brüchigkeit bzw. deren Grenzen spüren, sich dies aber nicht eingestehen und vor allem keine Konsequenzen daraus ziehen, was zugegebenermaßen für Frauen in ihrer traditionellen Eingebundenheit besonders schwer ist. In der Anpassung entsteht oft eine innere Aggression sich selbst gegenüber, denn man bestraft sich selbst im Innern für die Anpassung nach außen.
Lob, das darauf ausgerichtet ist, Erwartetes zu verstärken, ist deshalb nicht unproblematisch, denn Kinder richten sich nach dem Lob aus, d. h., sie machen bzw. vermeiden Dinge, von denen sie wissen, daß sie mit Lob

bedacht werden und umgehen sich manchmal dabei. Oft erhält man deswegen Lob, weil man funktioniert und nicht weil man als Person gesehen wird. Lob kann auf zwei Ziele ausgerichtet sein: auf die Person (das Subjekt) und/oder die Sache (das Objekt). Lob ist oft pauschalierend und zudeckend, weil nicht nach den Gründen für dieses oder jenes Handeln gefragt wird.

Eine Möglichkeit z.B., die Person mehr ins Blickfeld einzubeziehen und unter die Oberfläche zu gehen, besteht darin, bei einer Zeichnung, die Person zur Stellungnahme herauszufordern. Das könnte bei einem kleinen Kind sein: Ich sehe da zwei Personen. Was machen die auf dem Bild? Was besprechen sie? Was würdest du tun, wenn du eine von ihnen wärst? Sie sind ganz groß gezeichnet. Waren sie dir wichtig? Ich habe das Gefühl, sie frieren, obwohl die Sonne scheint. Ist es kalt? Ganz interessant finde ich, welche Farben du gewählt hast. Was hast du dir dabei gedacht?

Dies regt zur eigenen Auseinandersetzung und zur Auseinandersetzung mit eigenen Wertvorstellungen an, so daß Entwicklung gefördert wird. Wobei ich dieses Beispiel mit der Zeichnung in zweifacher Hinsicht für wichtig halte:

Es geht einerseits gerade beim Zeichnen nicht darum, möglichst normgerecht und angepaßt konventionelle Bilder zu zeichnen, was aber besonders durch pauschales Lob oft herausgefordert wird.

Andererseits läßt sich an diesem Beispiel ein Anfragen der Person zeigen, denn diese Art des Anfragens erwächst aus der Wertschätzung der Person und stellt eine Beziehung her, in diesem Fall z. B. zur Zeichnung.

Kinder können ihr Sosein nicht entwickeln, wenn sie – egal mit welchen Mitteln, ob durch Zucht und Ordnung oder falsch verstandene Liebe – zu Gehorsam und Anpassung erzogen werden. In der Anpassung an elterliche Vorstellungen verleugnet sich das Kind und kann sein eigenes Selbst nicht oder nur mehr sehr schwer entfalten. Damit kann es auch kein Grundgefühl entwickeln, als Person wertvoll zu sein, wenn es etwas anderes als das Erwünschte tut. Wie man ist und wie man sein möchte, paßt nicht zu dem, wie seine Umgebung einen haben will. Die Entwicklung des Selbstwertes wird blockiert. Daraus resultieren Gefühle wie Wut, Bedeutungslosigkeit, Unklarheit, aber auch Verzweiflung.

Vielleicht tun sich diejenigen Kinder, die diese anmaßende Autorität durch Liebe verbrämt und damit sehr verdeckt zu spüren bekommen, noch schwerer, sich gegen die Stutzung der eigenen Flügel aufzulehnen. Man meint es ja so gut mit ihnen, und sie wollen nicht undankbar sein. Auch hier ist Kraftlosigkeit oft die Folge.

Dort, wo der autoritäre Übergriff offenkundig und sehr hart und klar geschieht, ist es meist leichter, sich davon zu distanzieren. Dies geschieht oft in der Rebellion und/oder Aggression. Was bei der verwöhnenden Erziehung angemerkt wurde, gilt auch bei der autoritären: Die *Freiheit* wird eingeengt, *Verantwortung* (für das eigene Leben) kann höchstens in eingeschränktem Maße wahrgenommen werden.
Solch ein Erzieher weiß zwar ganz genau, was er will, aber was das Kind will und braucht, ist kein Thema. Auch er traut dem Kind nicht zu, wirklich Eigenes zu entwickeln, aber mehr aus der Angst heraus: Was würde passieren, wenn das jeder täte? Ich durfte ja auch nicht tun, was ich wollte, und trotzdem ist etwas aus mir geworden. Solcher Werttraditionalismus hält das Kind in *Abhängigkeit*; aber vor allem in Abhängigkeit von den internalisierten Werten.
Es kann daher kein Erziehungsziel sein, brave Kinder im Sinne von angepaßten Kindern als Kennzeichen von gelungener Erziehung darzustellen. Kinder sollen möglichst frühzeitig lernen, auf eigene Werte zu hören und sie auch zu verfolgen – und dies auch dann, wenn es den Vorstellungen der Erziehungsberechtigten widerspricht. So gesehen sind eigen-sinnige Kinder, wie das Wort schon sagt, auf dem besten Weg, ihrem eigenen Wert nachzugehen, so unbequem dies manchmal auch für die Umgebung sein mag.
Diesen eigenen Sinn zu vertreten, fällt Kindern naturgemäß dann besonders schwer, wenn sie dabei fürchten müssen, die Liebe ihrer Eltern bzw. ihrer Umgebung zu gefährden. Deshalb scheint es in der Erziehung wichtig zu sein, die Gründe für ein bestimmtes Verhalten gemeinsam mit den Kindern aufzuspüren, herauszuschälen und schließlich zu akzeptieren. Dies betrifft Interessen und Hobbys, und nicht zuletzt auch die Berufswahl. Mit nicht hinterfragter Anpassung geht zu viel an Authentizität verloren. Eine Vorbeugung seelischer Krankheit besteht nicht in der Anpassung, sondern bedeutet, „in Konfrontation zu treten und etwas zu bekämpfen. Die Person entfaltet sich maximal nicht in der Anpassung, sondern in der Stellungnahme“ (Längle 1988-4, S. 21).
Psychisch gesund ist also derjenige, der sich auseinandersetzt, und nicht der, der sich anpaßt. Das würde in der Konsequenz bedeuten, daß generell in der Erziehung eine Ermutigung zur Auseinandersetzung erfolgen sollte.

IX. Erziehung des Laissez-faire

> Ich handle nicht nur dem gemäß, was ich bin, sondern ich werde auch, wie ich handle.
>
> *Viktor Frankl*

Wenn weder verwahrlosende noch verwöhnende noch traditionelle Erziehung den Kern des Menschen, nämlich seine Person erreichen, kann dies Erziehung des Laissez-faire?
Laissez-Faire kennzeichnet einen „Erziehungsstil, der von Gleichgültigkeit der Erzieher und völligem Gewährenlassen der Kinder geprägt ist" (Keller, Novak 1979, S. 210). Die Erzieher sind entweder von *Gleichgültigkeit* gegenüber den zu Erziehenden geleitet oder von *Unfähigkeit*, Erziehung in einer anderen Form wahrzunehmen, sei es aus eigener psychischer Unangepaßtheit, sei es aus eigener Ziel- und Planlosigkeit, sei es aus dem Wunsch heraus, Kindern maximale Freiheit zu gewähren. Das würde bedeuten, daß Erzieher bei dieser Form der Nichterziehung an der Person des Kindes vorbeiagieren bzw. überhaupt nicht agieren. Sie sprechen die Person des Kindes nicht an und fordern sie nicht zur Stellungnahme heraus. Sie lassen ihnen maximale Freiheit, falsch verstandene Freiheit. Es ist dies eine Freiheit von allem und nicht eine Freiheit zu etwas. Die Erzieher stülpen ihnen zwar keine fremden Werte über, bieten ihnen aber auch keine an. Durch die dadurch entstehende allgemeine Ziellosigkeit können Kinder weder Halt noch wertorientiertes Handeln entwickeln. Wenn Kinder nicht gelernt haben, Werte zu sehen, sich auf diese einzulassen und eine Verbindlichkeit mit diesen einzugehen, können sie auch nicht im Gegenzug durch diese bereichert werden. Die Persönlichkeitsentwicklung liegt brach. Selbstwerterfahrung ist ohne Verwirklichung von Werten kaum möglich. Daraus können sich Planlosigkeit, Interesselosigkeit, Oberflächlichkeit und damit Unzufriedenheit und Aggression entwickeln. „Von daher ist es der Erziehung an solchen Gehalten gelegen, von denen der Heranwachsende im Leben wirklich gehalten wird. Der Auftrag der Erziehung besteht darin, zu solch tragenden Gehalten Zugang zu eröffnen bzw. zu finden, für die es sich lohnt zu leben und die den Heranwachsenden dauerhaft in der Tiefe zu erfüllen vermögen" (Wicki 1991, S. 258).

Wenn mit Kindern über das, was sie angeht, kein Gespräch zustande kommt, fühlen sie sich – zu Recht – im Stich gelassen und in ihrer Person verkannt.
Nicht verwechselt werden darf Laissez-faire-Erziehung mit antiautoritärer Erziehung, die – ausgehend von der Psychoanalyse – frühe Triebunterdrückung vermeiden will.
Viele Verhaltensschwierigkeiten der Kinder sind in einem Laissez-faire-Stil begründet, denn dieser Erziehungsstil läßt Kinder in einer grenzenlosen Welt allein. In dieser unüberschaubaren Weite reagieren sie oft mit Verlassenheitsangst.
Da Laissez-faire die Erziehung ist, die vermeint, ohne Grenzen und Verbote auszukommen, wird an dieser Stelle auf das folgende Kapitel verwiesen.

X. Grenzen in der Erziehung

> Das Nein
> das ich endlich sagen will
> ist hundertmal gedacht
> still formuliert
> nie ausgesprochen.
>
> Es brennt mir im Magen
> nimmt mir den Atem
> wird zwischen meinen Zähnen zermalmt
> und verläßt
> als freundliches Ja
> meinen Mund.
>
> *Peter Turrini*

Die Frage nach den Grenzen in der Erziehung stellt sich beim Erziehungsstil des Laissez-faire besonders deutlich, betrifft aber auch verwöhnende, zum Teil verwahrlosende und traditionelle autoritäre Erziehung. Da wir selbst nicht in einer grenzenlosen Welt leben, vielmehr uns diese Grenzen (der Ressourcen, des Wachstums, der Umweltverschmutzung) immer deutlicher werden, scheint es schon von daher nicht sinnvoll zu sein, Kindern eine grenzenlose Welt vorzutäuschen.
Viele Handlungen der Menschen lassen sich demgegenüber damit erklären, daß sie versuchen, ihre eigenen Grenzen zu erfahren: Grenzen der psychischen Belastbarkeit, Grenzen der körperlichen Leistungsfähigkeit u.ä. Denken wir an Extrembergsteiger, Extremsportler, Abenteurer, Fakire, buddhistische Mönche etc.
Grenzenlosigkeit würde uns auf Dauer – ähnlich wie Verwöhnung – unzufrieden machen. Wir würden uns aufmachen, mögliche Grenzen hinter der Grenzenlosigkeit zu suchen. Oder wir würden faul und antriebslos, weil es keine Spannung mehr gibt, nichts mehr, wo es auf *uns* ankommt. Wir würden aggressiv, ängstlich oder depressiv – je nachdem. Grenzen machen daher auch stark. Grenzpfähle sind wie Leuchttürme. Sie geleiten auf dem Weg ins offene Meer (Rogge 1993).

An den Grenzen wird der Mensch wieder auf sich zurückverwiesen. Er erfährt mehr von sich, Selbstwertgefühl wird aufgebaut. Grenzen verweisen den Menschen auch immer wieder darauf, daß er nicht „göttlich" ist, auch wenn er aus Übermut oder Überheblichkeit oft glaubt, es zu sein.
Grenzen halten unseren Übermut im Zaun und verweisen auf etwas, das wir am liebsten aus dem heutigen Sprachschatz streichen würden: Demut. Demut bedeutet nichts anderes, als daß wir fähig sind, annehmen zu können, nicht allwissend und allgegenwärtig zu sein, ohne dies als Fehler zu empfinden. Der Mensch ist nicht absolut, sonst wäre er nicht mehr Mensch, sondern bereits Gott. Wäre er absolut, hätte er den Sollenszustand bereits erreicht und die Spannung zwischen dem jetzigen Sein und dem zukünftigen Sollen (die Noodynamik) wäre aufgehoben und damit alles, was das Leben spannend macht. Das heißt, daß wir unsere Schwächen und Unzulänglichkeiten als das zu sehen haben, was sie sind: Anspruch zur Überwindung. Grenzen sind somit etwas, was unser ganzes Leben kennzeichnet. Das ganze Leben ist eine einzige Begrenzung (aber gleichzeitig auch eine einzige Möglichkeit!). Durch Grenzen wird Freiheit nicht unmöglich, sondern menschliche Freiheit besteht – wie bereits aufzuzeigen versucht wurde – trotz all dieser Begrenzungen.
Dennoch werden mit dem Wort Grenzen meist negative Vorstellungen verbunden. Dies mag auch daran liegen, daß sie sofort mit Prinzipien und Verboten in einen Topf geworfen werden.
Prinzipien und Verbote stellen das Gebot bzw. das zu Verhindernde in den Mittelpunkt. An ihnen darf nicht gerüttelt werden. Dabei wird der Mensch ausgeblendet.
Verbote und Prinzipien verfolgen tendenziell eher die Absicht, den Willen der Kinder zu „brechen", als dies Grenzen tun. Sie halten Kinder klein, sind oft Ausdruck von geringem Verstehen des Kindes und von Hilflosigkeit. Sie werden meist dann eingesetzt, wenn nicht gezogene Grenzen bereits überschritten worden sind.
Demgegenüber verkörpern Grenzen Klarheit, Orientierung und Werte. Sie orientieren sich an dem, was der ganz konkrete Mensch in einer bestimmten Situation braucht. Sie werden damit individueller und flexibler gezogen, und sie nehmen am Menschen Maß. An ihnen ist Entwicklung möglich und nötig. Sie dienen der Werterfahrung und der Stärkung des Willens zum Sinn. Damit verweisen sie auf eigene Verantwortung.
Im pädagogischen Bereich werden Grenzen und auch Verbote sehr unterschiedlich gesehen. Zum einen geht aus dem vorhin Dargelegten hervor, daß wir Grenzen brauchen und daß wir sie suchen, wenn sie nicht deutlich

zutage treten. Bei Verboten verschärft sich die Situation. In ihnen liegt eine große Faszination. Sie üben eine magische Anziehungskraft aus und reizen zum Übertreten. Spätestens seit Adam und Eva im Paradies wissen wir um die Kraft des Verbotenen. Von den vermutlich unzähligen Bäumen mit reichen Früchten wurde jener Baum interessant, bei dem es verboten war, die Äpfel zu essen. Dieser Baum muß gar nicht in der Mitte des Paradieses gestanden haben, aber er rückte in den Mittelpunkt des Interesses. Was hatte es mit dem Verbotenen auf sich? Etwas Besonderes? Das mußte unbedingt ausprobiert werden.
Auch heute reizen Verbote zum Übertreten. Für Verbote charakteristisch ist, daß sie den verbotenen Gegenstand ins Blickfeld rücken und meist einseitig nur dessen negative Seiten auflisten. Damit machen sie neugierig.
Aber hier soll nun weniger von Verboten als von Grenzen die Rede sein. Ganz wesentlich ist: Grenzen dürfen nicht entmutigen und nicht entmündigen. Sie dürfen nicht so eng gesteckt sein, daß Kinder ersticken. Es ist eine große Kunst, Grenzen so zu setzen, daß an ihnen Leben möglich wird. Erziehung wird somit zum Balanceakt zwischen zu engen und zu weiten Grenzen.

Und doch muß noch weiter differenziert werden:

- Es macht einen Unterschied, ob der *Sinn einer Grenze* eingesehen wird oder nicht. Das hängt nun wiederum stark davon ab, worauf die Grenze gerichtet ist: Zielt sie darauf, den zu Erziehenden oder jemand anderen in seiner Umgebung vor möglichen Übergriffen zu schützen, oder zielt sie darauf, den zu Erziehenden in seinem Sosein zu (be)hindern? In letzterem Fall handelt es sich – wie weiter oben angeführt – eher um ein Verbot. Verbote sind jedoch nicht angebracht, wenn der pädagogische Anspruch der folgende ist: „Es ist für Dich das beste, wenn du das tust, und ich will, daß Du das Beste für Dich tust" (Scheler zit. nach Wicki 1991, S. 247). Dies ist ein Übergriff, der den anderen der Zuständigkeit für sein Leben beraubt und ihm – verständlicherweise – den Eindruck vermittelt, daß er sein eigenes Leben nicht führen könne. Trotz ist oft die Folge, wenn solche Gebote als pädagogische Befehle an den zu Erziehenden herangetragen werden. In diesem Trotz widersetzt der Betroffene sich dann häufig nicht nur dem Erzieher, sondern in einem Aufwaschen auch dem Inhalt, der ihm vielleicht grundsätzlich gar nicht unvernünftig erschienen ist (vgl. Wicki 1991, S. 247).

Ist es aber so, daß ein Kind spürt – auch wenn es dies nach außen nicht immer wahrhaben will –, diese ihm gesetzte Grenze dient seinem eigenen oder jemandes anderen Schutz, wird es diese Grenze anders betrachten können. Vielleicht erscheint sie ihm dann sogar sinnvoll. *Es hängt daher sehr davon ab, ob eine Grenze als solche prinzipiell als richtig eingestuft werden kann.*

- Es macht einen Unterschied, *auf wen* eine Grenze oder ein Verbot trifft. Trifft es auf jemanden, der noch selten oder nie erlebt hat, daß eine Grenze nicht willkürlich, sondern in ehrlichem Bemühen ausgesprochen wird, ihn zu schützen, wird er anders damit umgehen als derjenige, der prinzipiell diesen guten Glauben daran durch sein Erleben und seine Erfahrungen bestätigt bekam.
  Es kommt daher sehr auf die Person an, die auf eine Grenze stößt.

- Es macht einen Unterschied, *wer* eine Grenze setzt. Ist es jemand, der an sich den gleichen Maßstab anlegt oder der für sich spezielle Freiheiten geltend macht?
  Ist die Grenze glaubwürdig und etwas, hinter dem der Begrenzende wirklich steht? Wozu wird sie ausgesprochen? Um Macht zu erhalten? Aus (neurotischer) Angst? Aus ehrlicher Sorge aufgrund der eigenen Wahrnehmung?
  Es kommt daher sehr auf die Person an, die die Grenze setzt.

- Es macht einen Unterschied, wie die *Beziehung* zwischen demjenigen ist, der eine Grenze zieht, und demjenigen, der Empfänger ist. Wer meint, daß der Staat prinzipiell zu sehr in die Freiheitsrechte der Bürger eingreift, wird mit staatlichen Beschränkungen seine Probleme haben. Analog ist es im kleinen in der Familie: Wer findet, daß er von seinen Eltern ohnehin an allen Ecken und Enden eingeschränkt wird, wird sich mit deren Grenzen (oder Verboten) schwer tun. Aber auch wer im großen und ganzen mit den „Erziehungsmaßnahmen „der Eltern einverstanden ist, kann eine einzelne Entscheidung von ihnen dennoch für unrichtig halten, in der er sich von ihnen nicht verstanden fühlt, genauso wie dies bei einer einzelnen staatlichen Maßnahme, z. B. der Drogenprohibition der Fall sein kann, obwohl sonst das Eingreifen des Staates als durchaus positiv erlebt wird.
  Es kommt daher sehr auf die Beziehung an zwischen dem, der eine Grenze zieht, und dem, an den sie gerichtet ist.

Den Zusammenhang mit den vier genannten Punkten soll folgende Graphik (E. M. W.) verdeutlichen:

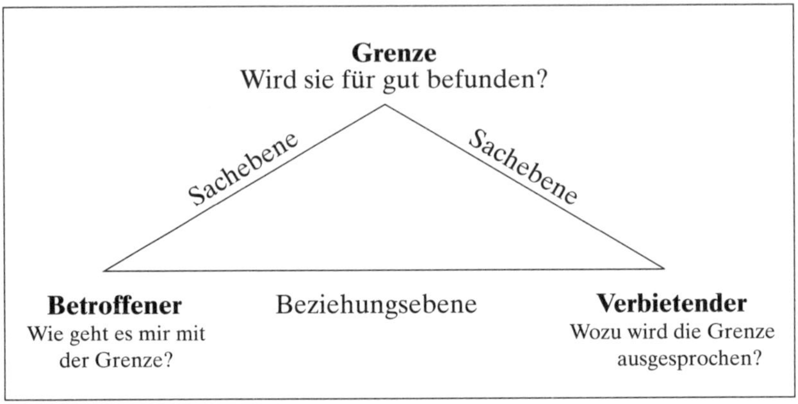

Nichtsdestotrotz fällt es vielen von uns heute schwer, Grenzen zu setzen, zum einen, weil wir vielleicht nicht wirklich Klarheit über unser Handeln gewonnen haben, zum anderen, weil wir vielleicht konfliktscheu sind und ein großes Harmoniebedürfnis haben. Wenn wir Grenzen setzen, müssen wir ja mit dem Widerstand der Betroffenen rechnen, mit deren Frustration und vielleicht mit Liebesentzug. Und da die Eltern-Kind-Beziehung wie auch Partnerschaftsbeziehungen heute – im Gegensatz zu früher – mehr auf Liebe aufgebaut sind und unser Anspruch in der Eltern-Kind-Beziehung auch dadurch festgelegt wird, daß wir von unseren Kindern Liebe erwarten, wird uns die Androhung des Liebesverlustes in Konflikte stürzen. Eltern, die nicht „nein“ sagen können, können es vielleicht nicht ertragen, ihr Kind zu frustrieren, weil sie es selbst nicht ertragen, frustriert zu werden, oder sie können nicht „nein“ sagen, weil sie sich vor dem Ärger des frustrierten Kindes fürchten. Beides kann darauf hindeuten, daß sie die Verschmelzung mit dem Kind nicht aufgeben können (vgl. Kohut 1979, S. 270 f.). Vielleicht schaffen sie es aber auch deswegen nicht, weil ein Nein mit eigener Abgrenzung zu tun hat. Wer anderen gegenüber schlecht „nein“ sagen kann, kann sich oft zu wenig von anderem und anderen abgrenzen.

Deshalb ist es auch zunächst sehr wichtig, eigenen Beweggründen des Handelns offen und ehrlich nachzugehen. Denn: Je klarer uns selbst unser eigenes Denken und Handeln und je klarer die Werte sind, die dem zugrundeliegen, desto mehr sind wir bereit, dafür notfalls in den Clinch zu treten.

Ein klares, begründetes Nein, *wo es gefährlich* wird und *wo gegen Spielregeln* verstoßen wird, gibt Kindern *Orientierung* und *Schutz*. Der Mensch verliert sich in der Grenzenlosigkeit und findet sich in den Grenzen.
Die Betonung liegt auf begründet und klar. Begründet: Das Verbot sollte nach Möglichkeit vom zu Erziehenden eingesehen werden oder zumindest aus der Sicht des Erziehers glaubwürdig sein. Klar: Nicht nur Stellungnahmen von Politikern sind oft (absichtlich) unklar, sondern auch (unabsichtlich) Forderungen durch die Erzieher, die selbst keine klare Haltung haben und, wenn sie sie haben, sich oft scheuen, sie auszusprechen, weil sie sich vor der zu erwartenden klaren Stellungnahme der zu Erziehenden fürchten.
In einer grenzenlosen Welt können aber eigene Kräfte nicht entwickelt werden, weil Anhaltspunkte fehlen. Dies wird in der Laissez-faire-Erziehung sehr deutlich. Grenzen (Verbote) können somit auch zu Anhaltspunkten werden, an denen man sich (an)halten kann und die damit Stütze sein können.
In einer grenzenlosen Welt gibt es keine Reibung an eben diesen Grenzen und keine Auseinandersetzung mit den Grenzen und damit mit sich selbst. Der Mensch braucht aber diese Reibung, um zu wachsen. Um stark zu werden, braucht er einen Sparringspartner. Ohne eine solche Trainingsmöglichkeit ist es schwierig, Vertrauen in sich selbst zu finden und Selbstwert zu entwickeln, der ja ganz wesentlich auf dem Nährboden der eigenen Auseinandersetzung mit der Welt entsteht.
Fehlende Grenzen machen haltlos. Sie fordern zu Grenzüberschreitungen und ausweichenden Verhaltensweisen heraus. Besonders Kinder, die nicht wissen, woran sie bei Erwachsenen sind, testen deren Grenzen aus, d. h., sie versuchen, mit Erwachsenen eine Beziehung aufzunehmen, um Klarheit darüber zu gewinnen, wie das Verhältnis zwischen ihnen beiden ist. Sie testen aus, wie „wertvoll“ sie ihnen sind, d. h. ab wann Erwachsene ihrem Treiben Einhalt gebieten. Tun sie es zu spät, wird für Kinder klar: Sie interessieren sich nicht wirklich für uns, ihre Interessen liegen woanders.
Tun sie es zu früh, so wird dies als Einengung erlebt. Kinder fühlen sich verkannt, weil ihnen zu wenig vertraut oder zugetraut wird.
Selbstverständlich bieten aber auch allgemein akzeptierte Verbote noch keine Garantie, daß sich jeder in jeder Situation daran hält.
Wenn ein Kind weiß, was es darf und was nicht, wird es das vielleicht nicht daran hindern, einmal über die Stränge zu schlagen, aber es wird wissen,

daß sein Verhalten nicht richtig war. Grenzüberschreitungen der Kinder zwingen Erwachsene dazu, sich diesen Überschreitungen zu stellen. Und die in Aussicht gestellten Konsequenzen (und nicht Strafen), die auf eine Grenzüberschreitung folgen, gehören im vorhinein zur Absprache.
Vielfach sind Grenzüberschreitungen aber auch ein Hilfeschrei von seiten des Kindes. Wir werden darauf aufmerksam gemacht, daß etwas in der Beziehung nicht stimmt. Dabei geht es hauptsächlich darum, daß Kinder das Gefühl haben, nicht ernst genug genommen und in der Folge nicht verstanden worden zu sein. In diesem Fall ist wichtig, *wie* Erzieher auf eine solche Grenzüberschreitung reagieren. Strafen ist hier sicher kontraproduktiv. Dies gilt ebenso für Eltern, die autoritär handeln. Manchmal mag es notwendig sein, vorher abgemachte Konsequenzen folgen zu lassen. In vielen Fällen sind Kinder schon genug bestraft (beispielsweise wenn ihr Streit Verletzte zur Folge hat, wenn sie sich in ihrem Tun vor anderen blamiert haben u.ä.). Sie sind schuldig geworden und sollten nicht noch zusätzlich bestraft werden, sondern es sollte ihnen geholfen werden, mit ihrer Schuld umzugehen.
Dies kann nur in einem verstehenden Gespräch geschehen, bei dem ihre Stellungnahme eingeholt wird. *Wozu* denn diese Grenze überschritten wurde, *was* sie denn dazu bewogen hätte und *wie* sie ihre eigene Handlung einschätzten usw. In solch einer schwierigen Situation müssen Eltern ihren Kindern noch mehr Rückhalt geben als sonst und (auch durch eigenes Vorbild) ihre Kinder lehren, das Beste aus so einer Situation zu machen und in ihr menschlich zu bleiben. Erzieher müssen in einem solchen Fall Hilfestellung anbieten. Sie dürfen auf keinen Fall einschüchtern, weil sie sich damit nicht als diejenigen präsentieren, die Heranwachsenden Halt geben können, sondern bedrohend sind (vgl. Wicki 1991, S. 241).
Das heißt nicht, daß zerstörerische Grenzüberschreitungen akzeptiert werden. Auch wer dies tut, nimmt Kinder nicht ernst.
Zusammengefaßt kann festgehalten werden: Grenzziehung ist ein schwieriger Balanceakt, bei dem es keine allgemeingültigen Regeln gibt, sondern bei dem ad personam und ad situationem (ähnlich wie in Wert- und Sinnfragen) *entschieden* werden muß. Unentschiedenheit ist auch hier fehl am Platz.
Grenzen sollten nur auf der Grundlage unbedingter Achtung vor dem Kind gesetzt werden. Sie gelten zunächst einmal im Hier und Jetzt und nicht für alle Zeit, d. h. sie müssen an geänderte Situationen sowie auf die Entwicklung des Kindes bezogen immer wieder neu angepaßt werden.

XI. Verschiedene ausweichende Verhaltensweisen aus der Sicht der Existenzanalyse

> Wer nicht weiß, nach welchem Hafen er steuert, für den gibt es keinen günstigen Wind.
>
> *Seneca*

Ausweichende Verhaltensweisen sind nur ein Symptom. Ein Symptom wofür?
Allen ausweichenden Verhaltensweisen geht ein existentielles Vakuum voran. In diesem Vakuum kann sich nun eine ausweichende Verhaltensweise leicht ausbreiten. Ihr kann nichts oder doch nur wenig entgegengesetzt werden. Zum Teufelskreis schließt sich das Ganze, weil die ausweichenden Verhaltensweisen das existentielle Vakuum weiter verstärken. Was ist nun ein existentielles Vakuum?
Als Frankl diesen Ausdruck prägte, sprach er damit ein Sinnlosigkeitsgefühl an, das aus mangelnder Wertanschauung entsteht. Das heißt, Menschen spüren nicht, daß und in welcher Form Lebensaufgaben auf sie warten (Frankl 1987-2, S. 31 ff.). Sie leiden an Inhaltslosigkeit (Frankl 1991-2, S. 12), an einem Leeregefühl (Frankl 1991-1, S. 238 und Frankl 1991-2, S. 73), Langeweile (Frankl 1991-2, S. 73) und damit Sinnlosigkeit. Dieses Gefühl existentieller Frustration ist jedoch nichts Krankhaftes, sondern es zeugt vom Mut des Sich-Stellens, wenn jemand die Frage nach dem Sinn seines Lebens stellt. „Vielmehr meine ich, daß der Mensch damit, daß er die Frage nach dem Sinn des Lebens stellt, ja, mehr als das, daß er wagt, die Existenz eines solchen Sinnes sogar in Frage zu stellen, – ich meine, daß der Mensch damit nur seine Menschlichkeit manifestiert. [...] und das ist nicht *Ausdruck einer seelischen Krankheit, sondern der Ausdruck geistiger Mündigkeit*, würde ich sagen. Denn es ist geistige Mündigkeit, wenn es jemand verschmäht, eine Antwort auf die Sinnfrage einfach aus den Händen der Tradition entgegenzunehmen, vielmehr darauf besteht, sich selber und selbständig auf die Suche nach Sinn zu begeben" (Frankl 1991-1, S. 239).
Durch die Bequemlichkeit des modernen Lebens läuft der Mensch jedoch leicht Gefahr, unbemerkt in ein existentielles Vakuum hineinzugleiten (Frankl 1987-2, S. 31 ff.).

Und nachdem schon Hölderlin formuliert hatte: „Wo Gefahr ist, dort wächst auch das Rettende“, entwickelt der Mensch verschiedenste Kompensationsformen. „Werfen wir doch einen Blick auf den Alltag: Der Mensch von heute muß ja eigentlich gar nicht mehr gehen: Er setzt sich einfach in seinen Wagen und – fährt. Geschweige denn, daß er laufen müßte. Doch was geschieht? Er erfindet das Joggen. Oder: Der Mensch von heute braucht nicht zu steigen, nicht einmal Stiegen zu steigen. Und was geschieht? Er setzt sich in den Kopf, auf Berge zu steigen, auf Felswände zu klettern. [...] Aber das ist es ja: Der biologisch unterforderte Mensch arrangiert freiwillig, künstlich und absichtlich Notwendigkeiten höherer Art, indem er aus freien Stücken von sich etwas fordert, sich etwas versagt, auf etwas verzichtet. Inmitten des Wohlstands sorgt er für Situationen des Notstands; mitten in einer Überflußgesellschaft beginnt er, sozusagen Inseln der Askese aufzuschütten ...“ (Frankl 1987-4, S. 14)
Wo dies aber nicht gelingt, treten Sinnlosigkeitsgefühle und Leere auf.

Diese innere Leere beinhaltet bei Frankl verschiedene Aspekte:

- Die Menschen sind wertblind. Der individuelle und soziale Utilitarismus gewinnt die Oberhand. Ohne Perspektiven ist das Leben jedoch unausgefüllt und hohl.
- Es gibt auch in der eigenen Biographie nichts, was als wertvoll empfunden werden könnte. Das Leben erscheint als umsonst gelebt.
- Werden keine Werte verwirklicht, so gibt es auch keine emotionale Erfüllung, was der Mensch als „innere Leere“ erlebt (vgl. Frankl 1990, S. 14 und Wicki 1991, S. 151).

Kennzeichen des existentiellen Vakuums sind somit die provisorische Daseinhaltung, die fatalistische Lebenseinstellung, das kollektive Denken und der Fanatismus, das, was Frankl als die Kennzeichen der heutigen Zeit brandmarkt.

1. Sucht

Sucht ist die verirrte Suche nach Sinn, denn wer „Drogen zum Leben braucht, dem fehlt in Wirklichkeit etwas anderes. Der Süchtige ist nicht nur ein Siechender, sondern auch ein Suchender. Es kann daher nie genügen, dem Menschen die Droge (das Suchtmittel) wegzunehmen. Wir

alle müssen auch etwas geben, etwas anbieten, wofür es sich zu leben lohnt“ (Funke 1991, S. 3).
Sucht kann als eine Neurose angesehen werden, die aus Lebenshaltungen entsteht, die dem Menschen nicht entsprechen (z. B. durch ein Leben an den eigenen Werten vorbei, unbewältigte Schuldgefühle u.ä.). Fehlgeleitete Lebenshaltungen resultieren auch aus der Orientierung an den momentanen Bedürfnissen, dem augenblicklich Angenehmen, dem konsumorientierten Denken. Zu Sucht neigende Menschen befinden sich oft in einer Wunschhaltung. Damit ist gemeint, daß die existentielle Wende nicht vollzogen wurde. Solchen Menschen geht es darum, selbst die Fragen an das Leben zu stellen, anstatt Antworten zu suchen. Das Leben erscheint ihnen nur schön, wenn es sich so zeigt, wie sich die betreffende Person dies vorstellt bzw. wünscht. Sie zentriert sich auf ihre eigenen Wünsche. Wenn die Welt nun nicht so erscheint wie gewünscht, wird sie als unerträglich erlebt. Daraufhin folgt die Flucht in die Illusion.
Da der Mensch die Sehnsucht nach einem gelingenden Leben als eine Hoffnung auf etwas Konkretes in sich trägt, ist er im Grunde auf (s)eine Zukunft ausgerichtet. Der Suchtgefährdete hat keine positive Erwartungshaltung an die Welt (mehr). Er erlebt sie als unerträglich und will ihr entkommen. Suchtgefährdete können mit Unangenehmem oft nur schlecht umgehen. Sie gehen ihm nach Möglichkeit aus dem Weg, denn sie haben wenig Frustrationstoleranz. Deshalb kommt es auch nicht zu einer breitangelegten Auseinandersetzung mit der Welt, weil Mühevolles möglichst reduziert wird. Dazu werden oft Suchtmittel benutzt.
Dem Suchtgefährdeten fehlt das *Vertrauen* in eine befriedigende Ausgestaltungsmöglichkeit seines Lebens. Häufig kommt dann noch die (Lebens-)*Angst* vor einer bedrohlich scheinenden Zukunft dazu. Es kann aber auch die Angst vor sich selbst sein, vor anderen, die Angst, den Aufgaben, die das Leben stellt, nicht gewachsen zu sein. Angst vor der Zukunft. Sein Leben selbst in die Hand nehmen und Verantwortung tragen zu müssen, macht auch Angst.
Diese Angst vor dem (möglichen) Scheitern und die Unfähigkeit des Scheiterns beinhalten als Kehrseite die Forderung nach einem makellosen Leben. Der suchtgefährdete Mensch geht eigenen Erfahrungen und eigenem Wagen aus dem Weg und verharrt stattdessen in einer kindlichen Position.
(Passives) Wunschdenken herrscht vor, das sich vorrangig auf die Erfüllung eigener Wünsche zentriert. Vielleicht geht dem auch eine Unfähigkeit, Werte zu erfühlen, voraus, woraus sich Orientierungsunsicherheit,

Sinnlosigkeitsgefühle und Resignation ergeben können. Eine solche Haltung steht dem Sich-Aufmachen auf den Weg, dem Hineintreten in die Existenz (dem „Aus-sich-heraus-Treten") entgegen. Sucht entsteht aus dem Verzicht auf Erfahrung und Anstrengung, aus dem Verzicht auf Existenz. Wagnis wäre demnach der Gegenpol zur Sucht. Es ist die Abwendung vom Sein zum Schein, in die Welt der Illusion, von der Aktivität in die Passivität. Da aber der eigene Erlebnishunger nicht gestillt wird, wird Erleben in einer passiven Konsumhaltung über Suchtmittel zugeführt. Der Süchtige will sich selbst erleben, ist aber letztlich in seiner Zuständigkeit gefangen.
Außerdem will der Suchtgefährdete die Grenzen einer grenzenlos gewordenen Welt erleben – und setzt bei *seinen* Grenzen an, die er (über Suchtmittel) kennenlernen möchte. Über diese versucht er sich selbst zu erleben.
Gleichzeitig tragen Süchtige die Sehnsucht in sich, sich endlich selbst vergessen zu können.
Süchtige sind überhaupt sehr auf sich selbst fixiert, im besonderen auf die eigenen Stimmungen und Gefühle. Die Befriedung dieser Befindlichkeiten hat Vorrang vor der Auseinandersetzung mit der Welt. Trotz dieser Fixiertheit auf sich selbst schauen Suchtgefährdete permanent an ihrem eigentlichen Wesen vorbei, an dem, was not tut.
Hinter jeder Sucht steckt Todessehn*sucht*. Sucht kann demnach auch als verzögerter Suizid gesehen werden.
Sucht bedeutet radikaler Freiheitsentzug, selbstverursachte Unfreiheit. Je mehr das Suchtmittel in den Mittelpunkt der eigenen Lebensinteressen rückt, desto weniger ist man frei für andere Interessen. Das Suchtmittel, das zum Zentrum des Lebens wird, verdrängt Interessen, zu denen man stehen, die man verwirklichen möchte. Das Suchtmittel nimmt eigene Möglichkeiten, stiehlt einem das Leben! In der Sucht erspart man sich, Verantwortung zu übernehmen. Wenn es soweit kommt, daß Suchtmittel Menschen von ihren eigenen Werten wegziehen, sie also nicht mehr zu ihren Werten und damit zu sich selbst stehen können, verlieren sie zunehmend an *Selbstwert*. Ihr Schiff liegt im Hafen. Sie wissen nicht, wie gut ihr Schiff ist, weil sie es nie ausprobiert haben – und können daher auch kein Vertrauen in seine Hochseequalität entwickeln (Längle 1991).
Je weniger Ersatzmittel ein Mensch braucht, desto mehr kann er die Welt genießen. Durch Ersatzmittel entwertet er die Welt und andere Personen. Damit kumuliert Sucht letztlich in Sinnlosigkeitsgefühlen. Selbstmord und Drogenabhängigkeit können in nahezu allen Fällen auf Sinnlosig-

keitsgefühle zurückgeführt werden. Der Mensch hat alles, *wovon* er leben kann, aber nichts, *wofür* er leben kann.
Sucht kann als eine Art „Selbstheilungsversuch" angesehen werden mit Mitteln, die weiter in eben jene Sackgasse führen, aus der man herauskommen wollte. Bei der Sucht nimmt das Selbstwertgefühl zusehends ab und mündet in „wunschloses Unglück" (Peter Handke).
Sucht ist, wie alle anderen ausweichenden Verhaltensweisen, immer ein Symptom für eine tieferliegende Störung.

2. Angst

Angst ist nicht von vorneherein etwas Schlechtes. Viele Ängste haben schützende Funktion. Sie liegen manchmal in der Nähe der Scham und haben damit einen guten Grund.
Übertriebene und überzeichnete Ängste, womöglich mit körperlichen – vielleicht bereits verselbständigten – Reaktionen sind oft selbst nicht mehr steuerbar und daher sehr belastend. Solche Ängste führen häufig zu einem Vermeidungsverhalten und dadurch zu einer Passivität. Je mehr Angst jemand hat, desto weniger kommt er zum Leben, und je weniger er zum Leben kommt, desto mehr Angst entwickelt er: ein existentieller Circulus vitiosus. Das ungelebte Leben ist nach C. G. Jung eine Quelle der Angst. Nur durch Leben läßt sich die Angst beruhigen.
Schließlich gibt es noch eine existentielle Angst, meist vor Krankheit und Tod. Dabei wird die Endlichkeit des Menschen absolut gesetzt. Angst vor dem Sterben hat der, der sein Leben nicht gelebt hat.
Andererseits geht alles Eigenwerden nicht ohne Phasen der Angst vor sich, denn die Möglichkeit der Verfehlung ist immer gegeben, was auch mit Schuld einhergehen kann. Wer Schuld vermeiden will, lebt in der Angst. Deshalb weist die Angst auch auf die eigene Freiheit und Verantwortung hin. Nicht umsonst hat Kierkegaard gemeint, daß die Angst der Schwindel der Freiheit sei. Sie verweist auf eine Inauthentizität der betreffenden Person, weil diese die Beziehung zu Werten verweigert. Damit verweist sie auf eine Flucht vor dem Anspruch des Lebens.
Hinter der Angst kann die *Bedrohung von etwas persönlich Wertvollem* stehen. Wenn eine Wertvergötzung vorliegt, wenn Ideale und Weltanschauungen als absolut angesehen werden, entsteht Angst, diesen Wert zu verlieren. Angst hat auch mit *Enge* zu tun, die in der Unerträglichkeit des Müssens bestehen kann.

Ich-bezogene Menschen haben oft einen hohen Angstpegel, weil sie alles auf sich beziehen, von ihnen selbst abhängig machen. Dazu kommt noch die *Bedrohung durch eine Wunschhaltung*, die das Ausgeliefertsein des Menschen deutlich zutage fördert (Funke, Mitschrift 15.1.92).
Bei der Angst wird die Welt als Bedrohung erlebt.
Angst bezieht sich immer auf etwas, das sich in Zukunft ereignen könnte. Sie löst sich auf, sobald sich ein Mensch dem stellt, wovor er Angst hat (Satir 1990, S. 43).

3. Depression

Depression (nicht im Sinne einer endogenen Erkrankung) ist gekennzeichnet von der Unfähigkeit, vorhandene Möglichkeiten ergreifen zu können. Der Mensch weiß um Werte, kann diese jedoch kaum mehr fühlen. Es fällt ihm daher schwer, sie zu ergreifen. Daraus folgt eine Wunschhaltung.
Depressive Menschen können kaum von sich sagen: Ich bin – und daß ich bin, ist gut. Deshalb haben sie oft die Grundangst, als lästig empfunden zu werden. Daher versuchen sie, durch Freundlichkeit gegenüber anderen Menschen diese Grundangst aufzufangen. Depressive Menschen haben oft das Gefühl, unendlich gut sein zu müssen, damit sie von den anderen akzeptiert werden können, haben aber nie das Gefühl, gut genug zu sein. Sie erleben kein wirkliches Angenommensein. Wer selber nie einen Wunsch äußern kann, liest ihn den anderen von den Augen ab.
Auch der Leistungsaspekt steht oft sehr im Mittelpunkt, nach dem Motto: „Ich leiste, also darf ich sein." In diesem Leisten steckt nicht selten ein Überanspruch in Richtung Perfektion. Der depressive Mensch will allen alles sein. Er verabsolutiert das „Alles" und hat dabei das Gefühl, daß immer alles schiefgehen wird. Wer alles will, bei dem häuft sich immer mehr Liegengebliebenes an. Er kann damit das Fragmentarische des Lebens – so wie es sich uns darstellt – nur schwer akzeptieren.
Er hinterfragt die Norm nicht, ist angepaßt, denn wer nicht „brav" ist, dem wird die Liebe entzogen. Dahinter steht die ängstliche Frage: Wer oder was hält mich, wenn ich nicht funktioniere? Ein solch fremdbestimmtes, außengeleitetes Leben ist durch Selbstunsicherheit, Ohnmacht, Lähmung, Unfreiheit und Fremdbestimmtheit gekennzeichnet.
Ein negativer Denkkreislauf, „Mir geht es nicht gut, keinem geht es so schlecht, alle sind besser als ich", verstärkt den Sog nach unten. In der Depression sind Grundwert und Selbstwert weit unten, daher sind Werte

emotional kaum erreichbar (Funke, Mitschrift 2.10.91). Die Welt wird als Überforderung erlebt.

4. Aggression

Bis zu einem gewissen Grad ist Aggression notwendig, um das Leben zu meistern. Sie ist kennzeichnend einerseits für die Fähigkeit, an die Dinge heranzugehen, und andererseits sich auch von den Dingen abzugrenzen. In diesem Fall ist sie Bestandteil der Festigkeit und Sicherheit einer Forderung. Von dieser lebensnotwendigen Form soll jedoch hier nicht die Rede sein, sondern von ihrer zerstörerischen Form.
Aber selbst bei dieser Unterscheidung kann Aggression nicht losgelöst von der Person betrachtet werden. Aggression verändert sich nämlich durch die Art und Weise, *wie* jemand sie lebt (was übrigens für alle ausweichenden Verhaltensweisen zutrifft).
Ein Kind, das nicht wahrgenommen, „angeschaut" worden ist, kann aus Wut darüber Aggressionen entwickeln, d. h. es hat in sich eine Spannung aufgebaut, die in der Folge blind – ohne Wertinhalte – abreagiert wird. Für Frankl bleibt die Aggression daher auf der subhumanen Ebene, sie erreicht die Ebene der Geistigkeit nicht. Auch nach Kohut ist destruktive Wut immer eine Verletzung des Selbst (Kohut 1979, S. 108 f.). Aggression kann seiner Meinung nach daher nur durch Wiedererleben der kränkenden Situation und/oder durch Steigerung des Selbstwertes gebessert werden (Kohut 1979, S. 118).
„In der Dimension der menschlichen Phänomene gibt es einfach nicht eine Aggression, die in einer bestimmten Menge da ist, auf ein Ventil drängt und mich, ‚ihr hilfloses Opfer', dazu treibt, nach irgendwelchen Objekten Ausschau zu halten, an denen ich sie endlich einmal auslassen, abreagieren könnte. [...] auf menschlicher Ebene *hasse* ich!" (Frankl 1991-2, S. 21). Und der Haß hat einen Grund, nicht nur eine Ursache.
Diese Differenzierung Frankls vermag den Blick noch weiter zu schärfen, ob nun tatsächlich Haß oder Aggression vorliegt.
Aggression kann auch als Mittel gesehen werden, sich in einer unklaren Welt – ohne Grenzen – zurechtfinden zu müssen und sich dabei selbst spüren zu wollen. Es ist eine „gesunde" Reaktion auf fehlende Personalität und eine mögliche Form von Verweigerung. Sie zeugt von Kraft und Willen und signalisiert Stärke. Jedes „Angehen" der Aggression, das diese Ursache aus dem Auge verliert, geht am eigentlichen, ursächlichen

Problem vorbei. Wer nur das „Störende" wahrnimmt und nicht (mehr) den Menschen dahinter, wird keine Änderung des Verhaltens erreichen. Wer sich direkt auf die Aggression einläßt, dringt nicht wirklich zum Menschen vor. Daher sind Strafen normalerweise sinnlos, weil sie sich am „Äußeren" orientieren und dazu im Umfeld von Aggression geradezu kontraproduktiv.

Aggression entsteht aber auch aus der Abwehr von Angst. „Anstatt von der Angst gelähmt zu sein, stellt man sich einer Umgebung, die Übergriffe auf einen macht und die in einen eindringen will, in verwegenem Trotz oder mit frechem Aufbegehren" (Wurmser 1990, S. 907). Bevor man seine Person einem anderen anpaßt, geht man in Opposition, auch wenn sie blind und irrational ist. Aggression ist damit ein Mittel, um Distanz zu gewinnen, wenn Erwachsene Kindern zu nahe kommen.

Aggressionen können nicht dadurch vermieden werden, daß Konflikten aus dem Weg gegangen wird. Im Gegenteil: Manchmal entstehen sie erst dadurch. Eine richtig verstandene Friedenserziehung führt über Konfliktbewältigung zum Ziel.

Es ist wohl eher eine Illusion, zu glauben, Aggression könne – beispielsweise durch Anschauen von Gewaltdarstellungen oder Sport – abgeleitet werden. Im Gegenteil: Aggressivität wird durch entsprechende Filme oder bei Sportereignissen eher aufgebaut (vgl. die Hooligans in den Fußballstadien).

Dies gilt paradoxerweise auch für eigene sportliche Betätigung. Frankl zitiert Sherif, die festgestellt hatte, daß Jugendliche in einem abgeschlossenen Camp gerade durch sportliche Betätigung Aggressionen gegeneinander aufgebaut hätten, statt sie abzubauen (Frankl 1990, S. 66). „Ein einziges Mal waren die Aggressionen wie weggefegt, und das war der Fall, als die zerstrittenen Gruppen gemeinsame Anstrengungen machen mußten, um den nach einem Unwetter im lehmigen Boden steckengebliebenen Karren wieder flott zu bekommen, mit dem die Lebensmittel ins Lager transportiert werden mußten. Die Hingabe an eine Aufgabe hatte sie vereint - und ihre Aggression buchstäblich vergessen lassen" (Frankl 1990, S. 89). Frankl fragt sich daher, „ob nicht die einzige Chance, daß die Menschheit überlebe, darin liegt, daß die Völker zu einer gemeinsamen Aufgabe finden" (a. a. O.).

5. Ideologien

Ideologie ist eine Krankheit des Denkens, der gedanklichen Engführung – ohne Offenheit.
War in der Zeit der Studentenbewegung der 68er Jahre das Suchen nach Freiraum, Freiheit und neuen Werten vorherrschend, so ist die jetzige Zeit durch die tatsächlich zunehmende und gewonnene Freiheit gekennzeichnet, die gleichzeitig dadurch charakterisiert ist, daß kaum Grenzen und wenig Haltepunkte gegeben sind und die Angst wächst, sich darin auch zurechtzufinden.
Aus dieser Angst heraus wird nach einem Halt gesucht, nach einem Leitbild. Daher steigt in der Folge die Anfälligkeit für Ideologien, wie Sekten, (Rechts-)Radikalismus usw.

XII. Psychohygiene aus der Sicht der Existenzanalyse

> Sobald die kleine Quelle versiegt, trocknet der große Strom aus.
>
> *Sprichwort aus Japan*

(Die wesentlichen Gedanken sind einem Vortrag von A. Längle entnommen, nachzulesen in 1988-4, S. 19 - 36).

Die Psychohygiene befaßt sich hauptsächlich mit der Emotionalität des Menschen. „Jedem Gefühl geht ein Grund voran. Gefühle sind also ein Echo auf Vorstellungen, Gedanken, Absichten, Handlungen und Erlebnisse, die auf meine Haltung und Einstellungen treffen" (Längle 1988-4, S. 22). Eine Gefühlsänderung kann daher nicht direkt über Anschauen, Anfragen oder Ausagieren des Gefühls geschehen, sondern es muß dem Gefühl auf den Grund gegangen werden. Daraus entwickelte Längle drei Zentralthesen zur Psychohygiene.

- „Die seelische Gesundheit, das Aufgabengebiet der Psychohygiene also, *betrifft* zwar die Psyche und die Psychosomatik, kann aber nur auf der Ebene der (noetisch-geistigen) Einstellungen und der geistigen Haltung *durchgeführt* werden. Nur jene Einstellungen, die ich vor meinem Gewissen als die Richtigen ansehe, lassen die Seele zu ihrem Frieden kommen, und verschaffen so die Basis der seelischen Gesundheit" (Längle 1988-4, S. 22).
  Alles andere, was „nur" die Gefühle verändert ohne den Grund anzuschauen, führt höchstens zu einem Ersatzfrieden (z. B. durch Suchtmittel aller Art, Konsumsucht, Eßsüchte u.ä., Abladen und Ausagieren von Gefühlen etc.). „Umgekehrt kann der innere Frieden als starkes Indiz für die Richtigkeit der Einstellungen genommen werden" (Längle 1988-4, S. 22). Wie wichtig Einstellungen sind, sieht man daran, wie Menschen sich gegenüber unabänderlichen Schicksalsschlägen einstellen. Die Bandbreite reicht vom Finden des inneren Friedens bis zur Verzweiflung.

- Psychohygiene ist aus der Sicht der Existenzanalyse etwas *Sekundäres*, und zwar aus zwei Gründen:

- „Ihre *Entstehung* ist ein Nebenprodukt. Psychohygiene folgt von selbst, und nur von selbst, einem richtigen Handeln und einer richtigen Einstellung.
- Psychohygiene ist etwas Sekundäres aufgrund ihres *Stellenwertes* im Leben des Menschen" (Längle 1988-4, S. 23).

- Seelische Gesundheit besteht weder in der Angepaßtheit noch in der Konfliktfreiheit. Seelische Gesundheit besteht darin, das auch durchführen zu können, was einem Menschen als richtig und wichtig erscheint. In der Authentizität ist sie also gegeben.
  Dabei ist es häufig so, daß sich dem, was ein Mensch als richtig und wichtig ansieht, Hindernisse (z. B. in Form von Ängsten, Entmutigungen, Spannungen, seelischen Verletzungen u.ä.) entgegenstellen. Stimmigkeit als Grundvoraussetzung für seelische Gesundheit entsteht nicht nur dann, wenn das, was man tun möchte, auch leicht und angenehm ist. Das Richtige ist dem Angenehmen übergeordnet.

Fünf existenzanalytische Voraussetzungen für seelische Gesundheit

Seelische Gesundheit kann nicht direkt angesteuert werden, sie ergibt sich aus einem angemessenen Umgang des Menschen mit sich selbst und der Welt. Seelische Gesundheit kann daher nicht ausschließlich aus dem Menschen selbst resultieren, sondern muß über die Welt erlangt werden. Je mehr Stimmigkeit er in seinem Handeln spürt, desto stabiler wird seine seelische Verfassung. Um diese innere Stimmigkeit zu erreichen, sind fünf Voraussetzungen wesentlich:

1. Die Lebenshaltung

Dazu ist wichtig, daß sich der Mensch nicht am Angenehmen, sondern am Richtigen orientiert. Es ist dies eine Einstellungsänderung im Sinne der existentiellen Wende, bei der der Mensch aus der Wunschhaltung an das Leben in die Antworthaltung zum Leben kommt. „Mein Leben stellt mich unablässig in Situationen, die eine spezielle Bedeutung haben und von mir eine passende Antwort verlangen. Wo diese Haltung, sich von der Situation befragen zu lassen, fehlt, da wird der Mensch bald manipulativ und von Ängsten besetzt, ob er seine Zielvorstellung erreichen wird" (Längle 1988-4, S. 27).

2. Wahrnehmung des Entfaltungsraumes für das Lebendige

Der Mensch spürt intuitiv, was für ihn das Richtige ist. Dieses Gefühl wird als Gewissen, das aus der Person selbst kommt (im Gegensatz zum Über-Ich, das ferngesteuert ist), beschrieben, welches von Frankl als „Sinnorgan" angesehen wird.

„Die Ähnlichkeit des Begriffes ‚Sinnorgan' zum Begriff ‚Sinnesorgan' vermag zu unterstreichen, daß es sich bei dem lebendigen Gewissensbegriff Frankls um ein ‚Wahrnehmungsorgan' handelt, nämlich nachgerade um die Wahrnehmung des Herzens" (Längle 1988-4, S. 28).

Wer sich in seinem Leben entfalten will, muß in Wahlsituationen seinen Interessen nachgehen, wo immer das möglich ist. „Denn ein Interesse haben heißt, daß in mir eine Resonanz für ein Thema (ein Aufgabengebiet, etwas Wertvolles) da ist, das auf seine Entfaltung wartet" (Längle 1988-4, S. 28). Nur so kann das Sinnvolle in jeder Situation wahrgenommen werden.

3. Selbstdistanzierung

Unter Selbstdistanzierung ist die Fähigkeit des Menschen, sich selbst gegenüberzutreten, angesprochen. Darunter wird im wesentlichen verstanden, „daß ich im Bewußtsein lebe, daß ich mir selber anvertraut bin. Mein Leben ist mir in die Hände gegeben zu seiner Gestaltung" (Längle 1988-4, S. 30).

Selbstdistanzierung kann nun erreicht werden durch Humor, durch ein inneres Gespräch, durch Pausen (auch in religiösen Formen wie Sabbat, Meditation, Gebet u.ä.), durch seelisch-geistige Abhärtung (Askese - Fastenzeit), durch Vorbilder etc.

4. Selbsttranszendenz

Das Sich-Selbst-Gegenübertreten wäre eine ins Leere zielende Handlung, wenn der Mensch nicht fähig wäre, sich auf das Wertvolle dann auch einzulassen, auf etwas Wertvolles, das außerhalb vom Menschen selbst liegt, auf eine Person oder eine Sache. „Fülle, schießlich Erfüllung, erlangt der Mensch in seinem Leben durch jenes Sinnvolle und Wertvolle, auf das er sich einläßt" (Längle 1988-4, S. 31). Hat er keine solchen Inhalte, droht die Leere, das existentielle Vakuum. Dies über längere Zeit zu ertragen, ist sehr schwer. Meist versucht der Mensch, dieses Vakuum mit Ersatzmitteln, z. B. Suchtmitteln, aufzufüllen.

5. Spannung zwischen Sein und Sollen (Noodynamik)

„Es gehört zur Natur des Menschen, niemals abgeschlossen zu sein, immer unterwegs zu sein und bis zum letzten Atemzug zu wachsen, zu reifen, anders werden zu können. Weil dem so ist, hat der Mensch Zukunft. Weil noch immer etwas einzuholen ist im Leben, ist das Leben spannend - ist da Spannung zwischen dem, was bereits ist, und dem, was noch nicht ist und vor einem liegt. Was da aber vor einem liegt, etwa in Form einer Aufgabe oder auch eines wertvollen Erlebnisses, gibt dem Leben seine Ausrichtung und hilft dem Menschen, sich zu orientieren" (Längle 1988-4, S. 31). Diese lebendige Spannung zwischen dem, was jetzt ist, und dem, was werden könnte und sollte, wird in der Existenzanalyse als Noodynamik bezeichnet. Sie gibt dem Leben Sinn.

Sich in dieser Spannung halten zu können, ist wesentlich für die seelische Gesundheit. Verschwindet diese Spannung, so entsteht wiederum das existentielle Vakuum.

Diese Spannung kann aber auch zu groß werden, wenn man zuviel und dies alles möglichst auf einmal will. Daraus resultiert Aktivismus und schließlich Streß oder der Mensch kann in eine Depression fallen, die ihn mit der Unerreichbarkeit der Werte vor dem Streß schützt.

Menschen, die unter zu hoher Spannung stehen, können verschiedene Daseinshaltungen entwickeln.

Sie leben entweder *provisorisch*, wenn sie es nicht mehr für nötig ansehen, sich auf irgendwelche Werte auszurichten, oder *fatalistisch*, wenn sie glauben, nichts mehr verändern zu können. Oder sie fallen in ein *kollektivistisches* Denken, indem sie sich der (Meinung der) Masse anschließen, oder sie gehen in Ideologien auf, was sich – oft mit *Fanatismus* gepaart – zu Intoleranz entwickelt.

Existenzanalytisch läßt sich zusammenfassen:

„Seelische Gesundheit wird durch authentisches Handeln bewirkt, und dieses besteht darin, daß ich stets so handle, daß ich aus vollem Herzen auch zu dem stehen kann, was ich tu." Und weiter: „Für die seelische Gesundheit ist das *Problem* nicht Krankheit, sondern Passivität, Ohnmacht, Orientierungslosigkeit (mit blinder Aggression), Hoffnungslosigkeit, Verzweiflung" (Längle 1988-4, S. 35).

XIII. Erzieherische Anliegen aus existenzanalytischer Sicht

> Um klar zu sehen,
> genügt oft
> ein Wechsel
> der Blickrichtung.
>
> *Antoine de Saint-Exupéry*

Konkrete Erziehungsziele lassen sich aus den anthropologischen Überlegungen nicht herauskristallisieren, genausowenig wie eine umfassende Vorstellung von Erziehung. Ein allgemeines Erziehungsziel aus der Sicht der Existenzanalyse hat Wicki formuliert. Für ihn ist dies jener „Mensch, der sich darum bemüht, der Welt und sich selbst gerecht zu werden und der dadurch Erfüllung findet" (Wicki 1991, S. 258).
Im folgenden soll nun der Versuch unternommen werden, schwerpunktmäßig jene Bereiche der Erziehung herauszuarbeiten, die von der Existenzanalyse beleuchtet wurden.
Erziehung aus existenzanalytischer Sicht ist stets durch den Respekt vor der Person des Kindes gekennzeichnet und damit von seiner Freiheit und Verantwortung.

1. Haltung der Offenheit

Damit Heranwachsende wirklich in Freiheit eine Auswahl unter den vorliegenden Werten treffen können, ist es nötig, „die Kinder und Jugendlichen zu einer Haltung der Offenheit zu führen, bei der sie nicht nur das Übernommene anschauen, sondern auch lernen, über den eigenen Gartenzaun hinauszuschauen und sich immer wieder Fremdem und Ungewohntem zuzuwenden, sich davon ansprechen zu lassen und dieses je nach Bewertung im eigenen Leben einzubeziehen. [...] Wer an dem hängen bleibt, was ihm von je her vertraut ist, erlahmt und erstarrt in der Befangenheit der selbst geschaffenen Mauern" (Wicki 1991, S. 258). Je offener ein Mensch ist, desto mehr Möglichkeiten tun sich ihm auf. Diese Art der Offenheit darf nicht mit Oberflächlichkeit verwechselt werden, bei

der einmal dies und einmal jenes sehr wenig gründlich in Angriff genommen wird, was zu einer oberflächlichen Betriebsamkeit führt.
Hier ist jene Offenheit gemeint, bei der sich der Mensch ganz auf Dinge oder andere Menschen einläßt und diesen und sich selbst dabei gerecht wird, weil sie ihm zum Wert werden. Dazu ist *Zeit* notwendig. Verweilen, Sich-Vergessen und Hingabe gehören dazu, um bei der Widmung an eine Person oder Sache in die Tiefe zu gelangen (vgl. Wicki 1991, S. 259). In Bezug auf die Mitmenschen bedeutet dies, die andere Person in ihrer Einmaligkeit und Einzigartigkeit sehen und annehmen zu lernen. Dies beinhaltet die Achtung vor der anderen Person (a. a. O. S. 260). Das braucht Mut und Vertrauen, vielleicht Vorleben und Begleitung durch die Erwachsenen.
Offenheit besteht auch darin, „das eigene Sein in die umliegende Welt hineinzutragen, sich anderen Menschen gegenüber zu artikulieren und sich zu vertreten, dies nicht, um sich ihnen aufzuzwingen, sondern um sich den anderen zu erkennen zu geben und sie am eigenen Sein teilnehmen zu lassen. Dieses zur Geltungbringen schließt alles ein, was das Subjekt berührt, bewegt und betrifft: Überzeugungen, Anliegen, Hoffnungen, Sorgen, Freuden, Gefühle, das eigene Verständnis verschiedener Situationen und die persönliche Stellungnahme zu ihnen, die eigene Lebensgeschichte, die jeweilige konkrete gemeinsame Situation des Individuums und seines Partners bzw. der Partner" (Wicki 1991, S. 267). Es kommt also darauf an, sich verstehend den Mitmenschen zu nähern, ohne sich selbst dabei zu übergehen.

2. Zuwendung zur Welt

Die Zuwendung zur Welt ist an eine allgemeine Zustimmung zur Welt gekoppelt, denn man kann sich von vorneherein nur jemandem oder etwas zuwenden, von dem man glaubt, darin könnte ein Wert liegen, daraus könnte etwas Positives entstehen.
Andererseits ist mit der Zustimmung zur Welt nicht gemeint, daß diese nun unkritisch hingenommen werden müßte und sollte. Die Zustimmung zur Welt setzt voraus, daß da noch etwas gestaltet werden kann. „Zustimmung zur Welt heißt nicht Ja zur Welt, wie sie **ist**, sondern zur Welt, wie sie *sein soll* und sein kann" (Troeger zit. nach Wicki 1991, S. 262). Daher ist es für Heranwachsende schlimm, in eine fertige Welt zu kommen, in der es nichts mehr zu tun gibt, in der alles schon vorgedacht ist und die Zukunft klar vor

einem liegt. Wovon soll man träumen können, wenn alles schon fertig ist, wenn alle Erwachsenen alles wissen? Eine fertige Welt setzt Kinder schachmatt. Jugendliche wollen *gestalten* und *verändern*, kurz gesagt: eine *Aufgabe*. Diese Fähigkeit zur Zustimmung hängt eng mit der eigenen Person zusammen. Wird die Welt als Bedrohung erlebt, zieht sich der Mensch zu seinem eigenen Schutz zurück und verharrt in der Angst. Wird die Welt als Überforderung erlebt, der man nicht gewachsen ist, so erfolgt ebenfalls ein Rückzug auf sich selbst. Vielleicht schützt dann die *Depression* vor dem Übernehmenmüssen von Verantwortung. Wer den Leistungsaspekt in den Vordergrund stellt, weil sein Selbstwert daran gekoppelt ist, wird sich ebenfalls bald verbrauchen, und zwar in der selbstauferlegten Anstrengung, sich selbst einzuholen. All diese Fehlentwicklungen resultieren aus mangelndem Selbstwert.
Daher ist auch aus dieser Sicht der Frage nach dem Selbstwert ein gewichtiger Platz einzuräumen und die Stärkung des Selbstwertes ein grundlegend pädagogisches Anliegen. Bei der Zuwendung bzw. Zustimmung zur Welt geht es nicht um die Haltung bzw. Handlung an sich, sondern darum, von welcher Art der Bezug ist, den der Heranwachsende zur Welt herstellt. Erst wenn der Mensch voll und ganz hinter dem steht, was er tut, erfährt er dieses Tun als sinnvoll, und zwar deswegen, weil die innere Beteiligung gegeben ist (vgl. Wicki 1991, S. 277). Sich einer Sache ganz zuzuwenden, setzt voraus, daß man selbst spürt, was für einen richtig ist, daß man auf sein Gewissen hören gelernt hat (und nicht auf sein Über-Ich). „Die Vernachlässigung der Aufmerksamkeit gegenüber seiner selbst kann zu Selbstentfremdung, Selbstfurcht und Selbstverleugnung führen. [...] Nur was der Mensch mit innerer Beteiligung getan oder wahrgenommen hat, wird ihm zum bleibenden Erlebnis“ (Wicki 1991, S. 278). Solches Tun unterscheidet sich stark von teilnahmsloser oder zufälliger Beschäftigung.
Im Aufgreifen von Werten, die in der Welt liegen, verwirklicht der Mensch Sinn. Dies geschieht durch das In-Einklang-Bringen von vorliegenden Werten und dem, was den Menschen anspricht. Indem er jene Teile der Welt aufgreift, die ihm von seinem Gewissen aufgezeigt werden, wird er sich selbst gerecht (vgl. Wicki 1991, S. 261 ff.).

3. Sich selbst gerecht werden

Dem Menschen ist sein Leben in die Hand gegeben. Niemand kann ihm diese Verantwortung abnehmen. Dieser Verantwortung kann nur die

Person, das Geistige im Menschen gerecht werden, denn nur die Person kann sich mit dem Psychophysikum auseinandersetzen. Dabei kommt es darauf an, daß „der Mensch seine Bedürfnisse weder verdrängt noch sich darauf einengt und fixiert noch sich auf sie ausredet und sie zu irgendwelchen Entschuldigungen heranzieht“ (Wicki 1991, S. 264). Und weiter: „Sich selbst gerecht zu werden vermag der Mensch jedoch nicht, solange er sich auf das Psychophysische beschränkt“ (Wicki 1991, S. 265).
Verantwortung zu übernehmen heißt, Entscheidungen zu treffen. „Dies verlangt den Mut, das mit jeder Entscheidung verbundene Wagnis einzugehen und die Bereitschaft, sich an das zu binden, wofür man sich entscheidet“ (Wicki 1991, S. 265). Sich selbst gerecht wird der Mensch daher dann, wenn er der Herr im eigenen Hause ist, wenn er weiß, was er will, und wenn er sein Leben selbst in die Hand nimmt und sich nicht von den Zufälligkeiten des Lebens oder eigenen Trieben steuern läßt. Dazu muß er sich selbst von seiner Situation distanzieren können (vgl. Wicki, S. 267).

XIV. Der eigene Wille

> Ich will
> bei der Wahrheit bleiben.
> Ich will
> mich keiner Ungerechtigkeit
> beugen.
> Ich will
> frei sein von Furcht.
> Ich will
> keine Gewalt anwenden.
> Ich will
> in jedem das Gute sehen.
>
> *Mahatma Gandhi*

1. Grundsätzliches

Bislang geht man in vielen Erziehungsratgebern noch davon aus, daß der Wille des Kindes zwar nicht mehr unbedingt zu brechen sei, sich aber dennoch unterzuordnen habe, den Eltern, der Kirche, der Gesellschaft.
Aus existenzanalytischer Sicht ist jedoch der Wille (zum Sinn) die Grundlage jeder Motivation. Damit nimmt er als eine unabänderliche Grundvoraussetzung auch im Erziehungsgeschehen eine zentrale Stelle ein. Ohne daß diesem ureigenen Antrieb Genüge getan und dem nachgegangen wird, woraufhin der Wille verweist, kann der Selbstwert nicht auf- und ausgebaut werden. „Im Wollen wird der Mensch nicht getrieben und gesteuert, sondern er steuert sich selbst" (Wicki 1991, S. 212).
In diesem Zusammenhang sei noch einmal auf den großen Unterschied zwischen „wünschen" und „wollen" verwiesen. Eine Willenshandlung ist dadurch gekennzeichnet, daß eine bewußte oder unbewußte Entscheidung gefällt wird, daß der Mensch personal agiert und nicht auf der Ebene des Psychophysikums apersonal reagiert.
Das Wollen entzündet sich zunächst an vorliegenden Werten, aus denen eigene Wertigkeiten herausgefiltert werden müssen, was schließlich in der Frage gipfelt: Was ist für mich wirklich sinnvoll? Ist dies einmal erkannt, kommt es zur Entscheidung.

Entscheiden heißt, daß die eigene Wahl auf etwas ganz Konkretes fällt und daß man damit auch andere Dinge lassen muß. *Wollen heißt, Jasagen zu einem Wert, der einen anzieht.* Damit ist jeder Willensakt eine kleine „Trauung", was soviel bedeutet wie das Eingehen einer verbindlichen Beziehung. Aber es hat auch mit „trauen" und daher mit Mut zu tun.
Im Entschluß spürt man einen Kraftzuwachs und der Energiefluß kommt in Gang. Im Ja wird Freiheit spürbar.
Im Entschluß legt man sich fest. Gleichzeitig heißt das: Man kann es auch wieder lassen. Sonst könnte es in Fanatismus ausarten. Man kann aufhören zu wollen, wenn sich ein neuer Wert eröffnet.
Der Willensakt erfolgt nicht nur bewußt. Jede Entscheidung enthält Bewußtes und Unbewußtes (Längle, persönliche Mitschrift 29.2.92).

Wie kommt es zur Entscheidung?

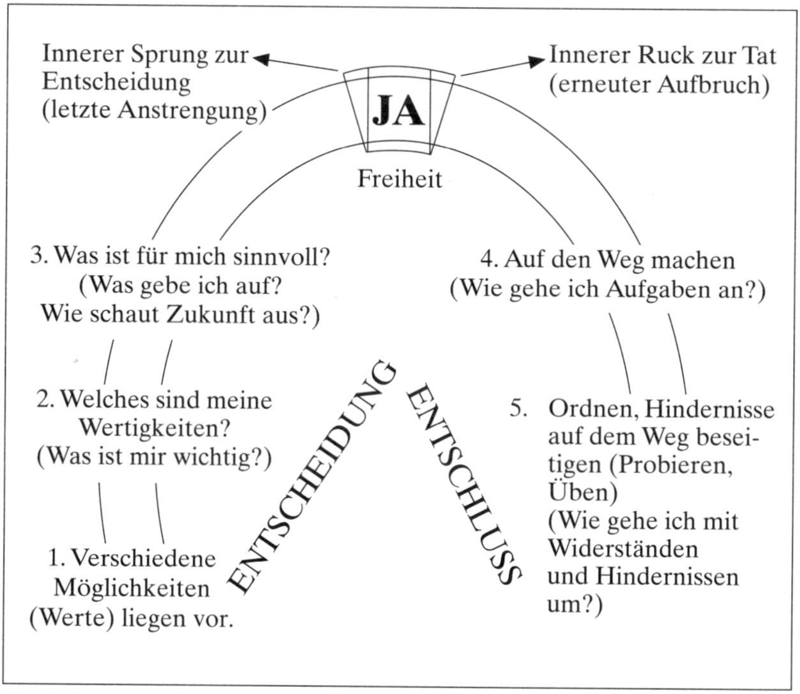

(Nach einer Graphik v. Längle, persönliche Mitschrift 28.2.93)

Die Phase der Entscheidung bis zum Ja läßt sich mit dem mühsamen Aufstieg auf einen Gipfel vergleichen. Im Ja erfolgt das befreiende Gipfelerlebnis, und dann kann der etwas weniger mühsame Weg des Abstiegs, die Durchführung, angegangen werden.
Im Ansichtigwerden eines Wertes entsteht der Wille. Aus dem Willen erwächst schließlich die Kraft, sich in Richtung Wert in Bewegung zu setzen und so vorzugehen, daß der Wert tatsächlich erreicht werden kann. Dies wird im Engagement deutlich.
Da der Wille – wie schon dargelegt – nicht aus dem Psychophysikum, sondern aus der geistigen Person stammt, bildet sich im Willen die Personalität des Menschen ab. „Wenn der Wille die Fähigkeit beinhaltet, an gewählten Zielen festzuhalten, so impliziert das auch die Fähigkeit, sich von dem zu distanzieren, was am Erreichen dieses Zieles hindert. Damit ist auf die Fähigkeit verwiesen, von eigenen psychophysischen Vorgängen und Zuständen Abstand zu nehmen. Ebenso hat der Mensch durch den Willen die Möglichkeit, in psychophysische Vorgänge lenkend einzugreifen und sich solchen entgegenzustellen, was stets ein Stellungnehmen beinhaltet" (Wicki 1991, S. 213).
Zwischen Reagieren und Agieren gibt es nun alle möglichen Übergänge, sowohl beim Kind als auch beim Erwachsenen. Beim Säugling wird vermutlich die Mehrzahl der Handlungen noch weitgehend von den Trieben bestimmt, und ein echter Wille wird nur ansatzweise von außen erkennbar. Aber schon bald wird die Person hinter den Handlungen sichtbar und damit auch der personal getönte Wille. Dies wird dort erkennbar, wo Kinder sich einer Beschäftigung ganz hingeben, wo sie „selber tun" wollen oder auch bestimmte Dinge nicht tun wollen.
Nach Wicki sind im Willen drei Komponenten enthalten, die als spezifische Merkmale des Personalen anzusehen sind, nämlich Stellungnahme, Selbstdistanzierung und Selbsttranszendenz (vgl. Wicki 1991, S. 216). Und diese Merkmale sind beim Kind ebenfalls vorhanden.
Nun darf es in der Erziehung keinesfalls darum gehen, den Willen des Kindes zu brechen, aber auch nicht, ihn irgendwo unterzuordnen. Es ist nicht richtig, daß Kinder auf keinen Fall ihren Willen durchsetzen sollen oder daß zuviel Eigenwille schadet. Vielfach besteht noch die Angst der Erzieher, daß sie Kinder zu Egoisten erziehen würden, wenn sie diesen ihren Willen lassen und ihnen gestatten, eigene Werte zu verwirklichen. Zunächst einmal ist es erforderlich, genau hinschauen und hinhören und hinfühlen zu lernen, ob das, was jetzt vom Kind kommt, Ausdruck seines Willens ist oder eine Reaktion aus dem Psychophysikum.

Selbstverständlich ist es keine Stärkung des Willens zum Sinn, wenn jeder Laune des Kindes nachgegeben wird, wenn Kindern alles erlaubt wird. Deshalb ist die Unterscheidung zwischen augenblicklichen Bedürfnissen und dem Willen zum Sinn so wichtig.

Ist es letzteres, so geht es darum, den Willen hinzulenken, ihn gleichsam darauf aufmerksam zu machen, daß es da etwas zu tun gäbe, und anzufragen, mit anderen Worten: die Kinder zur Stellungnahme herauszufordern (z. B. mit Fragen wie: Was hältst du eigentlich davon? Verstehst du das? Was sagst du dazu? Ist das gut für dich? Findest du dies richtig?). Kinder sollten zur Stellungnahme aufgefordert werden, nicht zur Anpassung. Dort wo echter Wille zum Vorschein kommt, muß er gestärkt und gestützt werden, denn dort wird der Mensch zum Ursprung seines Handelns und Lassens. „Bei solchem Tun ist der Mensch ganz dabei, und er ist ganz sich selbst“ (Wicki 1991, S. 268). Ein starker Wille ist notwendig, damit wir das, was uns das Leben wertvoll macht, auch umsetzen können. Ansonsten ist sinnvolles Leben nicht möglich.

Ein starker Wille ist auch etwas, das sich gegen Oberflächlichkeit und Zerstreutheit richtet. Kinder, die ihrem Willen zum Wert nachgehen durften, können sich in diesen Wert vertiefen und sich gründlich mit ihm auseinandersetzen. Dabei wird an den verschiedensten Beschäftigungen und Hobbys sehr deutlich sichtbar, mit welchem Eifer und mit welcher Freude sie sich einer Sache ganz hingeben können. Schließlich liegt hier eine Wurzel der Konzentrationsfähigkeit, die gleichzeitig erweitert und vertieft wird.

Die Willensstärkung ist auch deswegen ganz wichtig, weil damit der Mensch aus der vorkopernikanischen Haltung herauswachsen kann, die ja durch eine starke Wunschhaltung gekennzeichnet ist. Je größer diese Wunschhaltung, desto stärker gefährdet ist der Mensch.

Wenn man den Willen nicht trainiert, kommt es zu einem Verlust an Willenskraft, ähnlich, wie es zu einem Verlust an Kondition kommt, wenn man seine Muskeln nicht trainiert. Das, was ein Kind will, ist genauso wichtig wie das Wollen der Erwachsenen. Daher kann es nicht richtig sein, dem Kind das eigene Wollen aufzuzwingen, sondern ihm beispielsweise eigene Erfahrungen anzubieten und es dann selbständig entscheiden zu lassen, gleichzeitig aber nicht zu viele Entscheidungen zu fordern, weil dann eine Überforderungssituation entstehen kann.

Wille ist auch etwas, das in der Abgrenzung deutlich wird. Es ist entscheidend, daß Kinder nein sagen lernen. Nicht erst dann, wenn sie sich damit vor sexuellem Mißbrauch, vor der Übernahme von Ideologien oder vor dem Angebot an Suchtmitteln schützen sollen, sondern es ist ebenso wichtig, daß sie sich den subtileren Formen des Übergriffs durch andere erwehren können, die in ihr Leben hineinregieren wollen. In Form von emanzipatorischer Präventionsarbeit wird nun zunehmend im Bereich des sexuellen Mißbrauchs und im Bereich des Suchtmittelmißbrauchs diese Idee aufgegriffen (vgl. Braun 1989). Das bedeutet, Abschied zu nehmen von tradierten Erziehungshaltungen, die Kindern Fügsamkeit, Gehorsam und Passivität abverlangten.

Bei einem Nein kann es aber durchaus sinnvoll sein, nach den Gründen dafür zu fragen, denn diese enthalten den Wert, auf den es dem anderen stattdessen ankommt. Es ist wichtig, den Kindern zu vermitteln, daß man sie ernst nimmt, auch und gerade in ihrer Ablehnung von etwas, das einem selbst sehr wertvoll erscheint. Gleichzeitig ist es aber auch wichtig, ihnen zu zeigen, daß sie den Willen von anderen zu respektieren haben. Was sie aber um so leichter können, je mehr es ihnen selbst ermöglicht wird.

Nein-sagen-lernen provoziert Konflikte. Daher ist es einerseits notwendig, daß die betreffende Person sich zutraut, mit diesen umzugehen, andererseits ermöglicht jeder Konflikt ein neues Übungsfeld. Damit wächst die Person innerlich mit jedem weiteren positiv bewältigten Konflikt.

Das Gefühl, Konflikten zunehmend gewachsen zu sein, vermittelt nun ganz stark das Gefühl von Freiheit und von Lebensbewältigung, womit wiederum der Selbstwert gestärkt wird.

Kinder mit einem starken Willen, die auch manchmal nein sagen, sind sicher weniger bequem als solche, die stets ja sagen, aber sie sind stark und selbstbewußt, sie sind im besten Sinne des Wortes eigen-sinnig, denn sie verfolgen ihren eigenen Sinn. Den Willen stärken heißt nun aber nicht, Kindern keine Grenzen zu setzen. Daß und wie wichtig Grenzen sind, wurde andernorts bereits aufgezeigt.

Woraus kann der Wille erwachsen?

Er kann erwachsen aus dem Wertgeschätztwerden, aus dem bedingungslosen Angenommensein und im Eröffnen eines Freiraums. Darin ist beinhaltet, daß Kinder ihr Sosein ausleben dürfen, daß sie wertgeschätzt und angenommen werden, so wie sie sind, und Raum erhalten, das Eigene zu entfalten.

Der Wille erwächst damit aus der Selbstannahme und nicht aus der Anpassung.

2. Wie kann der Wille gestärkt werden?

Grundsätzlich gilt: Es motiviert nichts so sehr wie ein erkannter Wert. Auch die konkrete Verantwortung für sich in Zusammenhang mit diesem konkreten Wert motiviert. Das heißt, der Wille wird mobilisiert an dem, was einen ganz persönlich angeht. Im Bereich der Schule wird es um dieses personale Lernen gehen müssen. Das personale Lernen bildet somit den Schlüssel zur Motivation.
Willensstärkung macht offen für Möglichkeiten, die in der Welt vorliegen, aber auch für das, was in einem selbst an Potential liegt. Damit wird der Grundwert gestärkt und der Selbstwert ausgebaut.

Existenzanalytische Motivationsschritte könnten sein:

a) Anschauen der Werte

Was von den vielen Möglichkeiten zieht einen bestimmten Menschen an? Willensstärkung beruht auch auf der Möglichkeit des Wählens. Manchmal ist Hilfe durch Außenstehende nötig, indem mögliche Inhalte angeboten, vielleicht auch probiert werden dürfen. Freude ist ein wichtiger Indikator. Worüber freut sich der Betroffene? Was tut ihm gut?
Aber auch Zorn und Aggression können – wie jede emotionale Reaktion – auf Werte verweisen.
Dann wird es wichtig sein, die *Gründe* anzuschauen, die dafür sprechen, dieses zu tun und jenes zu lassen und dies auch von bloßen Ursachen abzutrennen. Wer nicht zum Handeln kommt, sondern im Möglichen stehenbleibt, wird nicht spüren, daß die erkannten Werte tragen können und damit zur Erweiterung des eigenen Fundaments führen können.
Man muß auf sie zugehen können und sie anpacken lernen, wenn sie lebendig werden sollen.
Das, was sich für den Betroffenen als wertvoll herauskristallisiert, soll nun möglichst genau von ihm in allen Details vorgestellt und geschildert werden. Es soll konkret und bildhaft werden, vor einem inneren Auge entstehen. Welche Wünsche und Phantasien sind zu dem ins Auge gefaßten Wert vorhanden?
Dort, wo der Wille erst (wieder) aufgebaut werden muß, sollte der anzustrebende Wert klein und erreichbar sein.
Ziel ist das Ausmalen dessen, was ist, wenn dieser Wert verfolgt wird. Zusammen mit den tragenden Gründen wird er damit zum Fundament.

b) Abwägen der Werte

Hier geht es um die Klärung der Frage: Welcher Wert ist für mich der höchste?
Da kann es zunächst notwendig sein, sich von anderen Motiven, die auch ihren Wert haben, abzugrenzen, sich also aus einem Wertedilemma zu lösen.
Dies beinhaltet auch die Fragen: Was ist für mich machbar, was kann ich tatsächlich verwirklichen? Sind die anderen Perspektiven ebenso erstrebenswert? Für mich - bei realistischer Einschätzung - genauso umsetzbar?
Festigkeit und Motivation für eine Sache werden erhöht, wenn andere Perspektiven weniger attraktiv sind.
Zum zweiten ist es wesentlich, sich das anzuschauen, was einem in der Durchführung zurückhalten könnte, was hemmend ist, um gleichsam mögliche Hindernisse geistig vorwegzunehmen.
Das *Ziel* besteht darin, vom Verstand her eine *Festigkeit* zu erlangen.

c) „Verinnerlichung" des Wertes

Damit ist gemeint, das in sich hineinzulassen, was besser wird, es vor allem sinnlich – und damit über die Gefühlsebene – erfahrbar und greifbar zu machen. Es muß spürbar werden, worum es tatsächlich geht, was das „Gute" daran ist. Es geht um ein Schmackhaftmachen auf der sinnlichen Ebene. Durch dieses innere Nachzeichnen kann das Interesse weiter vertieft werden.
Das *Ziel* besteht darin, ein Gefühl von diesem Wert zu bekommen. Daraus erwächst eine Beziehung zu ihm.

d) Sinn einbeziehen

Wozu verwirkliche ich ausgerechnet diesen Wert? Welche Perspektiven eröffnen sich dadurch? Welche Bedeutung gebe ich diesem Wert angesichts seiner und meiner Vergänglichkeit? Möchte ich diesen Wert in mein eigenes „Kunstwerk Leben" einbauen? Leben erhält ja die Gestalt, die ich ihm gebe durch Werte, die ich verwirkliche bzw. ausspare.
Das *Ziel* ist dadurch gekennzeichnet, ein positives Lebensgefühl zu schaffen und den Wert vor dem Hintergrund der Sinnverwirklichung zu beleuchten.

e) Üben

Wesentlich ist dann aber auch, sich in Bewegung zu setzen, sich auf den vielleicht steinigen Weg zu machen, sich durch das Nadelöhr der Entscheidung zu zwängen, um den Wert im Handeln zu verwirklichen. Und das immer wieder. Erst dann wird der Wert wirklich zum Wert.

f) Schutz vor Rückfällen

Vorbauen gegen ein Zurückstecken besteht darin, daß mögliche Steine auf dem Weg der Verwirklichung schon vorher daraufhin angeschaut werden, wie sie umgangen werden können bzw. was bei einem drohenden Sturz zu machen ist. Was hält bei einem möglichen Sturz? Was ist zu tun, wenn es tatsächlich zum Sturz gekommen ist? (vgl. Längle, persönliche Mitschrift 29.2.92)
Sogenannte Willensschwäche resultiert oft daraus, daß Werte nicht gespürt werden können, daß zu große Sinnkonzepte aufgebaut worden sind oder daß Werte nicht ernst genommen werden, in dem Sinne, daß sie nicht genau angeschaut, abgewägt, verinnerlicht und geübt worden sind.
Wenn jemand spürt, daß er etwas Sinnvolles tut, ist er eher bereit, Mühen und Plagen auf sich zu nehmen.
Werte sind demnach für die Mobilisierung des Willens von größerer Bedeutung als die Aussicht auf Lust oder Macht.

g) Die Konfrontation mit dem Willen zum Sinn

Die Konfrontation mit dem Willen zum Sinn im Kinde ist demnach ein wichtiger Anstoß von außen. „Der Appell ist eine Erziehungsmaßnahme, die nicht über den Heranwachsenden verfügt. Und doch ist er eine eingreifende Maßnahme, durch die der Erzieher den Heranwachsenden anspricht, ihn in seiner Daseinsweise auf- und wachrüttelt, ihn aus dem allfällig gedankenlosen Dahinleben herausholt und ihn zu Auseinandersetzung und Stellungnahme und entsprechendem Wollen herausfordert“ (Wicki 1991, S. 268).
Im Appell wird das Personale angerufen und herausgefordert, welches sich dem bloßen Laufenlassen entgegenstellen soll. Er will anregen, sich mit sich selbst und dem Leben auseinanderzusetzen und dies gegebenenfalls zu ändern. Er ist auf Selbstdistanzierung ausgerichtet. Immer richtet sich der Appell an das Gewissen, in welchem sich die Verantwortung für die

Lebensgestaltung des Menschen abbildet. Es achtet zwar darauf, daß der Mensch nicht hinter seinen Möglichkeiten zurückbleibt, braucht aber hin und wieder einen Anstoß von außen, der den Sinn einer Situation aufleuchten läßt und es dem Willen überläßt, ihn auch zu wollen (Frankl 1987-2, S. 101, Frankl 1992, S. 65). Der Appell richtet sich somit weniger an vordergründiges Verhalten, sondern an dahinterliegende Absichten und Einstellungen. Diese werden von ihm aufgegriffen, und der Heranwachsende ist aufgefordert, sich mit ihnen auseinanderzusetzen. Trotzdem warnt Wicki: „Doch gilt es auch im Gebrauch des Appells Maß zu halten. Als Maßnahme, die sich an das Personale wendet, kann der Appell in einzelnen Momenten großes Gewicht haben, als täglicher An- und Aufruf könnte er an Kraft verlieren und zur leeren Phrase werden" (Wicki 1991, S. 272).

XV. Gewissensbildung

> Man sieht nur mit dem Herzen gut.
> Das Wesentliche ist für Augen unsichtbar.
>
> *Antoine de Saint-Exupéry*

1. Grundsätzliches

Je weniger personal der Mensch ist, desto mehr braucht er Gebote, desto weniger tritt das Gewissen als prämoralisches, ontologisches Phänomen in Kraft. Frankl mißt aufgrund der angesprochenen Personalität des Menschen der Gewissensbildung in der Erziehung große Bedeutung zu. „Wir leben im Zeitalter eines um sich greifenden Sinnlosigkeitsgefühls. In diesem unseren Zeitalter muß es sich die Erziehung angelegen sein lassen, nicht nur Wissen zu vermitteln, sondern auch das Gewissen zu verfeinern, sodaß der Mensch hellhörig genug ist, um die jeder einzelnen Situation innewohnende Forderung herauszuhören. In einem Zeitalter, in dem die 10 Gebote für so viele ihre Geltung zu verlieren scheinen, muß der Mensch instand gesetzt werden, die 10.000 Gebote zu vernehmen, die in den 10.000 Situationen verschlüsselt sind, mit denen ihn sein Leben konfrontiert. Dann wird ihm nicht nur eben dieses Leben wieder sinnvoll erscheinen, sondern er selbst wird dann auch immunisiert sein gegenüber Konformismus und Totalitarismus - diesen beiden Folgeerscheinungen des existentiellen Vakuums.“ Das Gewissen setzt nach Frankl nun nicht allgemeine Werte außer Kraft, sondern übersteigt sie. Und weiter: „So oder so: Mehr denn je ist Erziehung – Erziehung zur Verantwortung. Und verantwortlich sein heißt, selektiv sein, wählerisch sein. [...] Wollen wir nicht in der Flut all dieser Reize, in einer totalen Promiskuität untergehen, dann müssen wir entscheiden lernen, was wesentlich ist und was nicht, was Sinn hat und was nicht, was sich verantworten läßt und was nicht“ (Frankl 1990, S. 22, Frankl 1991-2, S. 30 und Frankl 1986, S. 157).

Wer aus dem Gewissen lebt, lebt ein ganz persönliches Leben, denn die allgemeine Norm wird durch das Gewissen abgestimmt auf den betreffenden Menschen persönlich und seine jetzige Situation. Deshalb können konkrete Handlungsanweisungen nicht gegeben werden, denn eine „Situation, die zu *leben* ist – also in ihrer Wirklichkeit bestanden werden muß –, kann mit starren Handlungsvorgaben und -anweisungen nicht bewältigt werden" (Kühn 1988, S. 178). Entweder sind sie übersteuert, untersteuert oder widersprechen sich sogar. Sie sind übersteuert, wenn sie mehr verlangen, als es die konkrete Situation erfordert, wie autoritäre Erziehung und militärischer Gehorsam. Untersteuert sind sie dann, wenn sie so allgemein gehalten sind, daß eine konkrete Situation damit nicht bewältigt werden kann. Überforderung ist die Folge. Ein Widerspruch liegt dort vor, wo es zum Gewissenskonflikt kommt, zum Widerspruch zwischen allgemeinem und eigenem Anspruch, und wo die eigene Freiheit darin besteht, dem Gewissen entweder zu folgen und damit seiner Verantwortung nachzukommen oder ihm eben nicht zu folgen. Die Forderung des Gewissens kristallisiert sich aus den eigenen Werten.

Das heißt, konkrete Handlungsnormen und Handlungsanweisungen sind für die personale Sinnfindung zu wenig, „sie stoßen sich *notwendigerweise* an der lebendigen und sich ständig verändernden Wirklichkeit, umgekehrt wird die *lebendige Sinn-Wirklichkeit* durch die *Starrheit* von *festgelegten Normen ihrer schöpferischen Freiheit beraubt*" (Amann 1992, S. 132). Wir treten unserer Geschichte mit der Möglichkeit der Änderung gegenüber, die aus Gewissensentscheiden erwächst. Daraus folgt die Notwendigkeit einer „Pädagogik des Gewissens". Da Gewissen die Welt in bezug zur je eigenen Person zu erfassen vermag, ist seine Bildsamkeit ein zentrales Anliegen. Gewissenserziehung ist daher auch Prävention gegenüber dem existentiellen Vakuum und dessen Folgen.

Gewissenserziehung bedeutet für die Pädagogik, den Menschen in seiner Autonomie zu belassen und ihn darin sogar noch zu stärken. Das bedeutet, daß Heranwachsende sich von den Normen der Gesellschaft durch eigenes Werten abgrenzen können. Damit wird ausgeschlossen, daß Erzieher über Heranwachsende bestimmen bzw. diese auf vorgegebene Bilder hin mehr ziehen als erziehen. Gewissenserziehung bedeutet daher Abschiednehmen vom Allmachtsanspruch der Erziehung, aber ein Hinführen zum Gewissen als Ausgangspunkt einer ständigen Wandlung des Menschen. „Für die Pädagogik bedeutet dies, den jungen Menschen in seiner *Bildsamkeit* sehen zu lernen, die in der *Mündigkeit* ihr Regulativ findet. [...] Pädagogik hat von der Selbst-Verantwortlichkeit des zu ‚erziehenden' jungen Menschen auszugehen, und sie muß *genügend Raum schaffen und Zeit geben (lassen)* für deren Unmündigkeit" (Amann 1992, S. 206).

2. Gewissensbildung am Märchen „Der Froschkönig"

Ein gutes Beispiel für die Gewissensbildung wird im Märchen des Froschkönigs von den Gebrüdern Grimm deutlich. (Diesen Hinweis verdanke ich Günter Funke.)

In diesem Märchen fällt der Königstochter liebstes Spielzeug, ein goldener Ball, in den Brunnen. Ein häßlicher, unappetitlicher Frosch verspricht ihr, daß er diesen wieder aus dem Brunnen heraufholen könne, wenn sie ihm verspräche, ihn dafür an ihrem Tische essen und in ihrem Bette schlafen zu lassen (ihm also größtmögliche Nähe gewähre). In ihrer Not gibt sie dieses Versprechen, wohl in der Hoffnung, daß sie schon irgendwie darum herumkomme. Der Frosch holt ihr den Ball, und die Königstochter verschwindet und denkt nicht mehr an dieses Versprechen. Als am nächsten Tag die Hofgesellschaft im Schloß tafelt, erscheint – zum Schrecken der Prinzessin – der Frosch und will das gegebene Versprechen einlösen. Die Königstochter sträubt sich dagegen. Der Vater jedoch verlangt von ihr, ein einmal gegebenes Versprechen auch einzuhalten. Widerwillig sitzt sie mit dem Frosch am Tisch. Noch schlimmer ist es im Schlafzimmer. Sie ekelt sich vor dem Tier. Sie kann den Frosch nicht in ihrem Bett schlafen lassen. Die Wut packt sie, und sie schmeißt das Tier an die Wand. Da verwandelt sich der Frosch in einen Prinzen. Er ist erlöst und sie selbst auch.

Gerade das Märchen vom Froschkönig ist in verschiedenster Hinsicht schon gedeutet worden, mit den Aspekten von verlorener Unschuld und Abscheu der Königstochter vor der Sexualität (vgl. Fetscher 1976, S. 134 ff.).

Diesen Vorstellungen möchte ich keine neuen hinzufügen, sondern ein Detail herausgreifen, bei dem Gewissen und Über-Ich sehr klar voneinander unterschieden werden können.

Die Königstochter gibt ein Versprechen, dessen Tragweite ihr gar nicht bewußt wird bzw. von dem sie glaubt, daß es gar nicht eingefordert werden könnte. Sie würde vermutlich dieses Versprechen, das auch scheinbar unverhältnismäßig viel verlangt, nicht einhalten, wäre da nicht der Vater, der dies von ihr fordert. Im Vater spricht das Über-Ich. Er verkörpert das, was „man" tut, Gesetze und Regeln, wie zum Beispiel, daß gegebene Versprechen eingehalten werden müssen. Solange er in ihrer Nähe ist und so wie sie seine Gebote gerade noch erfüllen kann – nämlich bei Tisch –, hält sich die Prinzessin an die vorgegebene Norm. Im stillen Kämmerlein aber, ganz allein auf sich selbst gestellt, entdeckt sie, daß sie den Ekel vor dem Frosch (was durchaus auch mit Ekel vor der Sexualität zu tun haben kann) nicht mehr überwinden kann. Der Vater (das Über-Ich) verlangt von ihr etwas, das sie mit ihrem Gewissen nicht vereinbaren kann. Hier wird ganz deutlich, daß die Prinzessin mit ihrer Emotionalität (dem Ekel) viel näher bei ihrem Gewissen ist als mit allen Rationalitäten. Das Gewissen ist hier leiblich spürbar. Es ist im Gefühl und nicht im Denken angesiedelt. Sie spürt sich selbst ganz lebendig. In der Aggression befreit sie sich von den Forderungen des Über-Ich, folgt ihrem Gewissen und setzt eine Handlung, die gemeinhin sicher als „böse" eingestuft wird. Sie handelt selbstevident, authentisch, denn sie kann ihr Bett nicht mit diesem Frosch teilen, ohne sich selbst zu verlieren (dies gilt um so mehr, wenn dies noch zusätzlich als Bild für Sexualität angesehen wird). Sie rettet ihren Grundwert. Und in diesem Zu-sich-Stehen zu ihrem Gewissen, und nur darin, gelingt es ihr, den anderen zu erlösen und damit sich selbst.

Das Zu-sich-Stehen ist oft schmerzhaft nicht nur für einen selbst, auch für den anderen. Aber indem dem anderen meine eigene Person, aber auch Schmerz zugemutet wird, was – wie das Wort schon ausdrückt – Mut erfordert, bekommt der andere auch den Mut, ganz er selbst zu werden. Nur wer an sich selbst glaubt, kann andere erlösen und wird auch ernst genommen. Es geht hierbei nicht um Gewalttätigkeit, sondern darum zu zeigen, wieviel Kraft erforderlich ist und wieviel Schmerz dem anderen unter Umständen zugemutet werden muß, um sich den eigenen Raum zu schaffen.

Von seiten der Prinzessin handelt es sich um einen Akt der Abgrenzung (von den Forderungen des Vaters, des Über-Ichs, aber auch von den Forderungen des Frosches). Erst nach erfolgter Abgrenzung ist wirkliche Beziehungsaufnahme zum Partner, zu den Eltern, möglich, kann eine reife Beziehung entstehen, wie das Märchen verspricht: „... und sie lebten glücklich bis an ihr Ende." Anders und zusammengefaßt ausgedrückt: Der Vater verkörpert die Norm, die Tochter geht dem gespürten Wert nach.

3. Welche erzieherischen Konsequenzen lassen sich daraus ziehen?

Hätte der König anders handeln sollen? Nein, denn aus seiner Sicht hatte er vollkommen recht: Ein gegebenes Versprechen muß eingehalten werden, das stand für ihn fest. Diese klare Wertentscheidung gab er vor und konfrontierte seine Tochter mit dem seiner Einschätzung nach Richtigen. Er zeigte sich selbst mit seinen Anschauungen und Einstellungen und

versuchte nicht, sich zu drücken, sich darum herumzuschwindeln, sich herauszuhalten, nachzugeben (im Sinne des Verwöhnens) oder selbst die Verantwortung für die Tochter zu übernehmen. Nach dieser Konfrontation entließ er jedoch die Tochter. Er überließ damit ihr die Entscheidung, ohne ihr nachzuspionieren. Er übernahm nicht die Verantwortung für sie und zeigte ihr damit, daß er sie ernst nimmt.
Normen sind demnach in der Erziehung zur Gewissensentfaltung wichtig. Sie verweisen auf Grenzen und regen zur Auseinandersetzung an. Daneben muß aber noch Raum für personale Werte sein. Das heißt, Kinder müssen den Freiraum haben und spüren, sich für Eigenes entscheiden zu können. Ansonsten ersticken sie in den Normen, wenn kein Platz zum Ausweichen mehr bleibt. In der Übernormierung wird das Gewissen erstickt.
Klare Regeln sind wichtig. Die Betonung liegt aber auf der Durchschaubarkeit und Einsehbarkeit für Kinder, denn dort, wo es kaum Regeln gibt, wird das Gewissen überfordert und schottet sich ab oder löst sich auf. Dazu gehört aber auch, als Erzieher immer wieder klar Stellung zu nehmen. Die Regel sollte jedoch nicht mit der Person verknüpft sein, z. B.: Wenn du das nicht machst, dann mag ich dich nicht mehr.
Kontrollen über die Einhaltung von Regeln sind unterschiedlich, je nach Alter und Reifegrad der Kinder anzuwenden. Grundsätzlich gilt: So wenig Kontrolle wie nötig, denn nur in einer Atmosphäre des Vertrauens entsteht der so lebensnotwendige Raum, eigenes Werten einüben und schrittweise selbständig Verantwortung übernehmen zu können. Dies wird dem Kind dadurch erleichtert, daß ihm vermittelt wird, dem Eigenen nachzugehen, daß ihm zugestanden wird, sich in Richtung Autonomie zu entwickeln. Jede Kontrolle beinhaltet ein mehr oder weniger großes Mißtrauen, gegen das Heranwachsende oft rebellieren, weil sie sich die eigene Verantwortung nicht aus der Hand nehmen lassen möchten. Dazu kommt, daß Kontrolle häufig die Bedeutung eines pädagogischen Befehls annimmt – und diese verhindert oft wertorientiertes Handeln, wenn Heranwachsende das Gefühl bekommen, keine Verantwortung für ihr eigenes Leben übernehmen zu dürfen oder weil der Erzieher bei dieser Maßnahme überheblich erscheint (vgl. Wicki 1988, S. 206). Ohne diesen Freiraum, ohne Üben darin, kann sich Gewissen nicht entfalten.
Dabei wird es trotzdem nicht immer leicht sein, zu eigenem Werten zu stehen. Hier können Erzieher helfen, dieses Dazustehen zu erleichtern, ganz besonders dann, wenn sie selbst andere Vorstellungen und Einstellungen haben. Sich dabei auch immer wieder selbst in Frage zu stellen, erleichtert es Kindern ungemein, beinahe spielerisch ihr Gewissen zu

entwickeln. „Das Wahrnehmen dieses inneren Lebens führt zur eigenen personalen Identität." (Amann 1992, S. 103).
Wie kann nun Gewissen entfaltet werden?

4. Punkte zur Gewissensentfaltung

- Innehalten und Stillwerden sind wichtige Voraussetzungen, um spüren zu lernen: Wo liegt die eigene Freiheit und die eigene Verantwortung? Dies ist zunächst eine Selbstbesinnung, aber auch eine Rückbesinnung auf das, was war.

- Es ist wichtig, bei einer Situation oder Sache genau hinzuschauen. Gerade dann schauen wir gerne weg, schotten uns sogar ab, wo es schmerzt, wo wir uns keine Zeit nehmen und wo wir anderweitig zu sehr beschäftigt sind bzw. wo vielleicht Sinn-Barrieren vorhanden sind. Vom Erzieher fordert Gewissenserziehung die Grundhaltung der phänomenologischen Wahrnehmung des vorurteilslosen Schauens auf das Kind, aber nicht nur seiner Oberfläche, sondern auch seiner Tiefe. „Phänomenologisches Verstehen lernen heißt, hinter die äußere, ‚objektive' Wirklichkeit (oft: Fassade, Schein-Wirklichkeit, Lebenslüge) auf die ‚subjektive' Wirklichkeit und weiters somit auf den *Grund der Person* sehen lernen [...] Der pädagogische Prozeß soll in diesem Schritt helfen, das *Wahrnehmen zu verfeinern*, indem angeleitet wird, *vom* einseitig punktuellen *Sehen* zum horizonterweiternden *Schauen*, vom akustischen *Hören* zum die feineren Zwischentöne wahrnehmenden *Horchen*, vom *Kennenlernen* einer Sache zum *Erkennen* eines Gegenstandes, vom *neugierigen Aufnehmen* einer Sensation zum staunenden Hingegebensein an eine selbstgesetzte Aufgabe oder an anderes menschliches Sein in der Begegnung gelangen zu können" (Amann 1992, S. 214 ff.).

- Die positive Wahrnehmung sollte verfeinert werden: Wichtig ist, nicht nur mit dem „schlechten Gewissen" zu arbeiten, sondern dem „guten Gewissen" einen viel breiteren Raum zu geben, da Werterfahrung zu weiterer Werterfahrung verhilft.

- Welches sind Dinge, von denen wir sagen können, sie berühren uns, sie sprechen uns an? Nicht nur, *was* wir erleben ist bedeutungsvoll, sondern wesentlich wird, *wie* wir etwas erleben. Fällt es uns schwer, zu dem zu stehen, was wir als gut empfinden? Oft lassen wir uns unhinterfragt Dinge aufzwingen, hinter denen wir nicht wirklich stehen können. Dabei kann es sein, daß wir dies zunächst gar nicht bemerken. Wir machen eher das, was „man" so tut. Wo liegt unsere Freiheit vor dem Hintergrund unserer Verantwortung?

- Daraus folgt: Manchmal ist Alleinsein notwendig, um allein stehen zu lernen. Halten wir dies aus? Auch im Sinne des Stehens zur eigenen Meinung? Dabei sind wir ganz allein auf uns gestellt, können aber vielleicht besser auf uns hören.

- Was ist das, was uns angeht? Geht es uns *unbedingt* an? Kann dies von jemand anderem übernommen werden? Die Beantwortung dieser Frage ist wichtig, damit keine unverantwortete Verantwortlichkeit, keine Überverantwortlichkeit gegenüber Anfragen von außen entsteht, sondern das eigene Werterkennen gelernt wird.

- Auch *Vorbilder* können zu Leitbildern werden, andererseits sich aber auch vor eigene Möglichkeiten stellen und damit unsere Sicht verstellen. Kritisch nachzudenken wäre freilich, aus welchem Grund wir jemanden zum Vorbild nehmen. Verkörpert das Vorbild wirklich das, was wir tatsächlich wollen?
  Dabei ist es außerdem wichtig, daß wir uns nicht an die Vorbilder hängen, sondern diese zu übersteigen versuchen, indem wir das, was uns wertvoll erscheint, in uns aufnehmen und in der uns gemäßen Art und Weise umsetzen.

- Offen zu sein, was andere Menschen uns über uns mitteilen. Wo haben wir gespürt, daß wir in unserem innersten Kern in unserer Potentialität erkannt worden sind? Wer hat in uns etwas (vielleicht bis dahin Unbekanntes) zum Klingen gebracht? Sind wir darüber hinweggegangen oder haben wir etwas daraus gemacht?
  (vgl. G. Funke, persönliche Mitschrift vom 20.3.93).

- Gewissenserziehung heißt nicht, Kindern von außen Normen überzustülpen, sondern zu versuchen, den Werten der zu Erziehenden sich verstehend anzunähern. Dazu sind Zeit und Raum notwendig. Daraus können Begegnung und schließlich Beziehung erwachsen.

- Gewissenserziehung kann nicht über Verhaltenstechniken trainiert werden, sondern nur über das „*Erleben* und *Erfahren* des eigenen *Verantwortlichsein-Könnens*“ (Amann 1992, S. 212) lebendig werden, indem Erzieher den Heranwachsenden dabei helfen, die Anfragen des Lebens zu entschlüsseln und bei den Antworten beratend und stützend zu helfen. „Wenn der Erzieher die existentiellen Lebensfragen des zu Erziehenden besser verstehen kann als dieser, dann kann sich der zu Erziehende besser verstanden fühlen, als er sich selbst verstehen kann. Somit kann er seine Beziehung zu seinem Erzieher vertiefen: er kann sich diesem *öffnen* und *an-vertrauen*“ (Amann 1992, S. 213).

- Das Kind muß in seiner Person unantastbar bleiben, denn der Erzieher kann nicht mit Sicherheit wissen, was im Kind steckt, er kennt auch nicht im vorhinein die Beweggründe des Handelns, die offenen Fragen oder „Sinn-Barrieren“ wie Angst oder Aggression.
  Daher kann er allein von sich aus keine Lösungen für das Kind finden (vgl. Amann 1992, S. 213 f.).

- Gewissenserziehung kann daher nur im Dialog geschehen, im Anfragen der Erzieher und im Antworten des zu Erziehenden, im Austausch der gegenseitigen Weltsicht.

- Ist eine Entscheidung gefallen, so ist sie vom Erzieher zu respektieren, um Raum für den Sinn zu schaffen, der sich daraus ergibt. In diesem Akt des Sich-selbst-Überflüssigmachens entläßt der Erzieher Kinder und Jugendliche in die Mündigkeit.
  „Die *pädagogische Beziehung* als Erziehung hebt sich selbst auf, um Platz zu schaffen für neue Beziehungen, die das ‚Leben‘ bereit hält“ (Amann 1992, S. 217).

- Oser geht nach Schulz davon aus, daß sich Lernprozesse auf drei Ebenen abspielen: auf der kognitiven, der pragmatischen und der emotionalen Ebene und überträgt dies auf die Gewissensbildung. Im kognitiven Bereich muß aus Information (Oser verwendet den Ausdruck Kenntnis) über den Zwischenschritt Erkenntnis Überzeugung werden, in der pragmatischen Ebene aus der Fähigkeit zunächst Fertigkeit und schließlich Gewohnheit und in der emotionalen Dimension zuerst Anziehung (bei Oser Anmutung), dann Erlebnis und letztlich Gesinnung.

Tabellarisch zusammengefaßt sehen die drei Dimensionen folgendermaßen aus:

Qualitätsstufe	kognitive D.	pragmatische D.	emotionale D.
Anbahnung	Information	Fähigkeit	Anziehung
Entfaltung	Erkenntnis	Fertigkeit	Erlebnis
Gestaltung	Überzeugung	Gewohnheit	Gesinnung

(Oser 1976, S. 147)

- Da – besonders in der Schule – der kognitive Bereich stark überbetont wird – und dies meist auch im Bereich der Gewissenserziehung –, soll hier eingedenk von Pestalozzis Forderung nach gleichmäßiger Berücksichtigung von „Kopf, Herz und Hand" besonders die große Bedeutung des emotionalen Bereichs angesprochen werden.
  So kann ein Mensch sein Gewissen nur dann entwickeln, wenn er angenommen wurde und wenn er vertrauen gelernt hat. Vertrauen setzt bis zu einem gewissen Grade erworbenes Urvertrauen voraus.
  Im weiteren ist es wichtig, daß eine harmonische Beziehung zu den Bezugspersonen gegeben ist, die das Kind durch sein Tun nicht gefährden möchte. Hier liegt ein wichtiger Ausgangspunkt für Gewissen vor, der allerdings auch mißbraucht werden kann im Sinne einer Erziehung zur Anpassung.
  Gewissensbildung verläuft also weitgehend auf der emotionalen Ebene, genauso wie die Erfassung des Gewissens hauptsächlich intuitiv erfolgt. Das, was über den Verstand aufgenommen wird, schlägt niemals so tiefe Wurzeln wie das, was in der Emotion verwurzelt wird. Gemüt und Gewissen liegen ganz nah beieinander und sind aufeinander bezogen, auch deswegen, weil „das Gemüt der Begegnungsort mit der erlebten Vergangenheit, also ein Ort der Bindung" ist (Oser 1976, S. 172). Emotionales Lernen bedeutet in diesem Zusammenhang, Gemütstiefe und Warmherzigkeit zu fördern. Ein Lernen, das zur Verhaltensänderung führen soll, setzt emotionale Beteiligung voraus. Sich auf sein Gewissen verlassen zu lernen, heißt, sein Urvertrauen freilegen.

- Eine wesentliche Vorbedingung zur Entstehung des Gewissens „ist eine normale emotionale Beziehung des Kindes zu seinen Eltern" (Fend zit. nach Oser, S. 179). Fend führt noch genauer aus, was er damit meint:
  - Mütter, die Annäherungen ihres Kindes liebevoll beantworten;
  - Mütter, die „liebesorientierte Techniken der Disziplinierung" anwenden; Lob ist daher wirksamer als materielle Belohnung oder Bestrafung;
  - Mütter, die mit ihren Kindern in Zusammenhang mit der Disziplinierung dies diskutierend begründen (Fend zit. nach Oser, S. 179).

  Umgekehrt hängt ein schwaches Gewissen zusammen mit
  - einer emotionalen Unabhängigkeit, bei der man sich nichts aus den Ansichten und Einstellungen anderer Leute macht;
  - vorwiegend an materieller Belohnung oder Bestrafung orientierten Kindern;
  - geringer Reflexion über Wert und Sinn von Regeln (Fend zit. nach Oser, S. 179 f.).

- Da Gewissensentscheidungen wesentlich auf der Basis der Intuition erfolgen, ist es wichtig, diese zu verfeinern. Dies kann geschehen über:
  - *Selbsterfahrerische Übungen in Gruppen.* Hier wird der eigene persönliche Anspruch den Ansprüchen der anderen gegenübergestellt.
  - *Betonung der Emotion.* Einerseits ist das Schaffen von Erlebnissen ganz wichtig, andererseits aber auch die Aktivierung durch Musik und Tanz, Rollenspiele, Theater und Bildnerisches Gestalten, Meditation, kurz gesagt: des kreativen Tuns.
  - *Eigene Mitbestimmung.* Denn dies garantiert, daß eigene Interessen eingebracht werden können. Eigene Bedürfnisse werden damit allgemeinen Normen gegenübergestellt.
  - *Allgemeine Sensibilisierung.* Diese kann durch Steigerung der Kooperationsfähigkeit oder der Solidaritätsbereitschaft genauso wie über bitten und staunen lernen erweitert werden (vgl. Oser 1976, S. 297).

- Daneben gibt es noch die Möglichkeit, auf einer höheren Altersstufe Gewissensbildung zu verfeinern über sogenannte Dilemmageschichten, die dadurch gekennzeichnet sind, daß es keine Lösung gibt, bei der nicht allgemeine Normen überschritten werden und bei der immer Wertbereiche hintangestellt werden müssen. Kohlberg stellte seine Sechs-Stufen-Theorie zur Moralentwicklung ja auf der Grundlage der Aussagen von Kindern und Jugendlichen zu vorgegebenen Fallgeschichten auf.

- In jeder Gewissensentscheidung bleibt ein letzter unbegründbarer Rest, eine Irrationalität, die nur mit Vertrauen überbrückt werden kann.
  „Das Herz hat Gründe, die der Verstand nicht kennt."
  „Das Gefühl kann viel feinfühliger sein als der Verstand scharfsinnig." (Frankl 1986, S. 70).
  Gewissenserziehung läuft letztlich auf eine wertorientierte Erziehung hinaus oder „Liebe und tu, was du willst" sagte schon Augustinus.

XVI. Von der Wertwahrnehmung zur Wertverwirklichung

> Wert ist das, was mich angeht.
>
> *Rudolf Allers*

1. Grundsätzliches

„Mehr denn je ist Erziehung – Erziehung zur Verantwortung. Und verantwortlich sein heißt, selektiv sein, wählerisch sein. Wir leben in einer affluent society, werden ‚reizüberflutet' von den mass media, und wir leben im Zeitalter der Pille. Wollen wir nicht in der Flut all dieser Reize, in einer totalen Promiskuität untergehen, dann müssen wir entscheiden lernen, was wesentlich ist und was nicht, was Sinn hat und was nicht, was sich verantworten läßt und was nicht" (Frankl 1990, S. 22).
Die Tradition der Werte als etwas Tragendes ist verlorengegangen. Wertepluralismus und Wertewandel sind die Schlagworte von heute. Informations- und Reizüberflutung tun ein übriges, um Wertwahrnehmung zu erschweren.
Wie ist Werterfahrung möglich? Mit Sicherheit nicht, indem Werte gelehrt, praktisch vermittelt, verschrieben oder gar aufgedrängt werden. Da Moralisieren Manipulieren ist, wird dies meist abgelehnt. Wer will schon manipuliert werden?
Mit dem Wertverschreiben ist eine Erwartungshaltung von seiten des Erziehers verbunden, die der vorkopernikanischen Wunschhaltung entspricht, und daher nur zu Enttäuschungen und Frustrationen führt, wenn der Erwartung bzw. dem Wunsch nicht entsprochen wird.
In der Antworthaltung, der existentiellen Grundhaltung, werden Werte vom anderen aufgezeigt und man antwortet darauf. Dies wird zum Ausgangspunkt für ein gemeinsames Gespräch. Voraussetzung dafür ist jedoch, daß man das Sosein des anderen, also die Person des anderen, akzeptiert. Daraus wiederum kann Liebe erwachsen. Wertvorgaben haben noch einen anderen Effekt: Sie halten die Heranwachsenden in Abhängigkeit und stellen sich dem eigenständigen Wertfühlen und schließlich dem Werterwerb entgegen. Das ist Erziehung zur Anpassung, oft an unhinterfragte Normen. „Wenn aber der Prozeß der *Vermittlung nicht argumenta-*

tiv und *dialogisch* ist, wendet er sich nicht an die kritische Vernunft des Heranwachsenden, umgeht sie geradezu. Die Einsicht in Wahres, die Anerkennung von Werten und Geltungsansprüchen kann aber von keiner anderen *Instanz* als *der Vernunft* des jungen Menschen selbst besorgt werden" (Amann 1992, S. 184). Das heißt: Gerade Werterziehung muß Erziehung im Dialog sein.
Dennoch können Werte nur selbst erfahren und gelebt werden.
Wir können kein Kind theoretisch zum Wert erziehen. Werte werden nur anziehend, wenn sie erlebt werden können, denn nur sie werden zum Schlüssel der Werterfahrung.
Kinder, die erfahren, daß ihre Erzieher selbst wertbezogen leben, also eine lebendige Beziehung zu ihren eigenen Werten haben, werden damit in ihrem Wertbezug ebenfalls gefördert. Dies gilt auch dann, wenn wir ihnen unsere Werte entgegensetzen, weil es dann zu einem lebendigen Austausch kommen kann. Andernfalls, wenn wir ständig unsere Werte zugunsten der Kinder zurückstellen und uns immer ganz auf sie einstellen, werden sie verweichlicht und verwöhnt.
Langeweile ist jedoch nicht nur ein Zeichen unterdrückter Triebe oder die Manifestation einer machtvollen Abwehr gegen das Erleben von Gefühlen, wie Wurmser (1990, S. 308) meint, sondern Langeweile ist jene Gestimmtheit, in der keinerlei Werte oder vielleicht auch zuviel Werte sichtbar werden. „Das ist doch langweilig" antworten Kinder, wenn Außenstehende sie auf diese oder jene Beschäftigungsmöglichkeit aufmerksam machen, und meinen damit, daß sie dies momentan nicht anzieht. Langeweile hat auch mit einem selbst zu tun. Ein chinesisches Sprichwort sagt: „Man langweilt sich nur so sehr, wie man selbst langweilig ist."
Langeweile wird in dem Moment überwunden, in dem eine persönlich sinnvolle Tätigkeit in Angriff genommen wird. Aber aus einer Wertevielfalt kann sich Demotivation ergeben. Wer alles gleich bewertet, entwertet die Werte und sich selbst.
Werte können angeboten und vom Gegenüber angenommen werden, nachdem sie in freier Stellungnahme für gut befunden worden sind. Werterziehung muß daher die Freiheit der Stellungnahme miteinbeziehen, denn nur sie ermöglicht dem Edukanden den Vergleich zwischen dem, was sein sollte, und dem, was für ihn – vor dem Hintergrund seiner Verantwortung – gut ist. „Daraus folgt, daß Rückbesinnung auf Sinn und Werte nicht von Selbstbesinnung auf Freiheit und Verantwortlichkeit *analytisch abtrennbar* ist" (Amann 1992, S. 164). Indem der Mensch wertend Stellung bezieht, ordnet er die vorgegebene „Werte-Welt" und nimmt Beziehung

zur Welt auf. Wer wertbezogen leben kann, wird frei, gleichzeitig aber auch mündig und damit verantwortlich. Manchmal führen Wertentscheidungen in die Einsamkeit, wenn einem Dinge wichtig sind, die es für andere nicht sind. Aber letztlich ist ja jede Wertentscheidung ein einsames Geschehen, da sie ganz auf die Person und die Situation bezogen erfolgen soll.
Schließlich kann sich eine Kluft auftun zwischen dem, was wir als werterfülltes Handeln ansehen, und dem, wie wir tatsächlich handeln, vielleicht pragmatisch, am Angenehmen orientiert, den bequemen Weg gehend. Ein solches Handeln kränkt unseren Selbstwert und verringert ihn auf längere Sicht.
Manchmal ist auch sehr viel Mut nötig, um zu den eigenen Werten stehen zu können. Dies läßt sich auch mit Zivilcourage umschreiben. Bei Leuten mit großer Zivilcourage finden wir oft ein Elternhaus, in dem eine lebendige Auseinandersetzung mit Werten möglich war. Demgegenüber ist der Autoritätsgehorsam in diesem Zusammenhang ein gefährlicher Gegenspieler, speziell dann, wenn Anordnungen nicht dahingehend hinterfragt werden, ob sie für einen selbst tatsächlich wertvoll sind. Wer sich jedoch Autoritäten unhinterfragt unterwirft, kann seinen Selbstwert nicht auf- oder ausbauen.

Wichtige Punkte bei der Wertklärung

Von Erziehung soll in diesem Zusammenhang keine Rede sein, denn es handelt sich dabei nicht mehr um ein Erziehen im üblichen Sinn. Dazu kommt, daß die Frage der Wertklärung ein sehr persönlicher und auch lebenslanger Vorgang ist.

- Zunächst müßte es darum gehen, die Wertwahrnehmung zu schulen und schließlich zu verfeinern. Das bedeutet zunächst, eigene Gefühle wahrnehmen zu lernen und ihnen nachspüren zu können. Gefühle bilden selbstverständlich noch keinen Grund, aber sie können auf ihn verweisen. Daher genügt es nicht, Gefühle nur aufzugreifen, zu verbalisieren oder auszuagieren. Gefühlen muß auf den Grund gegangen und dazu muß Stellung bezogen werden.
  Wenn jemand traurig ist, wird es ihm wenig helfen, nur diese seine Traurigkeit auszudrücken. Vielmehr wird es notwendig sein, den Grund des Traurigseins freizulegen und im Stellungnehmen Position

dazu zu beziehen. Wenn das Traurigsein aus einem Verlust erwächst, so wird sich die Frage stellen, wie damit umgegangen werden kann. Denn Trauer ist nichts anderes als die Wertpflege eines schmerzlichen Verlusts, währenddessen Verzweiflung aus der Vergötzung eines verlorenen Wertes erwächst.
Wenn das Traurigsein von einem unbewältigten Konflikt herrührt, kann gefragt werden: Worin besteht der Grund des Traurigseins? Welche Stellung kann dazu bezogen bzw. welche Handlung in der Folge gesetzt werden, damit wir besser damit umgehen können?
Die Beschäftigung mit sich selbst müßte verstanden werden als ein wertendes Stellungnehmen. Wer eigenen Gefühlen gegenüber sensibel und aufgeschlossen ist, wird dies auch den Gefühlen anderer Personen gegenüber sein. Hier setzt der Lernprozeß des Sich-Einfühlens in andere Menschen ein, der viel Nahrung und Lebendigkeit aus dem eigenen Hintergrund entnehmen kann.

- Trotzdem ist es wichtig, nicht nur bei den eigenen Gefühlen zu bleiben, sich nicht nur mit sich selbst zu beschäftigen. Es ist nicht nur wesentlich, wie es einem selbst geht, sondern auch, worin die Anfrage an mich besteht. Was ist zu tun?

- In der Wertwahrnehmung sicher zu werden, erlaubt es einem auch, den selbst erspürten Werten zu trauen. Sie bilden Inseln auf dem Boden der allgemeinen (Lebens-)Unsicherheit. Wer diesen Inseln Tragfähigkeit zuerkennen, d. h. seiner Intuition vertrauen kann, kann sich auf sie stellen und sich in Bewegung setzen zu anderen Inseln, d. h. andere Werte erspüren und umsetzen. Er wird allmählich lernen, der Richtigkeit seines Wertfühlens und wertbezogenen Handelns immer mehr zu vertrauen. Damit kann er leichteren Herzens andere, nicht verwirklichbare Werte zurücklassen. Trotzdem müssen vorher – soweit als möglich – die Tragweite und die Konsequenz einer Wahl sorgfältig überlegt werden.

- Damit lernt der Mensch, sich auf eine Sache ganz einzulassen, eine Entscheidung zu treffen und sich nicht von der Vielfalt der Möglichkeit zerreißen zu lassen, weil man zu viele Dinge gleichzeitig macht, die man daher nur halb machen kann. Machen wir nicht tatsächlich sehr viele Dinge, die uns nicht wirklich wichtig sind?
  Sich ganz *einer* Sache zu widmen setzt voraus, daß von dieser *einen*

Sache geglaubt wird, sie wäre die richtige. Diese Fähigkeit setzt jedoch auch voraus, daß einem die eigene Begrenztheit bewußt wird. Indem man sich die eigene Endlichkeit vor Augen hält, entsteht die Notwendigkeit, sich für das Wesentliche zu entscheiden und eine Werthierarchie aufzustellen. „Mensch werde wesentlich" hat schon Nietzsche gesagt. Sonst ist die Versuchung groß, sich immer gerade jenen Dingen zuzuwenden, die sich am stärksten aufdrängen.
Andererseits können wir auch darauf vertrauen, daß in dem einen wesentlichen Wert, für dessen Umsetzung man sich entschieden hat, auch die anderen (nun nicht mehr verwirklichbaren) Werte aufgehoben sind.

- Die Entdeckung der Langsamkeit (Sten Nadolny) hat daher ebenfalls einen wichtigen Stellenwert in der Wertpflege. Nur wer sich wirklich intensiv *einer* Sache widmet, kann in die Tiefe gehen, kann sie ausschöpfen und sich ausschöpfen, sich ganz einbringen in diese Sache. Im hektischen möglichst viel Tun können wir den Kostbarkeitscharakter der Werte (Guardini) nicht mehr erfassen und schon gar nicht mehr erfühlen. Deshalb ist es wichtig, in die Ruhehaltung zu kommen, in der Schöpferische Werte reflektiert und an Erlebniswerten Freude und Kraft getankt werden können.
  Wobei es mir nicht darum geht, Langsamkeit gegen Spontaneität auszuspielen. Nicht das eine oder andere ist an sich gut, sondern es kommt wie bei allem darauf an, wie das Wesen einer Person diese beiden Eigenschaften durchtönt.
  Dieses beinahe bedingungslose Aufgehen in einer Sache kann aber auch Angst machen.

- Das Wesentliche muß nicht notwendigerweise das sein, wovon man profitiert. Wenn man eine Sache hauptsächlich danach beurteilt, ob sie einem etwas einbringt oder nützt, schafft man eine Distanz zwischen der Sache und sich und kann nicht wirklich bei der Sache sein. Daher gehört neben dem Vertrauen auch *Mut* dazu, einen Weg zu gehen, bei dem man nicht nur nicht mit Erfolg oder Macht oder Geld rechnen kann, sondern bei dem man sich auch in die Ungewißheit begibt.
  Wenn sich alle Menschen von der Unsicherheit einer Unternehmung von dem als richtig Erkannten abhalten ließen, gäbe es keine Mutter Teresa, keinen Urwaldarzt Dr. Albert Schweitzer und keine Marie Curie.

Wir müssen uns also neben Zeit und Raum auch Mut und Vertrauen nehmen für das, was uns richtig und wichtig erscheint.

- Auch das Raumnehmen wird zu einer wichtigen Vorbedingung des Wertens und der Wertwahrnehmung. Wer nicht gelernt hat, sich diesen Raum der Eigenständigkeit auch zu nehmen bzw. zu schaffen, wird zwar vielleicht noch die ihm wichtigen Werte erkennen, aber wie in einer Zwangsjacke zur Handlungsuntätigkeit verbannt sein.
  Dazu gehört auch das nicht tatenlose Hinnehmen von Vorbedingungen, das Wehren gegenüber Ungerechtigkeiten.
  Dabei ist jedoch sehr genau zu differenzieren, ob es einem nur um die Erfüllung eigener Wünsche geht oder ob echte Werte dahinterstecken. Ist etwas nur deswegen interessant, weil es eigenen Wünschen entgegenkommt, oder liegt nicht etwa der Wert auch in der Sache selbst?

- Schließlich führt der Wille zum Wert durch das Nadelöhr der Entscheidung, aus der heraus einem Kraft für das Beschreiten des Weges zufließt. Entscheidungen fällen ist oft nicht leicht, da man sich dabei viele andere mögliche und gangbare Wege vorenthalten muß. Unentschiedensein kostet jedoch viel Kraft und kann Hektik verursachen. Es ist wie ein Leben mit angezogener Handbremse. In der Entscheidung wird der Motor angeworfen und die Handbremse gelöst. Die Erleichterung rührt auch daher, daß in der tatsächlichen Verwirklichung eines Wertes die anderen in ihm aufgehoben sind.
  Entscheidungen sollten immer in Hinblick auf die eigene Verantwortung sich selbst und anderen gegenüber getroffen werden und nicht in Hinblick auf angenehm oder unangenehm.
  Es sollte auch nicht so sein, daß man erst im Handeln merkt, welche Konsequenz die Entscheidung hat. Steht man dann genauso für sich ein, wenn es unangenehm ist, oder schiebt man unangenehme Entscheidungen häufig auf? Verliert man bei auftauchenden Problemen und Schwierigkeiten leicht den Kopf? Ist man bereit, diese auf sich zu nehmen?

- Handeln, das sich aus dem vollen inneren Einverständnis ergibt, erhält daraus Schwung. Wenn wir mit unserer Wahl einverstanden sind, sind wir auch bereit, für Werte offen einzustehen bzw. für sie zu kämpfen. Das ist das, woraus Engagement erwächst.

Um sich ganz einer Sache widmen zu können, ist Beziehungsaufnahme zum Wert wesentlich. Daraus entsteht eine innere Beteiligung, die offen macht für neue Erfahrungen. „Je mehr der Heranwachsende sich der Welt zuwendet, desto mehr erfährt er von ihr [...] Er merkt, wie mannigfaltig, reich und interessant die Welt ist [...] Wenn der Heranwachsende sich immer wieder mit innerer Beteiligung auf etwas einläßt, so übt er dadurch eine Lebensweise ein, die ihm als sinnausgerichtetem Wesen entspricht" (Wicki 1991, S. 281).
Aus eigenem Entschluß wendet er eigene Kraft auf und widmet sich einer Sache. In dieser Widmung kann er den Wert, der in den Dingen liegt, erfahren und festigen. Er wird offen für die Anforderungen, die aus der Welt kommen und übt sich in der Antworthaltung ein. Er erfährt, daß „es Erlebnisgehalte gibt, die länger anhalten und von denen man im Leben gehalten wird" (Wicki 1991, S. 282). Und er erfährt mehr von sich selbst und lernt sich selbst besser kennen, indem er spürt, was ihn erfüllt und was nicht.
Es ist daher sehr wichtig, sich in Bewegung zu setzen, denn nur ein erfahrener, nicht ein gewußter Wert ist ein Wert. Sich in eine gewollte Richtung fortzubewegen ist wichtiger, als das Ziel zu erreichen. Konfuzius hat einmal gesagt, daß Ideen in die Tat umgesetzt werden müssen, wenn sie von Wert sein sollen.

- Durch *Wiederholen* der Handlung eignet sich der Mensch den ausgewählten Wert wirklich an, tritt der Wert in sein Leben und gewinnt dort an Bedeutung. Er wird zur Gesinnung.

2. Konsequenzen für die Schule

Untersuchungen von Kohlberg zur Moralentwicklung legen nahe, „daß Kinder, die sich einige Jahre lang nicht weiterentwickelt haben, mit größerer Wahrscheinlichkeit auf der Stufe stehenbleiben, auf der ihre Entwicklung unterbrochen worden ist" (Kohlberg und Turiel in: Portele 1978, S. 58). Das Ziel muß demnach darin bestehen, nicht auf einer Entwicklungsstufe stehen zu bleiben, sondern fördernde Maßnahmen zu setzen, um die nächste Stufe der Moralentwicklung erklimmen zu können. Vorausgeschickt werden muß allerdings, daß eine solche Entwicklung nicht durch direkte Belehrung und Unterweisung stimuliert werden kann.

Ein entsprechender Unterricht kann nur in einem offenen Diskussionsprozeß durchgeführt werden.

Kohlberg faßt die wesentlichen Punkte zusammen:

- Der Hauptfehler einer direkten Belehrung besteht darin, daß das „richtige Verhalten“ vom Erzieher bzw. dem „Experten“ festgelegt wird. Dies knüpft an ein vorher dargelegtes Postulat an, demzufolge Werte nicht verordnet und verschrieben werden können.

- Die erste Aufgabe des Lehrers besteht darin zu verstehen, was vom Standpunkt des Kindes aus an einem bestimmten Verhalten gut oder schlecht ist. Hier setzt Kohlberg einen Schwerpunkt bei dem, was an anderer Stelle unter der phänomenologischen Betrachtungsweise subsumiert wurde, nämlich das vorurteilsfreie und verstehende Schauen.

- Die Kluft zwischen Urteil und Handeln ist „oft Ausdruck eines kognitiven Konflikts, der zur Förderung der Entwicklung beitragen könnte“ (Kohlberg und Turiel in: Portele 1978, S. 75 f.). Das würde bedeuten, daß jeder Konflikt – ob gelöst oder ungelöst – eine wichtige Chance zur Weiterentwicklung darstellt.
  Eine Übereinstimmung zwischen Denken und Handeln sei leichter zu erreichen, wenn es darum ginge, positive anstatt negative Handlungen zu begründen, da letztere meist Rechtfertigungen nach sich ziehen (a. a. O. S. 78), was der Wertentwicklung entgegensteht.
  Aber Wertklärung und Moralentwicklung können nicht weiter vorangetrieben werden, ohne daß im Umfeld der Erziehung insgesamt eine gute Atmosphäre herrscht.

Das Stufenmodell von Kohlberg stellt eine Weiterentwicklung der Vorstellungen von Piaget dar und umfaßt drei Ebenen zu je zwei Stufen und eine vormoralische Stufe O:

I. Stufe O
vormoralische Stufe

II. Vorkonventionelle Phase
1. Stufe: Man muß die Regeln befolgen, um Bestrafung zu vermeiden.
2. Stufe: Man muß sich nach den Regeln der anderen richten (= konform

sein), um belohnt zu werden und um Gefälligkeiten, die man anderen erweist, erwidert zu bekommen usw.

III. Konventionelle Phase

3. Stufe: Man orientiert sich an anderen (= konform sein), um Mißachtung von anderen zu vermeiden und ihre Zuneigung zu erwerben.

4. Stufe: Man ist konform, um die Zurechtweisung durch legitime Autoritäten und die daraus resultierende Schuld zu vermeiden.

IV. Postkonventionelle, autonome und prinzipiengeleitete Phase

5. Stufe: Man ist konform, um den Respekt eines unparteiischen Zuschauers zu erlangen, der im Sinne der allgemeinen Wohlfahrt urteilt.

6. Stufe: Man ist konform, um die Selbstanklage (self-condemnation) zu vermeiden.

7. Stufe: Man orientiert sich am Glauben und einem universellen Bewußtsein (Kärn in: Portele 1978, S. 83).

Kohlbergs Stufenmodell mag eine erste Orientierung für Erzieher und Lehrer sein, bleibt jedoch in der praktischen Bedeutung beschränkt.
Was wird überhaupt auf den einzelnen Stufen beurteilt? Die Denkweisen oder die Handlung? Und ist Entwicklung nur in einer fortschreitenden linearen Struktur denkbar, sozusagen im Fortschreiten von Stufe zu Stufe? Können nicht auch Stufen übersprungen werden und Rückfälle auf niederere Stufen möglich sein? Und ist nicht überhaupt eine zyklische Entwicklung denkbar? Gelten die Untersuchungen auch für Mädchen? Was meint er mit dem Begriff „konform“? Steht Konformität nicht letztlich im Widerspruch zu einer fortgeschrittenen Wert- und Moralentwicklung?
Die Ideen Kohlbergs führten im Jahre 1974/75 zur Gründung der „Gerechten Schul-Kooperative“ in Cambridge, zur sogenannten „Cluster School“, einer Schule mit folgenden Grundsätzen:

a) Die Leitung der Schule beruht auf direkter Demokratie, bei der Lehrer und Schüler gleichberechtigt sind.

b) Die Leitung soll Problemlösungen auf der Grundlage von Fairneß- und Moral-Gesichtspunkten erarbeiten.

c) Das Curriculum der Schule beinhaltet entwicklungsfördernde Moraldiskussionen. Ein Schwerpunkt liegt auf dem grundlegenden Verständnis der Ideen von Demokratie und Gerechtigkeit (Kohlberg et al. in: Portele 1978, S. 215 f.).

Demzufolge bilden Demokratie und Gerechtigkeit die beiden Grundpfeiler der Schule. Eine fördernde Wert- und Moralentwicklung scheint ohne demokratische Strukturen nicht denkbar zu sein.
Folgende methodische Schwerpunkte wurden an der Versuchsschule entwickelt:

- *Rollen-Empathie* (= sich in andere einfühlen zu können) fördert die moralische Entwicklung ebenso wie die
- *Orientierung an Fairneß* und
- *Entscheidungen, die jeweils unter moralischem Aspekt* betrachtet und diskutiert werden. Dazu kommt die
- *Konfrontation mit kognitiv-moralischen Konflikten* in Dilemmageschichten, die
- *Konfrontation mit der jeweils nächsthöheren Stufe* der Moralentwicklung und
- *Gelegenheiten zum Rollenwechsel* (das heißt, sich in andere Personen einfühlen zu können) und schließlich die
- *aktive Beteiligung und das Interesse an Moraldebatten* und *-entscheidungen der Gruppe* (a. a. O. S. 233).

3. Möglichkeiten praktischen Vorgehens

Von Gabriele Harecker wurden für eine Grundschule (1. - 4. Schulstufen) folgende methodische Vorgehensweisen entwickelt:

- Das Rollenspiel
  Dieses kann die Sensibilität der Kinder für eigenes und fremdes Denken und Handeln fördern. Die Handlung muß allerdings klar überschaubar sein, die wesentlichen Elemente müssen eindeutig zutage treten. Günstig ist es, wenn Rollenspiele so in das Unterrichtsgeschehen eingebaut werden, daß über einen längeren Zeitraum jeder Schüler mehrmals die Möglichkeit hat, verschiedene Rollen zu übernehmen. Sie sollten daher höchstens 15 Minuten dauern. Die anschlie-

ßende wertklärende Diskussion ist ebenfalls wichtig (vgl. Harecker 1991, S. 30 ff.).
Eine Erweiterung des Rollenspiels besteht darin, Schülern die Möglichkeit zu geben, das Spiel an einem bestimmten Punkt zu stoppen und den einen oder anderen Spieler abzulösen, indem sie dessen Rolle übernehmen. So können sie andere Vorstellungen von einer bestimmten Konfliktlösung entwickeln, darlegen und ausprobieren.

- Die Dilemmageschichte
  Sie hat den Nachteil bzw. Vorteil, daß es keine eindeutige Lösung gibt, die zur Zufriedenheit aller Beteiligten ausfällt. Meist ist es eine „Zwickmühle zwischen zwei Wertorientierungen" (Harecker 1991, S. 33).
  Daher kann sie Anlaß für eine angeregte Diskussion sein. Noch bereichernder ist es, wenn von den Schülern tatsächlich erlebte, reale Situationen in einer solchen Diskussion aufgegriffen werden können.

- Der Wertbogen
  Er besteht aus einer Reihe von provozierenden Fragen, z. B. zu den Themen Geld, Krieg und Frieden, Arbeitslosigkeit, Freundschaft, Freizeit, Arbeit, Familie u.ä. Ziel ist die eigene Wertklärung.
  Die Schüler füllen ihn für sich allein aus und setzen sich dabei mit den Fragen auseinander.
  Der Wertbogen kann als Motivation in den verschiedensten Fächern eingesetzt werden.

- Die Ideen-Blätter
  Jede Woche erhält jeder Schüler ein Blatt, auf dem er einen für ihn wichtigen Gedanken niederschreibt. Diese notierten Gedanken kann der Lehrer hin und wieder anonym vorlesen, was meist direkt zur Wertklärung führt.

- Das öffentliche Interview
  Freiwillig meldet sich ein Kind, das sich vom Lehrer zu einem selbstgewählten Thema interviewen läßt. Der Schüler kann das Interview jederzeit abbrechen. Dies kann der Wertklärung dienen, dem sich Besser-Kennen-Lernen, der Konfliktlösung und der Entscheidungshilfe.
  Wichtig ist, daß Lehrer hierbei keine Ratschläge erteilen, sondern die Sicht der Schüler akzeptieren.

- Die Abstimmung
  Zur einen oder anderen Frage geben Schüler durch Handzeichen ihre Einstellung kund. Ziel ist, klärend denken zu lernen.

- Die Fünfminutenrede ohne Kommentar
  Ein Schüler erhält die Möglichkeit, der Klasse eine maximal fünf Minuten dauernde Erklärung abzugeben, in der er den anderen für ihn Wichtiges mitteilt. Diese Erklärung darf vom Lehrer nicht kommentiert oder gar zensuriert werden. Ziel ist die Stärkung der eigenen Werte in der freien Aussprache.

- Die unvollständigen Sätze
  Die Kinder beantworten schriftlich hin und wieder einen vom Lehrer vorgegebenen unvollständigen Satz, z. B.:
  Mein Rat an die Menschheit würde sein ...
  Menschen können meine Gefühle am meisten verletzen, indem ...
  Meine trübsinnigsten Tage sind ...
  Insgeheim wünsche ich ...
  (Harecker 1991, S. 64 ff.)

Zusammengefaßt läßt sich sagen: Aus einem wertorientierten Leben entsteht Sinn.
„*Sinn* ist nicht aus den Werten der Tradition, den ‚Sinn-Universalien', aber auch nicht im voraus zu ‚haben', er kann weder konserviert, noch im voraus sichergestellt werden, sondern *existentieller Sinn* ist eine *ursprüngliche Wahrnehmung* von ‚Welt'" (Amann 1992, S. 179).

XVII. Weitere Konsequenzen für die Schule

> Eine gute Theorie ist das Praktischste, was es gibt.
>
> *Dörfelt*

1. Grundsätzliches

Der eigentliche Auftrag der Schule besteht nicht nur in der Wissensvermittlung, sondern auch in einer umfassenden Menschenbildung. Die Demokratie lebt davon, daß Bürger selbständig denken, handeln und verantworten, d. h. ihrem Gewissen gemäß leben. Dort, wo hauptsächlich Wissen abgefragt wird, kann sich genau jene geforderte Selbständigkeit des Denkens *nicht* entwickeln, die so nötig gebraucht wird.
Erziehung bedeutet, einem anderen zu helfen, sich Rechenschaft über sein Handeln zu geben und nicht, ihn in eine Norm zu pressen bzw. noch weniger, ihn nach dieser Norm zu beurteilen, und damit seine Gewissensfreiheit in Frage zu stellen. Erziehung ist in diesem Sinn Hilfe zur Selbstentfaltung (vgl. Heitger 1992, S. II).
„Daher muß die Schule für das Kind der Ort sein, an dem es sein Selbstwertgefühl entwickeln und Vertrauen in seine eigenen Fähigkeiten aufbauen kann“ (Harecker 1991, S. 10).
Einer Untersuchung von Prof. Hannele Niemi in Finnland von 1987 zufolge, erwarteten die Schüler von der Schule wärmere und nähere menschliche Beziehungen, mehr Kommunikation, eine größere Betonung der Individualität, mehr Unterstützung und Ermutigung und mehr Kenntnisse, die eine größere Bedeutung für ihr persönliches Leben haben (Niemi in: Längle 1991, S. 64).
Frankls Anthropologie hat aber auch Konsequenzen für die Lehrer. Lehren ist nicht nur Wissensvermittlung, sondern Lehren heißt, von Person zu Person in einen Dialog zu kommen. Da - wie schon dargelegt - personales Lernen, das durch diesen Dialog möglich ist, den Schlüssel zur Motivation darstellt, kann dieses durch nichts ersetzt werden. Eine noch so ausgeklügelte Methodik und/oder Didaktik kann hier nicht ausgleichend wirken, wenn diese Grundlage fehlt. Deshalb kommt es wesentlich darauf an, nicht eine Didaktik und/oder Methodik ohne Kinder zu entwickeln.

Welche Voraussetzungen sollten Lehrer daher erfüllen?
Neben den bereits in Teil D, Kap. V. allgemein dargelegten wesentlichen Eigenschaften der Erzieher, ist für Lehrer insbesondere noch wichtig:

- Der Lehrer muß real und kongruent sein. „Er akzeptiert seine eigenen Gefühle und muß sie gerade deswegen seinen Schülern nicht aufzwingen" (Oser 1976, S. 305).
- Er fahndet auch nach seinen eigenen Werten.
- Der Lehrer soll Schüler um ihrer selbst willen verstehen und akzeptieren. Er soll sich in Gefühle wie Angst, Aggression und Enttäuschung einfühlen können und damit Schüler ernst nehmen.
- Der Lehrer kann und soll auf die Kraft der Selbstentfaltung der Schüler vertrauen.
- Der Lehrer sollte Materialien für einen möglichst offenen schülerbezogenen, selbstgesteuerten Lernprozeß beisteuern. Dabei versucht er, möglichst große Bereiche des Lebens der betroffenen Schüler miteinzubeziehen (vgl. Oser 1976, S. 305 f.).
- Er macht Freiheit erfahrbar, überträgt Verantwortung und läßt in zumutbarem Rahmen Entscheiden üben und hilft hernach, auch schwierige Situationen aushalten zu lernen (vgl. Winklhofer in: Längle 1991, S. 145).

In der Schule sollten sich Lernwelt und Lebenswelt entsprechen, sonst ist kein lebendiger Dialog möglich. Gerade bei sogenannten schwierigen Kindern ist es notwendig, in deren Lebenswelt einzutauchen.
Wesentlich für eine Schule sollte der konstruktive Umgang mit Schwierigkeiten und Krisen sein.

2. Gemeinschaft und Masse

Wenn Gemeinschaft und Gemeinschaftserziehung im heutigen Schulleben einen wichtigen Stellenwert innehaben, so erscheint es wichtig, deren Bedeutung zu durchleuchten. Menschen sind Individuen, sie sind einmalig und einzigartig und einander nicht gleich. „Wären alle Menschen vollkommen, dann wären alle einander gleich, jeder einzelne durch jeden beliebigen Vertreter also ersetzlich" (Frankl 1987-2, S. 113). Für Frankl folgt daraus, daß gerade aus der Unvollkommenheit des Menschen dessen Unentbehrlichkeit und Unaustauschbarkeit und damit dessen Einzigartigkeit entsteht. Je mehr sich ein Mensch in diesem Sinne weiterentwickelt, desto mehr entfernt er sich von der Norm, desto mehr wird er Individuum. Die Bedeutung dieser Individualität bleibt jedoch immer auf die Gemeinschaft gerichtet.

Trotzdem braucht der Mensch „nicht nur die Gemeinschaft, um sinnvoll zu werden, sondern umgekehrt braucht die Gemeinschaft die individuelle Existenz, um selber Sinn zu haben. [...] Der Sinn der Individualität erfüllt sich erst in der Gemeinschaft (Frankl 1987-2, S. 114 f.). Darin liegt für Frankl der Unterschied zur Masse.

Die Masse dulde keine Individualität, geschweige denn, daß der Mensch in ihr Sinnerfüllung erleben könne. In der Masse wirke sich Einzigartigkeit als störender Faktor aus. „Darum *unterdrückt* die Masse auch die Individualität der Individuen, und darum schränkt sie deren *Freiheit* ein zugunsten der Gleichheit“ (Frankl 1987-2, S. 305). Durch die Flucht in die Masse verliere der Mensch seine Verantwortlichkeit, es sei daher auch eine Flucht vor der eigenen Verantwortung, vielleicht auch noch eine Suche nach Halt. Hier beginne der Kollektivismus.

Durch die Hingabe an eine Gemeinschaft jedoch gewinne der Mensch zusätzliche Verantwortung. Zusammenfassend meint Frankl daher: „Wahre Gemeinschaft ist wesentlich Gemeinschaft verantwortlicher Personen – bloße Masse aber nur Summe entpersönlichter Wesen“ (Frankl 1987-2, S. 117). In der Gemeinschaft geht es um gegenseitiges Wertreflektieren, in der Masse ums Funktionieren.

Nehmen wir diese Aussage von Frankl ernst, so hat dies Konsequenzen für den Aufbau einer Klassengemeinschaft. Was sich als Klassengemeinschaft entpuppt, kann nur aus einem Prozeß erwachsen, aber nicht als Zweck bzw. anzustrebendes Gefühl verfolgt werden. Es wird dann nicht darum gehen dürfen, alle Kinder und Jugendlichen über einen (womöglich noch vorgegebenen) Leisten zu scheren, sondern ganz im Gegenteil: Ihre Persönlichkeit zu fördern. „Der Standpunkt, daß wertvoll nur das sei, was der Gemeinschaft nütze, ist nicht haltbar“ (Frankl 1987-2, S. 134). Dies würde zu einer Wertverarmung führen. Frankl nimmt als Beispiel oft ein Orchester, bei dem es ja auch nicht darum geht, daß jeder auf dem gleichen Instrument nach den gleichen Noten spielt. Ein Orchester wird erst dann zu einem perfekten Klangkörper, wenn jeder genau seinen Part spielt.

Oder ein anderes eindrucksvolles Beispiel von Frankl:

Wenn alle gleich zu sein haben wie beispielsweise Pflastersteine, so kann höchstens eine Straße oder ein Platz gepflastert werden. Dabei sind die einzelnen Pflastersteine wirklich untereinander austauschbar.

Anders beim Mosaik: Hier hat jeder Stein ein anderes Aussehen und seinen ganz bestimmten Platz. Es braucht ihn in dieser Form und Individualität, damit das Gesamtkunstwerk entstehen kann, das wir so bewundern. Und die Mosaiksteine sind daher nicht austauschbar oder ersetzbar (vgl. Frankl 1987-2, S. 114).
Gemeinschaft muß deshalb auch Mut und Vertrauen zur Vereinzelung vermitteln. Erst dies macht *frei zur Verantwortung*. „Je genormter eine Maschine ist, umso besser ist sie, je genormter jedoch ein Mensch - je mehr er in seinem (Rassen-, Klassen- oder Charakter-) Typus aufgeht und einer Durchschnittsnorm entspricht, umso abtrünniger ist er der ethischen Norm" (Frankl 1987-2, S. 118).
Gemeinschaft setzt auch *überschaubare* Gruppe voraus. Viele Kinder ziehen sich in der Großgruppe schweigend zurück. Sie können aus Angst vor Verletzung ihre Person nicht zeigen. „Es gibt einfach zu viele junge Menschen, denen es im Laufe ihrer Schulzeit nicht gelingen konnte, eine solche Stärke zu entwickeln. Da kann es uns eigentlich nicht wundern, daß so viele Kinder in eine apersonale, rücksichtslose und feindselige Verhaltensweise hineingeraten, um endlich einmal aus der Bedeutungslosigkeit aufzutauchen" (Lau in: Längle 1991, S. 44 f.).
Dies bedeutet in Konsequenz für die Schule folglich, daß es notwendig ist, dem persönlichen Lernstil, dem persönlichen Lerntempo und den persönlichen Lerninhalten entgegenzukommen und möglichst selbstgesteuerte, offene Formen des Lernens zu bevorzugen. Das gleichzeitige und geplante Lernen auf ein gemeinsames Lernziel hin entwickelt sich oftmals zu einem Prozeß der Gleichschaltung und Nivellierung (vgl. Lau in: Längle 1991, S. 44).

3. Welchen Stellenwert hat die Leistung?

Leistung ist nicht etwas, das grundsätzlich abzulehnen ist, auch wenn heute Leistung sehr unterschiedlich beurteilt wird. Zum einen wird oft ausschließlich der Leistungsbereich des Menschen in den Vordergrund geschoben und damit die Würde der Person gänzlich aus den Augen verloren. Zum anderen wird Leistung manchmal pauschal in Frage gestellt. Die entscheidende Frage ist jedoch: In welcher Beziehung steht sie zum Menschen?
Leistung ist nicht etwas, was den ganzen Menschen ausmacht. Wenn man ihn nur unter diesem Aspekt beurteilt, wird man ihm nicht gerecht.

Andererseits zeigt sich in dem, was ein Mensch leistet und vollbringt, viel von seinem Wesen und seinen Werten. Es zeigt auf, woran der Mensch zu sich selbst kommt.
Aber Leistung kann auch auszehren, besonders dann, wenn man den Blick für sich, für andere, für die Sache verliert, dann, wenn es eine Leistung um der Leistung willen wird, bei der es nicht mehr um den betreffenden Menschen, um Inhalte und um als wesentlich erkannte Werte geht.
Dann wird sie leer und hohl und steht in keinem Zusammenhang mehr mit der Person. Die Funktion und nicht die Person tritt in den Vordergrund, wie dies beispielsweise in der Schule geschieht, wenn man die Kinder und Jugendlichen im wesentlichen nur aus der Sicht ihrer Lern- und Leistungsfähigkeit beurteilt, nämlich als Schüler und nicht als Menschen.
Kritisch wird der Leistungsgedanke also dann, wenn es außer Leistung nichts im eigenen Leben gibt, für das es sich zu leben lohnt; wenn der Mensch das Recht auf Leben nur über seine Leistung definiert und er sich sein tägliches Eintrittsticket ins Leben durch Leistung erkauft (Längle). Dann fühlt er sich nur unter der Bedingung als vollwertiger Teil einer Gemeinschaft, wenn er eine (möglichst hohe) Leistung vorzuweisen hat. Und was passiert dann, wenn er, z. B. aufgrund einer Behinderung, kaum (noch) Leistung zustandebringt, wenn er z. B. im Alter das gewohnte Leistungsniveau nicht halten kann? Bricht dann nicht ein wesentlicher Teil seines Lebensgebäudes zusammen?
Leistungsdenken driftet auch oft in ein *Normdenken* ab (vgl. Längle Vortrag 1992, S. 30), vor allem, wenn es mit Prestige und Ansehen gekoppelt wird, nach dem Motto: „Hast du was, so bist du was.“ Die oft unausgesprochene Orientierung an dieser Norm führt häufig in die Unzufriedenheit.
Wenn Lehrer sich als diejenigen darstellen, die alles wissen, und die dem Kind vermitteln, daß es nichts weiß, kann die Kluft zwischen dem, was ist, und dem, was werden soll so groß werden, daß Kinder schon im Vorfeld entmutigt aufgeben. Hier käme es darauf an, Kindern gegenüber eigene Wissenslücken zuzugeben und sich selbst als Lernende zu definieren, zu versuchen, die Inhalte gemeinsam mit den Schülern zu bewältigen. So können Kinder wieder Mut schöpfen und sich an eigene Leistungen heranwagen.
„Die Hingabe eines Schülers an eine Aufgabe bedeutet eben nicht in erster Linie einen *fremden* Auftrag zu erfüllen oder auf einen in der Zukunft liegenden Zweck hin zu lernen. Lernen heißt doch zu einem wesentlichen Teil, bestimmte Inhalte aufgrund eigener existentieller Befindlichkeit und

der persönlichen Situation aufzugreifen und sich damit zu beschäftigen" (Lau in: Längle 1991, S. 43).
Dies bedeutet in Konsequenz, daß Schülern nicht einfach fremde Lerninhalte vorgesetzt werden sollen, sondern daß ihnen zugestanden wird, eigene Verantwortung für Lernprozesse zu übernehmen, sowohl was die Inhalte, als auch was das Tempo und den Zeitpunkt des Aneignens anlangt. Inhaltlich sollten Schüler mitbestimmen dürfen und die gewählten Themen sollten sich möglichst nah an den Interessen und der augenblicklichen Lebenssituation der Schüler orientieren.
Was bedeutet Leistung? Ist Leistung nur das, was objektivierbar ist, das, was als allgemeingültiger Leistungsfortschritt meßbar ist? Oder ist es nicht vielmehr das Beste, das jeder geben kann und dies in höchst subjektivem Sinn? Das heißt doch, „die Relativität einer Leistung in deren Beurteilung einbeziehen, die Leistung in bezug auf den ‚Start´ beurteilen, in bezug auf die konkrete Situation mit all ihren Schwierigkeiten, d. h. äußeren Hindernissen oder inneren Hemmungen" (Frankl 1987-2, S. 127).
Leistung schließt Erlebnisse des Könnens ebenso ein wie die Angst vor Mißerfolg. Wichtig für die Schule wird es sein, das, was Frankl anbietet, aufzugreifen und sich am persönlichen Leistungsfortschritt des einzelnen zu orientieren. Rupert Vierlinger, der sich schon lange mit dieser Thematik beschäftigt, schlägt beispielsweise vor, Leistung nicht über Noten zu messen (auch nicht über verbale Beurteilung), sondern über persönliche Leistungsmappen, die ganz auf den individuellen Lernfortschritt bezogen sind (Vortrag vom 5.3.93). Es ist sicherlich ein ganz wesentlicher Aspekt, wenn Schüler mit ihren persönlichen Leistungen ernst genommen werden. Eine Frage der Leistung kann auch das Durchhaltevermögen sein, d. h. ob sofort aufgegeben wird, sofern es nur ein bißchen mühsam zu werden beginnt. Hier sind Lehrer gefragt, die Kindern helfen, Zwischenziele zu stecken, und die sie ermuntern und stärken können, durchzuhalten. Vor allem werden Mut und Kraft mit jedem erreichten Ziel anwachsen, d. h. sie kommen der nächsten Aufgabe zugute.
Für die Entwicklung des Selbstwertes und der Persönlichkeit können erworbenes Wissen oder beherrschte Fertigkeiten sehr wichtig werden. Entscheidend dabei ist, ob dieses Wissen und diese Fertigkeiten nur oberflächlich angeeignet worden sind „oder ob diese zu Gehalten werden, die ihn selber etwas angehen, und ob er sich diese so zu eigen macht, daß sie ihm zugehörig sind und eine Bedeutung für sein Leben bekommen – oder eben nicht" (Wicki 1991, S. 255). Anders sieht es aus, wenn Kinder permanent fehlende Leistungsfähigkeit rückgespiegelt bekommen. Es ist

schwierig, in der Schule die Selbstachtung und den Selbstwert bei sogenannten leistungsschwachen Kindern zu fördern. Deshalb muß wirklich ernsthaft überlegt werden, wie dem entgegengetreten werden kann. Denn es ist tatsächlich die Frage, ob wir es uns leisten sollen und können, so viele Menschen in ihrem Selbstwert permanent herabzusetzen. Selbstwert kann dann nur schwer aufgebaut bzw. aufrechterhalten werden. Deshalb ist es in jedem Falle wichtig, daß (auch in der Schule) Ausgleichsmöglichkeiten – neben dem Messen des persönlichen Leistungsfortschrittes – gegeben sind, wie kreatives Gestalten, Sport, soziales Engagement, Erlebniswerte u.ä.

Wenn von Leistung die Rede ist, muß auch über Mißerfolg gesprochen werden. Wer Leistung in seinem Leben allmächtig werden läßt, sie vergötzt, dem wird bei einem Mißerfolg wenig bleiben, an dem er sich festhalten kann. Wessen Selbstwert schon bei einem Zweier in der Schularbeit herabgesetzt ist, schätzt eigene Leistung zu hoch ein, vielleicht in Ermangelung anderer Werte.

Zusammengefaßt kann gesagt werden: Leistung ist nur *eine* von mehreren Möglichkeiten, am Leben teilzuhaben. Es ist *eine* Möglichkeit der Wertverwirklichung. Es kommt zur Verarmung, wenn nur mehr dieser eine Aspekt ins Zentrum aller Bemühungen tritt.

Die Schule müßte insgesamt ihre einseitig theoretisch-intellektualistische Orientierung überwinden und sich in der Menschenbildung wieder vermehrt engagieren.

E. Konsequenzen für Lehrerbildung

> Wenn du ein Schiff bauen willst,
> so trommle nicht Männer zusammen,
> um Holz zu beschaffen.
> Werkzeuge zu vergeben
> und die Arbeit einzuteilen,
> sondern lehre die Männer
> die Sehnsucht nach dem weiten, endlosen Meer.
>
> *Antoine de Saint-Exupéry*

1. Warum könnte gerade die Existenzanalyse in der Lehrerbildung eine wichtige Rolle spielen?

Was an Konsequenzen können die in den vorigen Kapiteln dargelegten Inhalte für die Lehrerbildung haben?
Gerade in einer Zeit, da Unterrichten aus den verschiedensten Gründen immer schwieriger wird, viele Lehrer unter dem Burn-out-Syndrom und den Bedingungen in der Schule leiden, wird es zusehends wichtiger, diese Inhalte der Existenzanalyse in der Lehrerbildung aufzugreifen. Dort ist zunehmend nicht mehr nur der fachliche Fortbildungsbereich gefragt, sondern immer mehr auch der Bereich, den man mit Persönlichkeitsbildung umschreiben könnte.
Hier herrscht großer Nachholbedarf, weil dieser Bereich schon in der Lehrerausbildung zuwenig aufgegriffen wird. Dort steht – wie auch dann oder schon in der Schule – der kognitive Bereich im Vordergrund. Aber solange man sich in der Lehreraus- und -fortbildung nicht anderen, mehr affektiven, handwerklichen und kreativen Inhalten zuwendet, wird sich auch in der Schule so schnell nichts ändern, denn Lehrer geben vornehmlich das weiter, was sie selbst gelernt haben.
Die Inhalte der Existenzanalyse bzw. Logotherapie können gerade für Lehrer sowohl in Ausbildung als auch in Fortbildung sehr bedeutungsvoll werden, sind es doch Themen, die, vielleicht in verschiedenen Religionen – aber auch das nur teilweise –, kaum angesprochen werden. Ist die Beschäftigung mit der Geistigkeit des Menschen, mit Freiheit, Verantwortung, Werten, Sinn und Gewissen schon für jeden Menschen ein Gewinn,

so gilt dies noch mehr für jenen Personenkreis, der, seine Person als Hilfsmittel gebrauchend, seinen Beruf ausübt.
Wer beispielsweise nahezu ausnahmslos am Computer arbeitet, braucht für diesen Beruf kaum Kompetenzen im Bereich der Persönlichkeitsentfaltung. Ab dem Moment, an dem derselbe Mensch mit anderen Menschen zu tun bekommt, werden diese Qualifikationen immer wichtiger. Wer schließlich mittels seiner Person auf andere einwirkt, wie dies im Erziehungsgeschehen der Fall ist, muß dafür Sorge tragen, daß Persönlichkeitsentwicklung und -erweiterung einen wichtigen Stellenwert bekommen. Wer seine Person quasi als „Instrument“ verwenden muß, um Zugang zu anderen Menschen zu finden, muß darauf achten, daß dieses Instrument nicht allzusehr verstimmt ist. Damit ist nicht gemeint, daß Lehrer eine therapeutische Zusatzqualifikation erwerben oder sich mit therapeutischen Anliegen auseinandersetzen sollten. Wesentlich erscheint mir, daß sie erfahren im Umgang mit sich selbst und mit anderen werden, daß sie zur persönlichen Begegnung fähig und offen für neue Entwicklungen werden, daß sie zu Wertklarheit kommen und daß sie die Verwobenheit in ihre eigene Erziehungsgeschichte, dort, wo es notwendig erscheint, aufarbeiten können.
Dadurch, daß beinahe unbestritten heute immer mehr Erziehungsarbeit gegenüber der Wissensvermittlung zu leisten ist, ist eine Erhöhung der Kompetenz im Umgang mit Menschen von großer Bedeutung. Wenn der Lehrer Experte für Menschen sein will, kann er dies nicht, ohne nicht gleichzeitig ein Experte für sich selbst zu sein. Nur wer sensibel sich selbst gegenüber ist, kann es anderen gegenüber sein.
Sich selbst aus dem Erziehungsgeschehen herauszuhalten, ist ohnedies kaum mehr möglich. Es scheint heute sogar schon eine unabdingbare Voraussetzung zu sein, um in seinem Beruf zurechtzukommen. Jeder Lehrer, der sich in das Erziehungsgeschehen und in der Folge auf Schüler wirklich einlassen kann, schafft damit für sich die Voraussetzung, mit den Anforderungen seines Berufes besser umgehen zu können.
Das möglichst vorurteilsfreie Verstehenlernen von Kindern und das Schauen aus deren Weltsicht bildet dabei eine Schlüsselqualifikation. Erst von dieser Plattform aus ist wirksames Erziehungsgeschehen möglich.
Besonders im Bereich Psychohygiene könnten Existenzanalyse und Logotherapie speziell auch in der Lehrerbildung einen wesentlichen Beitrag leisten, in dem Sinne, daß sie zu einem existentiellen Leben verhelfen können, was einem existentiellen Vakuum als Vorfeld von ausweichendem Verhalten und Neurosen vorbeugen kann.

Arbeit zehrt dann aus und wird zum Burn-out, wenn man den Blick für die Arbeit, aber auch für sich selbst und andere aus dem Auge verliert.
Streß entsteht auf der anderen Seite dann, wenn beispielsweise Arbeit ohne sinnvollen Bezugspunkt immer hektischer verrichtet wird und man dabei das Eigentliche vernachlässigt. Dann ist man selbst nicht mehr dabei.
Wer sich mit den genannten Inhalten auseinandersetzt, öffnet sich selbst sein Tor zur Neuorientierung und zur Neubesinnung auf eigene Möglichkeiten, im Sinne einer kopernikanischen, existentiellen Wende, kurz auf ein befriedigenderes Leben. Er wird beispielsweise zwischen Her- und Hingabe differenzieren und aufgrund klarer Wertsetzungen für sich selbst mehr an Klarheit gewinnen.
Indem auf die Freiheit des anderen verwiesen wird, sich so oder anders entscheiden zu können, auf den eigenen Willen, der Voraussetzung dafür ist, daß Verantwortung übernommen werden kann, auf die Bedeutung des Gewissens für die Wertentscheidung, auf den je eigenen Willen zum Sinn, auf personale Werte und persönlichen Sinn, werden einem Grenzen der Machbarkeit von Erziehung bewußt, was vermutlich zu einem entkrampften Verhältnis zwischen Erzieher und Erziehenden wesentlich beitragen würde. Dies ist deswegen bedeutungsvoll, weil man infolgedessen weniger verkrampft an Zielen festhalten muß. Man will sie nicht mehr gewaltsam durchsetzen, unter anderem auch deswegen, weil einem aus eigener Erfahrung klar wird, daß Freiheit, Verantwortung, Gewissen, Wille, Werte und Sinn einem anderen nicht aufgezwungen werden können.
Daneben schaffen wir – wenn wir so leben – ein fruchtbringendes Klima für andere, in dem sie aufblühen und sich entfalten können. All dies geschieht unter dem Motto: Nur wer sich selbst verändert, verändert die Welt.

2. In welcher Form könnten die Inhalte der Existenzanalyse in der Lehrerbildung vermittelt werden?

Eine Vermittlung kann in Form von sich über einen längeren Zeitraum erstreckenden Kursen und Seminaren geschehen (einmalige, punktuelle Veranstaltungen scheinen dazu weniger geeignet). Sei es über eine eigene Beraterausbildung, wie dies an einigen Pädagogischen Instituten nach einem von Günter Funke entwickelten Curriculum bereits geschieht, oder in Form von Supervision (über Fallanalyse oder Themenkreise) mit existenzanalytischem Schwerpunkt. Meine Supervisionsausbildung z. B.

hatte zunächst einen themenzentrierten Schwerpunkt. Erst im Verlaufe meiner eigenen existenzanalytischen Ausbildung wandte ich mich immer mehr existenzanalytischen Gesichtspunkten zu, was ich selbst – und auch die Teilnehmer solcher Gruppen – als Qualitätssteigerung und tiefergehenden Ansatz erlebt habe. Ich erlebte immer wieder sehr überzeugend, wie die Existenzanalyse Menschen in ihrer Tiefe berühren und bemerkenswerte Prozesse auslösen kann.
Die Existenzanalyse setzt tatsächlich dort an, wo andere Überlegungen enden. Sie stößt zu den Fragestellungen vor, die typisch menschliche sind. Da die Themen meist Menschen persönlich betreffen, kann nicht zwischen Theorie und Persönlichkeitsentwicklung unterschieden werden. Personales und persönlichkeitsstärkendes Lernen geschieht in mehr oder weniger großem Ausmaß bereits an den Inhalten der Existenzanalyse selbst. Dennoch gibt es schon Fragestellungen, die sich hauptsächlich um die eigene Person drehen.
Die Auseinandersetzung mit diesem Themenkreis könnte jedoch auch in Form einer Vortragsserie oder in Form von fortlaufenden Seminaren zu einem (herausgegriffenen) Themenschwerpunkt geschehen.

Dies sind im Bereich der Persönlichkeitsentfaltung in der Lehrerausbildung in etwa folgende Fragen, die zu klären wären, bevor das Studium begonnen bzw. der Lehrberuf ergriffen wird:

- Wozu mache ich Pädagogik?
- Was will ich vermitteln?
- Worauf kommt es mir letztlich an, wenn ich lehre?
- Lebe ich das vor, was ich Schülern vermitteln möchte?
- Ich weiß, was ich gut und gerne mache. Tue ich es auch?
- Kann ich gut zuhören?
- Kann ich einfühlsam mit anderen Menschen umgehen?
- Bin ich wachsam gegenüber den Nöten der anderen?
- Habe ich Freude daran, mit schwierigen Kindern umzugehen?

Für die Lehrerfortbildung bieten sich für die persönliche Psychohygiene etwa folgende Fragen an:

- Wozu bin ich noch immer in meinem Beruf?
- Bin ich irgendwann einmal einfach dazugekommen?
- Schaffe ich mir genügend Spielraum für das, worauf es mir ankommt?
- Kann ich über das sprechen, was den Kindern unter den Nägeln brennt?

- Tue ich meine Arbeit gerne, oder sträubt sich etwas in mir? Wenn ja, gehe ich diesem Sträuben nach?
- Fühle ich mich in meiner Arbeit mehr gezwungen oder mehr frei?
- Spüre ich, wie es den Kindern in der Schule geht?
- Nehme ich mir genügend Zeit für erzieherische Belange in der Schule?
- Bin ich von der Werthaftigkeit meiner Tätigkeit überzeugt?
- Ist das Schulklima an unserer Schule für die Schüler, die Eltern und die Kollegen gut?
- Arbeite ich gerne mit Eltern zusammen?
- Habe ich mit Kollegen einen guten Gedankenaustausch?

(modifiziert nach Funke, Vortrag 1990)

Das Ziel der Lehreraus- und -fortbildung in diesem Bereich könnte sein, zur Dimension des spezifisch Humanen vorzudringen und damit zu einem erfüllten Leben zu finden, aus dessen Fülle in der Folge dann den Schülern bereitwillig abgegeben werden kann. Denn: wer nichts hat, kann anderen auch nichts geben.

Literaturverzeichnis

Amann, P.: Enthält die Logotherapie und Existenzanalyse Viktor E. Frankls eine Pädagogik? Dissertation zur Erlangung des Doktorgrades der Philosophie an der Grund- und Integrativwissenschaftlichen Fakultät der Universität. Wien 1992

Bartsch, N., Knigge-Illner, H. (Hg.): Sucht und Erziehung, Bd. 1. Weinheim und Basel 1987

Bärsch, W., Bandlow, U., Becker, W., Frick, R.: Beratung bei Rauschmittelproblemen. Fernstudium: Ausbildung zum Beratungslehrer. Tübingen 1982 (Studienbrief 9 des Deutschen Instituts für Fernstudien an der Universität Tübingen)

Braun, G.: Ich sage nein. Materialien gegen den sexuellen Mißbrauch. Verlag Die Schulpraxis, Delle 47, Mühlheim 1989

Clauß, G. (Hg.): Wörterbuch der Psychologie. Köln 1986

Dorsch, F. (Hg.): Psychologisches Wörterbuch. Bern-Stuttgart-Toronto 1987 (11. erg. Auflage)

Eckhardt, P.: Selbstwert und Werterleben aus existenzanalytischer Sicht - Die Konstruktion des Selbstbeurteilungsfragebogens. Diplomarbeit zur Erlangung des Magistergrades der Naturwissenschaften an der Grund- und Integrativwissenschaftlichen Fakultät der Universität. Wien Juni 1992

Eckhardt, P.: Selbstwert und Werterleben aus existenzanalytischer Sicht. In: Bulletin der Gesellschaft für Logotherapie und Existenzanalyse. Wien 1/93 (10. Jg.)

Fetscher, I.: Wer hat Dornröschen wachgeküßt? Frankfurt am Main 1976
Frankl, V. E.: Logos und Existenz. Wien 1951
Frankl, V. E.: Anthropologische Grundlagen der Psychotherapie. Bern-Stuttgart-Wien 1975
Frankl, V. E.: Der Mensch vor der Frage nach dem Sinn. München 1986
Frankl, V. E.: Theorie und Therapie der Neurosen. München-Basel 1987-1
Frankl, V. E.: Ärztliche Seelsorge. Frankfurt 1987-2
Frankl, V. E.: Logotherapie und Existenzanalyse. Texte aus fünf Jahrzehnten. München 1987-3
Frankl, V. E.: Der Alpinismus und die Pathologie des Zeitgeistes. In: Österreichischer Alpenverein (ÖAV), Mitteilungen. 42. Jahrgang 1987-4, Heft 6 (November/Dezember)
Frankl, V. E.: Die Sinnfrage in der Psychotherapie. München 1988
Frankl, V. E.: Das Leiden am sinnlosen Leben. Freiburg-Basel-Wien 1989
Frankl, V. E.: Der leidende Mensch. München 1990
Frankl, V. E.: Der Wille zum Sinn. München 1991-1
Frankl, V. E.: Das Leiden am sinnlosen Leben. Freiburg-Basel-Wien 1991-2
Frankl, V. E.: Der unbewußte Gott. München 1992
Fromm, E.: Haben oder Sein. München 1987
Funke, G.: Vortrag Feldkirch: Persönlichkeitsentwicklung als Gesundheitsförderung 10.7.1990
Funke, G.: Die Sorge als Wille zur Wahrnehmung. In: Österreichisches Jugendrotkreuz, Landesleitung Tirol (Hg.): Schule SUCHT Gesundheit. Innsbruck 1991
Funke, G.: Seminar Psychotherapieausbildung. Wien 2.10.1991. Persönliche Mitschrift
Funke, G.: Seminar Psychotherapieausbildung. Wien 15.1.1992. Persönliche Mitschrift
Funke, G.: Seminar Beraterausbildung. Dornbirn 23.1.1993. Persönliche Mitschrift
Funke, G.: Seminar Beraterausbildung. Dornbirn 20.3.1993. Persönliche Mitschrift
Gesellschaft für Logotherapie und Existenzanalyse (Hg.): Ausbildungsprogramm in Existenzanalyse und Logotherapie nach Viktor E. Frankl o. O. 1991
Gibran, K.: Der Prophet. Walter Verlag 1973
Gruber, M.: Der Wille zum Sinn. Versuch über den Wiener Neurologen Viktor E. Frankl o. O., o. J. Vervielfältigtes Schreibmaschinenmanuskript
Harecker, G.: Werterziehung in der Schule. Wien 1991. WUV-Universitätsverlag
Heitger, M.: Wir brauchen ein selbständiges Denken. Interview anläßlich seines 65. Geburtstages in den Salzburger Nachrichten vom 14. August 1992
Herder Verlag (Hg.): Der neue Herder. Freiburg im Breisgau 1967
Hildebrandt, H.: Lust am Leben. Gesundheitsförderung mit Jugendlichen. Frankfurt 1987
Horney, Ruppert, Schultze (Hg.): Pädagogisches Lexikon 1976 (Bertelsmann Verlag)
Institut für Drogenprophylaxe der Stiftung Maria Ebene, Frastanz/Vorarlberg
Kärn, M.: Vorsicht Stufe! Ein Kommentar zur Stufentheorie der moralischen Entwicklung. In: Portele, Gerhard (Hg.): Sozialisation und Moral. Weinheim und Basel 1978
Keller, J. A. / Novak, F.: Kleines Pädagogisches Wörterbuch. Freiburg im Breisgau 1979

Kindermann, W.: Drogen, Abhängigkeit, Mißbrauch, Therapie. München 1991
Kleinert, Stucki, Dottrens, Günther, Schmid, Schohans, Simma, Stettbacher (Hg.): Lexikon der Pädagogik. Bern 1951
Klußmann, R.: Psychoanalytische Entwicklungspsychologie, Neurosenlehre, Psychotherapie. Eine Übersicht. Berlin, Heidelberg, New York, London, Paris, Tokyo 1988
Kohlberg, L., Wassermann, E., Richardson, N.: Die Gerechte Schul-Kooperative. Ihre Theorie und das Experiment der Cambridge Cluster School. In: Portele, Gerhard (Hg.): Sozialisation und Moral. Weinheim und Basel 1978
Kohlberg, L., Turiel, E.: Moralische Entwicklung und Moralerziehung. In: Portele, Gerhard (Hg.): Sozialisation und Moral. Weinheim und Basel 1978
Kohut, H.: Die Heilung des Selbst. Frankfurt am Main 1979
Kühn, R.: Intuitive Sinnfindung. In: Längle, Alfried: Entscheidung zum Sein. München 1988
Längle, A.: Das Seinserleben als Schlüssel zur Sinnerfahrung. In: Frankl, Viktor E.: Sinnvoll heilen. Viktor E. Frankls Logotherapie-Seelenheilkunde auf neuen Wegen. Freiburg 1984
Längle, A.: Viktor Frankls Logotherapie und Existenzanalyse. In: Psychologie in Österreich, Nr. 2-3, 6. Jg. Wien 1986-1
Längle, A., Tutsch, L.: Wege zum Sinn. In: Österreichische Ärztezeitung Nr. 11/Juni 1986-2
Längle, A. (Hg.): Entscheidung zum Sein. München 1988-1
Längle, A.: Leben heißt antworten. Existenzanalyse als Sinnerhellung. In: Rothbucher/Wurst: Wovon wir leben – woran wir sterben. Tagungsband der Internationalen Pädagogischen Werktagung. Salzburg 1988-2
Längle, A.: Dem Leben antworten. Das Prinzip der Verantwortung. Nachdruck des Vortrags zum Jahreskonvent des Collegium Augustinum 12. Mai 1988-3, zu beziehen bei: GLE, Eduard-Sueß-Gasse 10, A-1150 Wien
Längle, A.: In: Psychohygiene und Erwachsenenbildung. Protokoll 12. Wien: Bildungshaus Neuwaldegg 1988-4
Längle, A.: Sinnvoll leben. St. Pölten 1989
Längle, A. (Hg.): Das Kind als Person. Entwicklung und Erziehung aus existenzanalytischer Sicht. Tagungsbericht Nr. 1/1990 der Gesellschaft für Logotherapie und Existenzanalyse, Eduard-Sueß-Gasse 10, A-1150 Wien. 5. Jg. Erscheinungsjahr 1991
Längle, A.: Sucht aus der Sicht der Existenzanalyse. Seminar beim Suchtberaterlehrgang am 8.12.1991 in Schloß Hofen, Lochau. Persönliche Mitschrift
Längle, A.: Seminar Beraterausbildung Dornbirn, 28./29.2.1992. Persönliche Mitschrift
Längle, A.: Was bewegt den Menschen? Die existentielle Motivation des Menschen. Vortrag am 3.4.1992 in Unterägeri/Schweiz. Unveröffentlichtes Manuskript
Längle, A.: Seminar Beraterausbildung Dornbirn, 12.4.1992. Persönliche Mitschrift
Längle, A.: Personale Existenzanalyse. Vortrag am 26.3.1993 in Wien. Persönliche Mitschrift
Längle, A.: Personale Existenzanalyse. In: Gesellschaft für Logotherapie und Existenzanalyse (Hg.). Wertbegegnung. Tagungsbericht Nr. 1 und 2/1991 der GLE. Wien 1993

Miller, R.: Schilf-Wanderung. Wegweiser für die praktische Arbeit in der schulinternen Lehrerfortbildung. Weinheim und Basel 1991

Ministerium für Arbeit, Gesundes und Soziales des Landes Nordrhein-Westfalen (Hg.): Von der Drogen- zur Suchtprävention. Herford 1990

Niedersächsisches Landesinstitut für Lehrerfortbildung, Lehrerweiterbildung und Unterrichtsforschung (Hg.): Hilfen für die schulische Erziehung im Bereich Suchtprävention und Drogenproblematik für den Sekundarbereich I, Klassen 7 - 10. Hildesheim 1990

Orgler, Ch.: Existenz-Skala. In: Bulletin der Gesellschaft für Logotherapie und Existenzanalyse. 7. Jahrgang 1990, Nummer 2 (April)

Oser, F.: Das Gewissen lernen. Walter Verlag AG Olten 1976

Pfeifer, K., Durig, W.: Fragebogenuntersuchung am Polytechnischen Lehrgang Rankweil. November 1987

Redaktion Naturwissenschaft und Medizin des Bibliographischen Instituts (Hg): Meyers kleines Lexikon Psychologie. Mannheim 1986

Rogge, J.-U.: Kinder brauchen Grenzen. Vortrag Dornbirn 12.3.1993. Persönliche Mitschrift

Satir, V.: Selbstwert und Kommunikation. München 1989

Satir, V.: Kommunikation, Selbstwert, Kongruenz. Paderborn 1990

Schweizerische Fachstelle für Alkoholprobleme SFA, Université de Lausanne / DEEP-HEC. Im Auftrag des Bundesamtes für Gesundheitswesen (Hg.): Soziale und präventive Aspekte des Drogenproblems unter besonderer Berücksichtigung der Schweiz. Lausanne, August 1990

Stark, W.: Prävention. In: Ansanger, Roland, Wenninger, Gerd (Hg.): Handwörterbuch der Psychologie. München-Weinheim 1988

Titze, M.: Einige Anmerkungen zum Paradigmenwechsel in der Psychotherapie. In: Längle, Alfried (Hg.): Entscheidung zum Sein. München 1988-1

Vierlinger, R.: Perspektiven der Schulentwicklung oder: Für welche Schule sollen wir unsere Lehrer erziehen? Vortrag am 5.3.1993 an der Pädagogischen Akademie in Feldkirch

Vorarlberger Landesregierung (Hg.): Vorarlberger Drogenkonzept. Bregenz 1991

Waibel, E. M.: Von der Suchtprävention zur Gesundheitsförderung in der Schule. Frankfurt 1994

Wicki, B.: Das Kind als Person. In: Längle, Alfried (Hg): Entscheidung zum Sein. München 1988

Wicki, B.: Die Existenzanalyse von Viktor E. Frankl als Beitrag zu einer anthropologisch fundierten Pädagogik. Bern-Stuttgart 1991

Winklhofer, W.: Logotherapie und Existenzanalyse in der Schule. In: Längle Alfried (Hg.): Das Kind als Person. Tagungsbericht der GLE. Wien 1991

Wissenschaftlicher Rat der Dudenredaktion: Drosdowski, G., Köster, R., Müller, W., Scholze-Stubenrecht, W. (Hg.): Duden Etymologie. Herkunftswörterbuch der deutschen Sprache, Bd. 7. Mannheim/Wien/Zürich 1963

Wurmser, L.: Die Maske der Scham. Berlin/Heidelberg 1990

ZEPRA, Zentrum für Prävention, Kantonale Projektleitung. Postfach, CH-9004 St. Gallen

Eva Maria Waibel
Erziehung zum Selbstwert